Textor (Hrsg.) · Praxis der Kinder- und Jugendhilfe

Praxis der Kinder- und Jugendhilfe

Handbuch für die sozialpädagogische Anwendung des KJHG

Herausgegeben von Martin R. Textor

Beltz Verlag · Weinheim und Basel

Die Deutsche Bibliothek – CIP-Einheitsaufnahme

Praxis der Kinder- und Jugendhilfe : Handbuch für die sozialpädagogische
Anwendung des KJHG / hrsg. von Martin R. Textor. – Weinheim ; Basel : Beltz, 1992
 (Edition sozial)
 ISBN 3-407-55751-5
NE: Textor, Martin R. [Hrsg.]

Lektorat: Richard Grübling

© 1992 Beltz Verlag · Weinheim und Basel
Herstellung (DTP): Klaus Kaltenberg
Druck: Druck Partner Rübelmann, Hemsbach
Umschlagfoto: Barbara Klemm, Frankfurt a.M.
Printed in Germany

ISBN 3-407-55751-5

Inhalt

Martin R. Textor

Einführung

»Jugendhilfe ist zur Zeit kein Thema von besonderem öffentlichen Interesse; dies hat Gründe im zurückgehenden Interesse an Jugendproblemen, in den abnehmenden Jahrgangsstärken der Heranwachsenden, aber auch im Glauben, der Aufwand für Jugendhilfe sei in den vergangenen Jahren hinreichend gewesen, und im Zweifel an der Leistungsfähigkeit institutionalisierter Jugendhilfe« (Achter Jugendbericht, S. 16). Schwerpunkte derzeitiger Politik beziehen sich auf die Folgen der Wiedervereinigung der beiden deutschen Staaten, auf die Europa-, Finanz-, Wirtschafts- und Arbeitsmarktpolitik. Die Bevölkerungsentwicklung läßt erwarten, daß staatliche Mittel immer mehr zugunsten der Rentner umverteilt, aber auch verstärkt zum Ausgleich der Familienlasten (und zur Geburtenförderung) eingesetzt werden.

Trotz dieses für die Jugendhilfe negativen Kontextes ist es 1990 – nach vielen Jahren erfolgloser Bemühungen – gelungen, das aus dem Jahr 1922 stammende Jugendwohlfahrtsgesetz (JWG) durch das Kinder- und Jugendhilfegesetz (KJHG) abzulösen. Am JWG war vor allem kritisiert worden, daß es zu stark einem ordnungsrechtlichen Denken verhaftet war. Staatliche Maßnahmen beschränkten sich weitgehend auf Kontrollen und Eingriffe, die vielfach mit einer Herausnahme der betroffenen Kinder aus ihren Herkunftsfamilien verbunden waren. Familienunterstützende und -entlastende Maßnahmen wurden im JWG nicht erwähnt.

Die Jugendhilfereform war längst überfällig. So wurde in den 60er Jahren die Mißachtung des sozialen, wirtschaftlichen, kulturellen und gesellschaftlichen Kontextes durch die Jugendhilfe, ihr repressiver Charakter und ihre ideologische Prägung kritisiert. Verbände forderten für Minderjährige einen einklagbaren Rechtsanspruch auf individuelle Erziehungshilfen (einschließlich eventuell notwendiger wirtschaftlicher Leistungen), die Aufstellung eines systematischen Katalogs von Jugendhilfeleistungen, den Vorrang offener und ambulanter Hilfen, die Stärkung der Position der betroffenen jungen Menschen, die Verbesserung der Stellung des Jugendamtes u.ä. Diese Forderungen wurden in der Stellungnahme der Bundesregierung zum Dritten Jugendbericht

(1972) aufgegriffen. Dort hieß es auch, daß die Jugendhilfe zu einem selbständigen Erziehungsträger weiterentwickelt werden sollte, der die Erziehung in Familie, Schule und Beruf unterstützt. Familienergänzende und -unterstützende Hilfen sollten ausgebaut sowie die Komplexe »Heimerziehung« und »Maßnahmen für straffällig gewordene Minderjährige und Heranwachsende« neu geordnet werden. Ferner wurde in den 70er Jahren das Konzept der »offensiven« Jugendhilfe entwickelt, die sich in andere Politik- und Gesellschaftsbereiche zum Wohle der Kinder einmischen soll. Das sozialpädagogische Profil der Jugendhilfe wurde diskutiert; nach mehr Fachlichkeit und Professionalität wurde gestrebt. Die auf diesen Vorstellungen beruhenden Gesetzesentwürfe ließen sich aber politisch nicht durchsetzen, wobei sich die Kritik vor allem an der Betonung des Kindesrechts gegenüber dem Elternrecht, der Rolle der freien Träger der Jugendhilfe (Subsidiaritätsprinzip) und der zu erwartenden finanziellen Mehrbelastung entzündete.

Gleichzeitig wandelte sich jedoch die Praxis der Jugendhilfe und entsprach immer weniger dem JWG: So wurden immer mehr die Familie und das soziale Umfeld von Kindern und Jugendlichen in die Arbeit einbezogen. Gesellschaftliche Veränderungen wie Anstieg der Scheidungsrate, Zunahme der Zahl von Teil- und Stieffamilien, mehr Frauenerwerbstätigkeit usw. wurden stärker berücksichtigt. Es wurde erkannt, daß immer weniger Kinder und Jugendliche in »geordneten« und entwicklungsfördernden Familienverhältnissen aufwachsen, daß viele mit arbeitslosen, suchtkranken oder behinderten Erwachsenen zusammenleben, mißhandelt, vernachlässigt oder sexuell mißbraucht werden, als Aussiedler oder Ausländer Diskriminierung erfahren. So wurden vermehrt familienunterstützende und präventive Angebote sowie Maßnahmen zur Verselbständigung von Heranwachsenden entwickelt. Auch im therapeutischen, wissenschaftlichen und politischen Bereich wurden der Familie und ihrem Wandel immer mehr Aufmerksamkeit gezollt (Textor 1985, 1991a, b).

Mit dem neuen Kinder- und Jugendhilfegesetz (KJHG) und seiner ausgeprägten Familienorientierung wurde diesen nur knapp skizzierten Entwicklungen Rechnung getragen. Die Schwerpunkte der Neuordnung sind:

● Verbesserung der Angebote von Jugendarbeit, Jugendbildung und Jugendsozialarbeit;
● Vermehrung und Absicherung der allgemeinen Angebote zur Förderung der Familienerziehung (z.B. Beratung in allen Fragen der Entwicklung und Erziehung, Elternarbeit in Institutionen, Familienbildung);
● Verbesserung der Hilfen für Familien in besonderen Lebenslagen (z.B. Scheidungsberatung, Unterstützung Alleinerziehender);
● Schaffung eines pluralen Angebots bei der Tagesbetreuung (Krippe, Tages-

pflege, Kindertagesstätte, selbstorganisierte Förderung von Kindern, Hort usw.);

- gesetzliche Verankerung ambulanter und teilstationärer Hilfen (z.b. Ehe-, Familien-, Erziehungs- und Jugendberatung, Erziehungsbeistandschaft, Sozialpädagogische Familienhilfe, Erziehung in der Tagesgruppe);
- Neuordnung des Pflegekinderwesens;
- Verbesserung der Hilfen für junge Volljährige;
- verstärkte Zuordnung seelisch behinderter Kinder und Jugendlicher zum Jugendhilfebereich;
- Stärkung der Position des Jugendamtes;
- rechtliche Grundlegung von Jugendhilfeplanung, Datenschutz, Jugendhilfestatistik u.a.

So entwickelt sich die Jugendhilfe hin zu einem sozialstaatlichen Leistungsbereich. Offen bleibt aber, inwieweit die ihr zur Verfügung gestellten Mittel ausreichen, um die neuen und alten Aufgaben bedarfsgerecht erfüllen zu können.

Unklar ist noch, wie das Kinder- und Jugendhilfegesetz (KJHG) in die Praxis umgesetzt werden soll. In dem vorliegenden Sammelband werden Jugendamtsmitarbeiter, Sozialreferenten und (vereinzelt) andere Fachleute von ihrer Warte aus die praktische (vorbildliche) Umsetzung von jeweils einer der im Gesetz genannten Maßnahmen diskutieren. Fachliche (im Gegensatz zu rechtlichen) Gesichtspunkten werden im Mittelpunkt dieser 30 Beiträge stehen. Durch die Auswahl der Mitarbeiter ist eine große Praxisnähe gewährleistet. Ergänzt werden diese Beiträge durch zwei längere einführende Kapitel – in dem einen wird die Notwendigkeit von Jugendhilfemaßnahmen anhand einer Analyse der Lebenssituation von Kindern, Jugendlichen und Heranwachsenden begründet und in dem anderen werden allgemeine rechtliche Regelungen im KJHG dargestellt, die generell von Bedeutung sind. Den Schluß bilden zwei Beiträge über die Bedeutung freier Träger der Jugendhilfe sowie über Prinzipien moderner Jugendhilfe.

In allen Kapiteln wird bei Begriffen wie »Sozialarbeiter«, »Sozialpädagoge« oder »Mitarbeiter« immer der Plural verwendet. Damit soll angedeutet werden, daß mit diesen Wörtern immer sowohl die weiblichen als auch die männlichen Fachkräfte gemeint sind. Dieser Wortwahl wurde nach reiflicher Überlegung aus Gründen der besseren Lesbarkeit der Vorzug gegeben – Formulierungen wie »der/die Sozialarbeiter(in)«, »der/die Erzieher/in« oder »die SozialpädagogenInnen« stören bei längeren Texten oft den Lesefluß. Ich hoffe auf das Verständnis der Leserinnen und Leser dieses Sammelbandes.

Meiner Frau, Ingeborg Becker-Textor, gebührt Dank für das kritische Lesen der einzelnen Kapitel. Bei Frau Kudies möchte ich mich für das Schreiben des Manuskriptes bedanken. Ferner danke ich Herrn Grübling vom Beltz Verlag und allen Fachleuten in Ministerien, Landesjugendämtern, Verbänden und Jugendämtern, die mir mit ihren Ratschlägen und Hinweisen geholfen haben. Ich möchte mit der Hoffnung schließen, daß unser Sammelband einen Beitrag dazu leistet, daß der gesellschaftliche Stellenwert der Jugendhilfe deutlicher erkannt sowie die ideelle und finanzielle Förderung dieses für unsere Kinder, Jugendlichen, Heranwachsenden und Familien so wichtigen Bereichs verstärkt wird.

Martin R. Textor

Kindheit, Jugend und Familie: Der Kontext der Jugendhilfe

Bis in die 60er Jahre hinein konzentrierte sich die Jugendhilfe auf verhaltensauffällige, kriminelle, vernachlässigte oder anderweitig hilfsbedürftige Kinder und Jugendliche. Seither entwickelt sie sich mehr und mehr zu einem eigenständigen Sozialisationsfeld (neben Familie und Schule), das prinzipiell allen Minderjährigen und jungen Erwachsenen offen steht und diese in immer größer werdender Zahl erreicht. Die angedeutete Entwicklung hat dazu geführt, daß genaue Kenntnisse über die konkreten Lebensverhältnisse von Kindern und Jugendlichen für Fachkräfte in der Jugendhilfe immer wichtiger werden. Zugleich ließen die Analyse der veränderten Lebensbedingungen und die neue Zielsetzung der Jugendhilfe die Notwendigkeit deutlich werden, das Jugendwohlfahrtsgesetz (JWG) durch ein der heutigen Situation besser entsprechendes Gesetz, das Kinder- und Jugendhilfegesetz (KJHG), abzulösen.

In diesem einführenden Kapitel sollen die Lebensverhältnisse von Minderjährigen und jungen Erwachsenen kurz skizziert werden. Dabei wird deutlich, daß es die Kindheit oder die Jugend nicht gibt: Das überlieferte und immer noch nachwirkende Bild vom Aufwachsen in einer vollständigen Mehrkinderfamilie mit einer nichterwerbstätigen Mutter, von der größeren Bedeutung der Schul- und Berufsbildung für männliche Jugendliche gegenüber weiblichen, vom reibungslosen Eintritt in die Arbeitswelt oder von der frühzeitigen Familiengründung ist obsolet geworden. Vielmehr ist heute eine Pluralisierung der Lebenslagen von Kindern und Jugendlichen festzustellen: Sie wachsen in verschiedenen Lebenswelten auf, die z.B. durch unterschiedliche Familienformen, Schularten, berufliche Ausbildungsgänge, Bezugsgruppen Gleichaltriger und Formen der Mediennutzung geprägt werden, aber auch durch sozioökonomische, schichtspezifische und regionale Faktoren. Dieses bedeutet, daß Fachkräften der Jugendhilfe nicht nur die Vielfalt der Lebenswelten bekannt sein sollte, sondern daß sie im Einzelfall auch die Gesamtheit relevanter Umweltbedingungen berücksichtigen müssen.

Neben der Veränderung der Lebenskontexte ist auch ein qualitativer Wandel von Kindheit und Jugend festzustellen, wobei Wechselwirkungen eine gewichtige Rolle spielen. Beispielsweise wird durch die Medien die Trennung zwischen den Lebensbereichen von Erwachsenen und Kindern zum Teil aufgehoben, werden beide Generationen als Konsumenten angesprochen, wird ihr Leben von Zeitplänen geprägt. Lernen, viel Freizeit und Experimentierfreiheit sind nicht mehr typische Merkmale des Jugend-, sondern auch des Erwachsenenalters. Ferner hat der Wandel der weiblichen Biographie dazu geführt, daß Schule und Beruf(sausbildung) für Mädchen immer bedeutsamer geworden sind. Schließlich sind eine Ausweitung der Jugendzeit (zunehmende Dauer der Schul- und Berufsausbildung, Postadolenz) und eine große Variabilität phasentypischer Elemente (z.B. Zeitpunkt erster sexueller Kontakte, der finanziellen Unabhängigkeit, der ersten längerfristigen Partnerschaft) festzuhalten.

Familienerziehung

Da die Familie der wichtigste Lebenskontext von Kindern ist und auch noch im Leben von Jugendlichen und Erwachsenen eine große Rolle spielt, setzt eine zeitgemäße, wirkungsvolle Jugendhilfe die genaue Kenntnis der Lebensbedingungen und Schwierigkeiten verschiedener Familienformen voraus. So ist von Bedeutung, daß rund die Hälfte aller Kinder in Einkindfamilien aufwachsen. Sie sind häufig auf ihre Eltern fixiert, stellen hohe Ansprüche an ihre Zeit und fühlen sich oft einsam oder gelangweilt, wenn ihre Eltern nicht in der Nähe sind. »Einzelkinder wachsen ohne die Erfahrungen der Mehrkinderfamilie auf. Sie haben weitaus weniger Möglichkeiten, sich dem dauernden Zugriff der Erwachsenen zu entziehen, sich in der Altersgruppe zu entlasten, im Umgang mit Gleichaltrigen und Älteren kognitive und soziale Erfahrungen zu machen. Eltern mit nur einem Kind sind leichter in Gefahr, sich zu einseitig auf dieses Kind zu konzentrieren, es zu stark an sich zu binden, ihre Wünsche auf das Kind zu projizieren« (Süssmuth 1985, S. 98). So wird einerseits die Vermittlung sozialer Fertigkeiten in Kindertagesstätten, Schulen und Jugendarbeit immer wichtiger, sind andererseits Eltern von Einzelkindern auf geeignete Weise (z.B. Familienbildung, Medien) auf die Gefahren von Überbehütung und Verwöhnung hinzuweisen. Noch kaum erkannt ist die Notwendigkeit, Heranwachsende auch mit kleineren Kindern vertraut zu machen, da diese immer mehr aus ihrer Erfahrungswelt verschwinden und dadurch eine spätere Übernahme von Elternverantwortung zunehmend als risikoreich und überfordernd erlebt wird.

In den vergangenen Jahrzehnten verlief die Entwicklung von der »Elternbestimmtheit der Kinder« hin zur »Kindbezogenheit der Eltern« (Wurzbacher): Kinder werden zunehmend wie Gleichgestellte behandelt, in familiale Entscheidungsprozesse einbezogen und in die Lebenswelt ihrer Eltern eingeführt. Ihnen werden mehr Freiheiten und größere individuelle Entfaltungsmöglichkeiten gewährt. Ihre Eltern kümmern sich mit großem Einsatz und wohl eher zu- als abnehmender Kompetenz um sie, erleben sich bewußt als Erzieher und wissen um die hohen Anforderungen, die heute an die Familienerziehung gestellt werden. Zugleich erfahren sie aber auch eine starke Relativierung ihres erzieherischen Einflusses, da sie mit professionellen Erziehern, den Gleichaltrigen und den »geheimen Miterziehern« (alte und neue Medien) konkurrieren. Eine gewisse Verunsicherung resultiert aus dem Bestreben, das Kind vor diffusen Gefährdungen (z.B. sexueller Mißbrauch, Experimente mit Drogen, neue religiöse Bewegungen) zu schützen, sowie aus der Konfrontation mit widersprüchlichen pädagogischen Konzepten, Forschungsergebnissen und praktischen Ratschlägen. Zudem muß das Kind für zwei Welten erzogen werden: die innerfamiliale, in der Liebe, Vertrauen, Offenheit, Rücksichtnahme und Solidarität zählen, sowie die außerfamiliale, in der Wettbewerbsorientierung, Disziplin, Konsum, Selbstverwirklichungsstreben, individuelle Freiheit u.ä. eine große Rolle spielen. Aus der skizzierten Situation resultieren das Bedürfnis nach Elternberatung und -bildung, der Wunsch nach Austausch mit anderen Eltern und die Notwendigkeit von Elternarbeit.

Im Verlauf der letzten Jahrzehnte haben Kinder an Bedeutung für das psychische Wohlbefinden ihrer Eltern gewonnen: Da diese ihre Arbeitsexistenz häufig auf eine Weise erleben, die sie in der Familie nach Lebenssinn und der vermißten Erfüllung suchen läßt, benötigen sie das Kind, wollen sie sich in seiner Erziehung verwirklichen, stellen sie hohe emotionale Erwartungen an es und machen es zum Mittelpunkt ihres Lebens. So wird es oft überbehütet, verwöhnt oder überfordert. Wenn es aber von Zeit zu Zeit als Belastung oder als Hindernis bei der eigenen Selbstverwirklichung oder Freizeitgestaltung erlebt wird, kann es auch zur Ausbildung eines diskontinuierlichen Erziehungsstils kommen: Die Eltern schwanken zwischen den Extremen der Verzärtelung und hohen Aufmerksamkeit auf der einen sowie der plötzlichen Bestrafung und des Ignorierens auf der anderen Seite; die Kinder reagieren mit Verhaltensauffälligkeiten.

Problematisch können sich auch das Unausgefülltsein, die soziale Isolierung und Unzufriedenheit vieler nichterwerbstätiger Mütter sowie die negative Bewertung der Hausfrauentätigkeit durch die soziale Umwelt auswirken. Manche Mütter machen unbewußt das Kind für ihre unbefriedigende Situation verantwortlich, erleben es als Belastung oder Fessel und behandeln es dementsprechend. Andere klammern sich an es, isolieren es von der Umwelt und machen es zu einem Ersatzpartner. Oft versuchen sie auch, ein positives Selbstwertgefühl als »perfekte« Hausfrau und Mutter zu finden, und verwöhnen oder überfordern dementsprechend ihr Kind. Da Körperstrafen zunehmend abgelehnt werden, wollen viele Mütter durch »Liebeszufuhr« und »Liebesentzug« die Kinder zur Erfüllung der eigenen Verhaltenserwartungen motivieren. Dieses kann dazu führen, daß Kinder sich der Liebe ihrer Eltern nicht sicher sind. Wenn angemessenes Verhalten materiell belohnt wird, stellt sich oft auch »eine gefährliche Assoziationskette ein: Ich werde geliebt, wenn ich etwas dafür tue; Beweis dafür, daß ich geliebt werde, sind Geschenke; ... Waren werden so zum Liebesbeweis, Liebesbeweise sind Waren« (Dürr 1986, S. 10).

Sind Mütter erwerbstätig, so kann ihre andauernde Überlastung zu negativer Gestimmtheit, Spannungen und zwiespältigen Gefühlen gegenüber den Kindern führen. Oft haben sie zu wenig Zeit für ihre Kinder oder vernachlässigen sie sogar. Dieser Mangel an Zuwendung und familiärer Geborgenheit kann insbesondere bei Kleinkindern zu Verhaltensauffälligkeiten und neurotischen Dispositionen führen. So ist es nicht verwunderlich, daß von Teilen der Gesellschaft die Erwerbstätigkeit von Müttern recht negativ gesehen wird. Beispielsweise stimmten bei einer Befragung von 2.066 Jugendlichen im Alter von 16 bis 18 Jahren rund drei Viertel weitgehend oder ohne Einschränkung dem Satz zu »Für Kinder ist es sehr nachteilig, wenn die Mutter berufstätig ist« (Allerbeck und Hoag 1985, S. 124). Sowohl Erwachsene (Bertram 1990) als auch Jugendliche (Allerbeck und Hoag 1985) sind laut Umfragen überwiegend der Meinung, daß Kinder bis zum Eintritt in den Kindergarten von einem nichterwerbstätigen Elternteil versorgt werden sollten. Dennoch bleiben viele Mütter berufstätig, weil sie einen Verlust an beruflicher Qualifikation und an Aufstiegsmöglichkeiten fürchten, weil soziale Wertschätzung vor allem über den Beruf vermittelt wird oder weil ihre Familien ohne ein zweites Einkommen nicht auskommen können. Hier wird die Notwendigkeit qualitativ hochwertiger und kompensatorisch wirkender Maßnahmen der Kinderbetreuung deutlich. Zugleich müßte die materielle Situation von jungen Familien mit nur einem Erwerbstätigen verbessert, ein positiveres Bild von nicht berufstätigen Müttern in der Öffentlichkeit verbreitet und das speziell auf diese Zielgruppe gerichtete Angebot der Jugendhilfe (z.B. Krabbelgruppen, Mütterzentren, Gesprächskreise) vergrößert werden.

In den letzten Jahrzehnten hat sich auch die Vater-Kind-Beziehung geändert. Insbesondere viele Väter von Kleinkindern möchten ein enges Verhältnis zum Kind haben und erzieherisch tätig werden. Vereinzelt konkurrieren dann beide Eltern um die Zuneigung ihrer Kinder. In manchen Familien findet sich aber auch noch eine traditionelle Arbeitsteilung. Zudem nehmen viele Väter eine Randposition in ihren Familien ein, da sie zeitaufwendige Hobbys und außerfamiliale Interessen haben oder beruflich überlastet sind. Manche »sind durch den Arbeitsprozeß in einer Weise ermüdet und abgespannt, daß ihnen jede Energie und Lust zum Spielen oder zur Beschäftigung mit den Problemen des Kindes fehlt« (Seehausen 1989, S. 103). Da Väter einen großen Teil ihrer Macht in der Familie verloren haben, sind oft die Autoritätsverhältnisse unklar. In solchen Fällen oder beim Befolgen eines antiautoritären Erziehungsstils beherrschen häufig die Kinder ihre Eltern. In vielen Tätigkeitsfeldern der Jugendhilfe ist es deshalb wichtig, Vätern bei der Klarifizierung ihrer Rollen zu helfen und Familienstrukturen (Hierarchie) zu verändern.

Die zunehmende Erwerbstätigkeit von Frauen und ihre emanzipatorischen Bestrebungen haben auch zu einem Wandel der Mädchenrolle geführt. So haben Schule und Beruf in ihrem Leben an Bedeutung gewonnen, sind Mädchen selbständiger und selbstbewußter geworden, haben sie mehr Entfaltungsmöglichkeiten. Aber noch immer spielt die geschlechtsspezifische Erziehung eine große Rolle: Mädchen werden mehr beaufsichtigt, stärker auf häusliche Aufgaben verpflichtet und mehr in die Hausarbeit eingebunden. Auch wird von ihnen mehr Einfühlungsvermögen, Anpassungsbereitschaft, Rücksichtnahme, Unterordnung usw. erwartet. Hieraus ergeben sich zum einen wichtige Aufgaben für Elternarbeit und Familienbildung (weiterer Abbau geschlechtsspezifischer Erziehungsziele). Zum anderen sollte insbesondere die Jugendarbeit Mädchen zusätzliche Entfaltungsmöglichkeiten und Entwicklungsanreize bieten. Ferner sollten Jungen in der Familie und im Jugendhilfebereich dazu geführt werden, Tätigkeiten wie Hausarbeit, Erziehung und Pflege für sich als Aufgaben zu erkennen und zu erlernen. Auf diese Weise kann die vor allem von Mädchen und Frauen geforderte gerechtere Aufteilung der Familienpflichten gefördert werden.

»Die Mehrzahl der Jugendlichen hat 1983 nach eigener Aussage ein gutes Verhältnis zu Vater und Mutter. 2% haben ein ›schlechtes‹ Verhältnis zum Vater, 5,1% ›häufig‹ Meinungsverschiedenheiten mit ihm; 58,5% nennen ihr Verhältnis zum Vater in verschiedenen Schattierungen positiv. Das Verhältnis zu den Müttern ist etwas besser ...« (Allerbeck und Hoag 1985, S. 60). Laut einer Untersuchung des Jugendwerks der Deutschen Shell (1985) ranken sich die meisten Konflikte zwischen Jugendlichen und Eltern um Mode, Frisur und Schminken, Kauflust, Rauchen, Mediennutzung, gegengeschlechtliche Freundschaften, Ordnung, Umgangsformen und Schulleistungen. Bei konflikthaften Beziehungen scheiden die Eltern als Gesprächspartner für Sorgen und Nöte eher aus; Jungen wenden sich dann eher an gegengeschlechtliche und Mädchen an gleichgeschlechtliche Freunde. Probleme können aber auch daraus resultieren, daß Jugendliche sich aufgrund eines sehr engen Verhältnisses zu den Eltern nur schwer ablösen können. Hier wird die Notwendigkeit von Erziehungs- und Jugendberatung deutlich. Eine altersgemäße Ablösung von Jugendlichen kann auch durch die offene und verbandliche Jugendarbeit gefördert werden.

Familienprobleme

Müssen sich Familien über längere Zeit hinweg mit großen Belastungen – z.B. Arbeitslosigkeit, Geburt eines behinderten Kindes, Versorgung eines pflegebedürftigen Angehörigen, Alkoholkrankheit oder Drogenmißbrauch eines Familienmitglieds, langfristige Klinik- oder Gefängnisaufenthalte eines Elternteils, Gewalttätigkeit usw. – auseinandersetzen, so hat dieses häufig negative Auswirkungen auf die Entwicklung von Kindern und Jugendlichen: »Einige der schwersten Risikofaktoren in der Umwelt, die mit erhöhten Raten von Auffälligkeiten bei Kindern einhergehen, sind Armut, Zugehörigkeit zu einer ethnischen Minorität, elterliche Psychopathologie, physische oder andere Formen der Mißhandlung, minderjährige Eltern, Frühgeburt und ein niedriges Geburtsgewicht, Ehescheidung und schwere Kinderkrankheiten« (Tuma 1989, S. 189). So sind jedes Jahr knapp 100.000 Minderjährige von der Scheidung ihrer Eltern betroffen; 1,3 Millionen leben in Eineltern- und eine Million in Stieffamilien. Fast drei Millionen Kinder leben mit einem alkoholkranken Erwachsenen und ca. 800.000 mit einem arbeitslosen Elternteil zusammen; für fast 8% aller Minderjährigen unter 15 Jahren erhalten die Eltern Sozialhilfe.

An dieser Stelle kann nicht auf die Folgen derartiger Umweltbedingungen für Kinder eingegangen werden (vgl. Textor 1991a). Bedenkt man jedoch, daß z.B. drei von vier Kindern, die außerhalb des Elternhauses untergebracht werden, aus Teilfamilien kommen, wird die Brisanz dieser Thematik deutlich. Die Jugendhilfe steht vor der Situation, das Wohl der unter diesen Verhältnissen lebenden und in ihrer Entwicklung gefährdeten Kinder sichern zu müssen – durch Maßnahmen wie Scheidungsberatung, Beratung bei der Ausübung von Personensorge und Umgangsrecht, sozialpädagogische Familienhilfe usw. Bei vielen der hier angesprochenen Belastungen kommen der Zusammenarbeit mit anderen psychosozialen und medizinischen Diensten (z.B. Sozialamt, psychosoziale Beratungsstelle, Sozialstation, Kinderschutzbund) und der Koordination von Jugendhilfe- und anderen Maßnahmen eine besondere Bedeutung zu.

In diesem Zusammenhang soll noch auf die besondere Situation ausländischer Kinder, Jugendlicher und Heranwachsender hingewiesen werden, deren prozentualer Anteil an ihren Altersgruppen zunimmt: »Die zukünftige Gesellschaft wird durch die bereits jetzt in der Bundesrepublik lebenden ausländischen Familien und stetig weiter zuziehenden Aussiedler und Asylbewerber verstärkt den Charakter einer multikulturellen Gesellschaft erhalten« (Birtsch et al. 1989, S. 20). Die Jugendhilfe muß sich dieser gesellschaftlichen Herausforderung stellen, die Integration ausländischer Kinder und Jugendlicher fördern und Konzepte multikultureller Erziehung entwickeln. Bedenkt man, daß im Jahr 1987 fast 22% der ausländischen Schulabgänger keinen Schulabschluß erreichten und viele von ihnen Schwierigkeiten beim Eintritt in die Arbeitswelt erlebten, wird die Relevanz der Jugendsozialarbeit deutlich.

Kindheit heute

Herumtollen auf unbebauten Grundstücken, Verfolgungsjagd durch den Wald, unbeobachtetes Spielen an Bächen und Flüssen, Mutproben in der Natur – dies ist immer seltener kindliche Realität: Dörfer werden zugebaut, Wege asphaltiert, freie Grundstücke baulich genutzt. Kinder dürfen aufgrund der Verkehrsgefährdung nicht auf der Straße spielen oder weiter entfernt wohnende Freunde besuchen. Aus Angst vor sexuellem Mißbrauch oder Unfällen wird ihnen verboten, in Parks, Naherholungsgebieten oder Waldgebieten herumzustreunen. Der eingeschränkte Bewegungsraum nimmt Kindern und Jugendlichen viele Möglichkeiten, ungezwungen körperliche Fertigkeiten zu schulen, sich selbst zu erfahren und über die Körperbeherrschung Selbstsicherheit zu gewinnen. Auch wird die verplante und geordnete Umwelt – siehe z.B. viele Spielplätze und Parks – für Kinder immer ärmer an Anregungen und Herausforderungen. »Von der zunehmenden Verstädterung, der allgemeinen Reizüberflutung, der Einschränkung des Spiel- und Bewegungsraums gehen negative Wirkungen aus, so daß sich beim Durchschnittskind von heute bereits bei Schulantritt vielfach Störungen der Gesundheit wie Nervosität, Konzentrationsmangel, Bewegungsunruhe, Haltungsschwäche, Überernährung und psychosomatische Beeinträchtigungen finden lassen« (Hartung 1987, S. 16).

Reaktionen der Jugendhilfe auf die skizzierte Situation, aber auch auf die Zunahme von Einzelkindern und auf den durch die Geburtenentwicklung bedingten Rückgang der Zahl Gleichaltriger in der Nachbarschaft, sind der Ausbau von Kindertagesstätten, die Unterstützung selbstorganisierter Eltern-Kind-Gruppen, Angebote der Jugendarbeit (Erlebnis- und Freizeitpädagogik) sowie Maßnahmen der Kinder- und Jugenderholung. Die Folge ist, daß Kindheit sich fast nur noch in Räumen abspielt, die pädagogisch besetzt sind: »Wohl noch nie haben Kinder mit soviel Aufsicht und Pädagogik zurechtkommen müssen wie heute« (Krug 1989, S. 9). Die meisten Erwachsenen treten ihnen mit einer Unterweisungsabsicht gegenüber, behindern Freiwüchsigkeit und ersticken das Bedürfnis nach experimentellem Umgang mit der Wirklichkeit. Kinder und Jugendliche benötigen – zumindest im Jugendhilfebereich (Kindertageseinrichtungen, Jugendarbeit, Erholungsmaßnahmen usw.) – mehr Freiräume, in denen sie sich ungezwungen bewegen können, in denen sie herumtollen, ihre Kräfte messen und ihren Körper erfahren können.

Die Vielzahl der Einrichtungen und Angebote für Heranwachsende hat auch dazu geführt, daß die Altersgruppen entmischt und die Kinder aus den Lebensbereichen der Erwachsenen ausgegrenzt und in Sonderumwelten eingegliedert werden: »Charakteristisch für diese Sonderumwelten ist, daß sie von Erwachsenen organisiert sind, daß der Gestaltungsraum der Kinder also von vornherein mit den Intentionen der Erwachsenen interferiert. Insoweit es sich um organisierte Betreuungseinrichtungen handelt, haben zudem mehr oder weniger professionalisierte hauptamtliche Betreuungspersonen das Sagen« (Kaufmann 1990, S. 106). Kinder und Jugendliche wechseln fortwährend zwischen diesen Sonderumwelten, so daß ihr Leben durch Zeitpläne geprägt und der Tagesablauf oft zerstückelt ist. Manchmal treten Spannungen zwischen den verschiedenen Bezugspersonen der Kinder auf, werden widersprüchliche Erwartungen an diese gerichtet, besteht wenig Zusammenhang zwischen den unterschiedlichen Lebensräumen. So steht die Jugendhilfe vor der Herausforderung, mehr Realität in die von ihr gestalteten Sonderumwelten zu holen – beispielsweise bieten im Kindergartenbereich der Situationsansatz und die Möglichkeit, Eltern mit einem Teil der Gruppe an ihrem Arbeitsplatz zu besuchen, einen sinnvollen Weg. Zugleich wird deutlich, daß Kinder vor Überforderung geschützt werden müssen: Schon Kleinkinder werden oft vom Kindergarten zu Musikschule, Schwimmkurs, Ballettschule, Kinderbasteln usw. gehetzt. Lassen sich die Eltern nicht überzeugen, so sollten zumindest die betroffenen Fachkräfte miteinander Kontakt aufnehmen und sich hinsichtlich des Umgangs mit dem Kind abstimmen.

In Familien und Institutionen werden Kinder mit einem Überangebot an Spielsachen – die oft nur wenig Nutzungsmöglichkeiten zulassen – und durchorganisierten Beschäftigungsprogrammen konfrontiert. Im Gegensatz zu früher mangelt es an Selbsttätigkeit, fehlt das Fertigkeiten fördernde, produktive und damit auch befriedigende Herstellen von Gegenständen. »Wer mit Hingabe, Mühe und Sorgfalt selbst etwas gemacht und geschaffen hat, trägt zu diesen Sachen und Werken Sorge. Er überträgt dies fast automatisch auch auf nicht ihm persönlich Gehörendes, d.h. Vandalismus ist ihm fremd« (Dürr 1986, S. 87). Da Kinder und Jugendliche heute in erster Linie Spielsachen, Beschäftigungsprogramme und Freizeitangebote konsumieren, entwickeln sie eine andere Einstellung zu Objekten, aber auch zu sich selbst: Sie besitzen weniger Selbstvertrauen, da ihnen das Bewußtsein der Körperbeherrschung und die aus dem Produzieren resultierenden Erfolgserlebnisse fehlen. Auch eignen sie sich nicht mehr die Wirklichkeit durch Körpertätigkeit an, fällt der Übergang vom Spiel zur Arbeit schwerer. Schon früh entsteht eine Konsumhaltung, die durch Werbung und Medien (Weckung neuer Bedürfnisse) sowie die materielle Verwöhnung durch viele Eltern (oft aus einem schlechten Gewissen heraus) noch gefördert wird. Kinder und Jugendliche verursachen ihren Eltern hohe Kosten; häufig kommt es zu Konflikten um Geld. Die Jugendhilfe ist herausgefordert, Heranwachsende zum Hinterfragen ihrer Konsumhaltung zu führen und deren Folgen für Individuum und Umwelt zu verdeutlichen. Vor allem in Kindertagesstätten, Jugendarbeit, Heimerziehung, Jugendbildung und bei Erholungsmaßnahmen kommt es darauf an, die Selbsttätigkeit, das produktive und kreative Handeln zu fördern und Handfertigkeiten (z.B. Umgang mit Werkzeugen und verschiedenen Materialien) zu vermitteln.

Eigentätigkeit, soziale Erfahrungen, die Ausbildung kommunikativer Fertigkeiten und die Erforschung der Umwelt werden auch durch die intensive Mediennutzung behindert. So ergab z.B. eine Befragung von 3.935 bayerischen Schülern im Alter von 13 bis 18 Jahren (Lukesch 1989), daß diese im Durchschnitt mehr als zwei Stunden pro Tag vor dem Fernseher verbrachten. Etwa 54% hatten Zugang zu Video- bzw. Computerspielen; 21% sahen täglich oder mehrmals pro Woche Videofilme an, 28% circa einmal pro Woche. Erschreckend ist das Forschungsergebnis, daß 32% der Schüler indizierte und 10% beschlagnahmte Videos unter ihren Lieblingstiteln auflisteten. Es ist offensichtlich, daß derartige Filme das Weltbild von Kindern sowie ihre Haltung gegenüber Menschen und zu Gewalt prägen. Zudem sind die meisten in Videos oder Fernsehfilmen auftretenden Personen schlechte Vorbilder, von denen Kinder keine reifen Formen der Wirklichkeitsbewältigung, Bedürfnisbefriedigung und Konfliktlösung lernen. Das Gesehene wird nur selten kritisch bewertet und in Bezug zur eigenen Erfahrung gesetzt, so daß logisch-analytische Fähigkeiten nicht gefördert werden. Hier wird deutlich, daß der Jugendmedienschutz noch nicht alle die ihm gestellten Ziele erreicht hat. Eltern, Erzieher, Sozialpädagogen und Lehrer müssen auf die Notwendigkeit der Medienerziehung hingewiesen werden.

Schule und Gleichaltrigengruppe

Neben der Familie sind Schule bzw. Ausbildungsstätte und Gleichaltrigengruppe die wichtigsten Bezugsfelder für Minderjährige und Heranwachsende. So verbleiben diese immer länger in Bildungseinrichtungen – bei Hochschulstudium (und Promotion) bis über das dritte Lebensjahrzehnt hinaus. Dies bedeutet, daß viele von ihnen noch lange nach Erreichen der Volljährigkeit sowie nach der räumlichen und sozialen Ablösung finanziell von ihren Eltern abhängig sind. Da Bildung als wichtigstes Grundkapital für die Zukunft gilt, haben Schulnoten und -zeugnisse einen hohen Stellenwert in vielen Familien. Häufig führen überzogene und unrealistische Erwartungen der Eltern zu Leistungsdruck, Schulstreß und Überforderung. Erbringt das Kind oder der Jugendliche nicht die gewünschten Leistungen, so wird sein Versagen bisweilen von den Eltern als eigenes Versagen erlebt (existentielle Bedrohung) oder auf andere Lebensbereiche des Minderjährigen generalisiert. Hartung (1987) berichtet, daß nahezu ein Drittel aller Patienten im Schulalter, die zum Kinderarzt kommen, wegen Schulprobleme oder Schulversagen vorgestellt werden. Ferner kann es zur Ausbildung psychischer Symptome kommen, wenn das Kind z.B. glaubt, daß es wegen seiner schlechten Leistungen nicht mehr von seinen Eltern geliebt wird.

Leistungsdruck, Streß und Schulangst können aber auch von Lehrern verursacht werden, die beispielsweise ihre Schüler mit einer übergroßen Stofffülle und zu vielen theoretisch-intellektuellen Inhalten überfordern (oft lehrplanbedingt), ein starkes Konkurrenzverhalten fördern oder schlechte Schüler bloßstellen. Die einseitige geistige Belastung, Schulstreß und Ermüdung resultieren auch aus der Schulorganisation (bei den in westlichen Ländern vorherrschenden Ganztagsschulen können Lernfächer über den ganzen Tag verteilt werden), den zu kurzen Erholungszeiten und der zu geringen Stundenzahl für Schulsport, Werken, Handarbeiten und ähnliche Fächer. Belastend können auch die Anonymität zu großer Schulen, die Isolierung durch das Kurssystem sowie die langen Schulwege bzw. Schulbusfahrten wirken. Die noch immer übergroßen Klassen beeinträchtigen das psychische Wohlbefinden und erschweren eine adäquate Förderung von Spätentwicklern, Problemkindern, ausländischen Schülern und solchen mit Teilleistungsschwächen. Die skizzierte Situation führt nicht nur zu Disziplinlosigkeit, Aggressivität, Entfremdung und ähnlichen Auffälligkeiten, sondern auch zu einer immer negativer werdenden Haltung zur Schule. Dies verdeutlicht eine Befragung von 2.066 Jugendlichen im Alter von 16 bis 18 Jahren, die auf dieselben Fragen antworteten wie Gleichaltrige Anfang der 60er Jahre: Schüler »sind sehr viel unzufriedener mit der Schule als ihre Vorgänger vor 20 Jahren. Der Anteil derjenigen, die gern oder sehr gern zur Schule gehen, ging von 75% auf 43% zurück. Ein Rückgang um 32% – diese Größenordnung ist selten« (Allerbeck/Hoag 1985, S. 78). Nur 14% hielten Lehrer für gerecht. Offensichtlich ist, daß Schulsozialarbeit von großer Wichtigkeit ist. Auch andere Angebote der Jugendhilfe (Hort, Jugendarbeit, Hausaufgabenbetreuung usw.) können kompensatorisch wirken, Problemschülern und ihren Eltern helfen sowie für das Kindeswohl förderliche Wege der Einflußnahme auf das Bildungssystem suchen.

Manche Jugendliche erleben auch Probleme beim Übergang von der Schule zum Beruf. Dieses kann z.b. daran liegen, daß sie zu wenig auf die Arbeitswelt vorbereitet wurden, also unrealistische und überzogene Erwartungen haben oder sich keine Arbeitstugenden angeeignet haben. Vielen fehlt die Qualifikation und Motivation, um den Anforderungen des Arbeitsmarktes zu entsprechen. Dies gilt vor allem für (ausländische) Jugendliche ohne Hauptschulabschluß und Sonderschulabsolventen. Sie finden entweder keinen Ausbildungs- bzw. Arbeitsplatz oder reagieren auf die Überforderung vielfach mit Verhaltensauffälligkeiten, Delinquenz, psychosomatischen Beschwerden oder dem Konsum legaler und illegaler Drogen. Hier steht vor allem die Jugendsozialarbeit vor großen Herausforderungen.

»Jugendstudien der letzten Jahre zeigen, daß Eltern als Bezugspersonen für Jugendliche weniger wichtig geworden sind, statt dessen spielen Gleichaltrige eine größere Rolle als Gesprächspartner und Orientierungspersonen« (Birtsch et al. 1989, S. 21). Informelle und im kommerzialisierten Kontext zusammentreffende Gruppen haben an Bedeutung gewonnen; von Jugendverbänden organisierte oder an Jugendhäuser und ähnliche Einrichtungen gebundene Gruppen spielen heute eine geringere Rolle als in den vorausgegangenen Jahrzehnten. Gleichaltrige dienen als Vertrauenspersonen und Freizeitpartner, leisten einen gewichtigen Beitrag zur kognitiven, sozialen und Persönlichkeitsentwicklung, zur Ablösung und Selbstdifferenzierung. Aufgrund der Acceleration werden sie auch immer früher Sexualpartner; rund 60% der Jugendlichen haben mit 16 Jahren bereits sexuelle Erfahrungen gemacht (Jugendwerk der Deutschen Shell 1985). Kinder und Jugendliche, die von ihren Gleichaltrigen abgelehnt, verspottet oder ausgestoßen werden, denen unbefriedigende Rollen (z.B. als Sündenbock) zugewiesen werden, die sich aufgrund mangelnder sozialer Fertigkeiten nicht in eine Gruppe integrieren können oder die sexuelle Probleme haben, leiden unter ihrer Situation sehr und benötigen Unterstützung durch die Jugendhilfe. Manchmal muß Jugendlichen auch vermittelt werden, wie sie mit dem sozialen Druck durch Gleichaltrige am besten umgehen.

In den letzten Jahren wurde der Situation von Mädchen zunehmend mehr Aufmerksamkeit gewidmet. Zwölf- bis Fünfzehnjährige verbringen viel Zeit im Kreise ihrer Freundinnen, in dem ein intensiver verbaler und emotionaler Austausch stattfindet. Hier finden sie auch einen gewissen Freiraum. Ältere Mädchen werden immer mehr in gemischtgeschlechtliche Gruppen einbezogen. Sie müssen sich mit »Anmache« und Anzüglichkeiten auseinandersetzen und entbehren wirklicher »Mädchenräume«. Oft wird ihre Bewegungsfreiheit von ihren Eltern aus Angst vor sexuellen Übergriffen eingeschränkt; dieses gilt verstärkt für ausländische Mädchen. Auch müssen sie sich mit widersprüchlichen Erwartungen auseinandersetzen: »Sie sollen gleichzeitig attraktiv und anständig sein, ihre Gefühle verausgaben und Zurückhaltung üben« (Funk 1985, S. 39). Haben Mädchen einen Freund, so verlieren ihre Freundinnen an Bedeutung. Oft passen sie sich diesem zu stark an, so daß ihre Selbstbehauptung und Individuation gefördert werden müßten.

Nach einer Befragung von 1.700 Jugendlichen im Alter von 12 bis 17 Jahren (Deutsche Forschungsgemeinschaft 1990) leiden Mädchen stärker unter Alltagsbelastungen als Jungen. Sie reagieren auf Streß, zu hohe Erwartungen der Eltern, mangelnde Anerkennung in der Gleichaltrigengruppe, Hektik im Freizeitbereich und andere Probleme häufiger mit Krankheitssymptomen wie Kopfschmerzen, Nervosität, Schlaflosigkeit oder Magenbeschwerden, aber auch mit Gefühlszuständen wie Traurigkeit, Ängstlichkeit, Unzufriedenheit mit sich selbst oder dem Gefühl, unwichtig zu sein. Seltener als Jungen agieren Mädchen Anspannungen, Überforderung und Wut aus.

Die Jugendarbeit steht vor der Aufgabe, Angebote zu entwickeln, durch die sie mehr Mädchen als bisher erreicht (diese sind in diesem Bereich unterrepräsentiert), die sich ausschließlich an die genannte Zielgruppe richten und die zum Abbau abgelehnter Aspekte der Geschlechtsrollenleitbilder beitragen. Zudem muß ihre Persönlichkeitsentwicklung gefördert, müssen ihre Selbstwertgefühle gestärkt werden.

Jugendarbeit, Jugendbildung, Jugendberatung und andere Bereiche der Jugendhilfe sollten Jugendliche bei der Suche nach einem Lebensmodell helfen. Einerseits ist der Freiraum von Jugendlichen größer geworden, über den eigenen Lebensentwurf zu bestimmen, da sie eigenständiger geworden sind und mehr Selbstverantwortung übernommen haben. Andererseits hat die früher vorgegebene »Normalbiographie« (Schule – Berufsausbildung – bis zur Rente ausgeübter Beruf – frühzeitige Heirat und Familiengründung) an Verbindlichkeit verloren; es sind eine Pluralisierung von Lebensoptionen und eine abnehmende Planbarkeit des Lebens festzustellen. Vor allem solche Jugendliche und Heranwachsende benötigen Hilfe, die diese Situation als anomisch erleben, mit Orientierungslosigkeit reagieren und Schwierigkeiten bei der Identitätsfindung erleben. Hier muß verhindert werden, daß die Desorientierung und Sinnsuche zu Sektierertum, Okkultismus, New Age, Esoterik oder rechts- bzw. linksradikalen Gruppen führen, daß sie in Aggressivität, Rowdytum, Apathie, Aussteigertum oder Drogenmißbrauch ihren Ausdruck finden. Der Weg in derartig abweichende Karrieren wird oft durch Gleichaltrigengruppen bereitet.

Im Achten Jugendbericht heißt es: »Jugendliche finden auf ihre Fragen – persönliche Fragen nach sinnvoller Ausbildung und Arbeit, nach Liebe, Partnerschaft, Ehe und Familie, Fragen in bezug auf gesellschaftliche Zukunft, nach Erhaltung der natürlichen Lebensgrundlagen, nach gerechter Verteilung der Arbeit für alle, nach Abrüstung und Frieden – oft keine oder unbefriedigende Antworten in tradierten Weltanschauungen und Werten. Sie erleben diese häufig als wenig glaubwürdig« (S. 108). Viele zweifeln am Sinn von technischem Fortschritt und Karriere-Denken, erleben sich durch die Umweltverschmutzung bedroht oder versuchen, dem Anpassungsdruck zu widerstehen. Eine gewisse Distanz zur Erwachsenengesellschaft zeigt sich in den jugendlichen Subkulturen mit ihren eigenen Normen, Kleidungsstilen, Verhaltenserwartungen usw. Viele Jugendliche folgen jedoch auch traditionellen Lebensmustern: Sie sind leistungsbereit und berufsorientiert (bei jungen Frauen hat die Arbeitsorientierung eher zu- als abgenommen), wollen heiraten und Kinder haben. Die meisten wollen vor der Ehe aber zunächst mit ihrem Partner zusammenleben und streben eine egalitärere Arbeitsteilung als die in ihren Herkunftsfamilien an (Allerbeck und Hoag 1985).

Andere Jugendprobleme

Laut einer repräsentativen Umfrage des EMNID-Instituts (1986) glauben 35% der Bundesbürger, daß Deutschland ein kinderfeindliches Land ist. Als Indizien hierfür nennen sie z.B. das mangelnde Verständnis der Erwachsenen für kindliche Bedürfnisse (42%), den aus gesteigerten Konsumansprüchen und Egoismus resultierenden Geburtenrückgang (24%), die Wohnraumprobleme kinderreicher Familien (22%), den Mangel an Freizeit- und sozialen Einrichtungen für Kinder (20%) sowie die finanzielle Benachteiligung kinderreicher Familien (14%). Frauen mit Kindern unter acht Jahren beklagten sich bei einer für Baden-Württemberg repräsentativen Studie (Institut für Demoskopie Allensbach 1985) vor allem darüber, daß Autofahrer zu wenig Rücksicht auf Kinder nehmen (47%), diese im Gedränge übersehen und umgerannt werden (33%), der Kinderwagen in viele Geschäfte nicht mitgenommen werden kann (26%), Kinderspielplätze zu dreckig sind (25%), Kinder in vielen Gaststätten ungern gesehen sind (23%), Nachbarn sich über den Kinderlärm beschwert haben (21%), es bei der Wohnungssuche wegen der Kinder Schwierigkeiten gab (16%) usw. Hier wird deutlich, daß die Jugendhilfe auch ein Anwalt für Kinder und ihre Familien sein muß, deren Interessen gegenüber der Kommune, der Wirtschaft und der Politik vertreten sowie einen Beitrag zum Abbau von Kinderfeindlichkeit leisten sollte.

Als problematisch gilt auch das Verhältnis zwischen Jugendlichen und Erwachsenen. Bei einer Befragung von mehr als 2.000 Personen (Jugendwerk der Deutschen Shell 1985) bejahten 84% der Jugendlichen und 78% der Erwachsenen, daß es einen Gegensatz zwischen beiden Generationen gibt. Für mehr als die Hälfte sind Konflikte zwischen beiden Seiten ein großes Problem.

Erwachsene glauben, daß es Jugendlichen zu gut gehe, sie zuviel Freizeit hätten, verwöhnt, maßlos, undankbar, ungehorsam, egoistisch und falsch erzogen seien. Jugendliche kritisieren die Haltung der Erwachsenen zur Jugend, deren Lebensweise, Erziehungsverhalten und politischen Einstellungen. Als große Jugendprobleme gelten Alkohol- und Drogenmißbrauch, Leistungsdruck, Schwierigkeiten in der Schule oder der Ausbildung, Reizüberflutung, Einsamkeit, Langeweile, Arbeitslosigkeit u.ä. (a.a.O.). Durch Öffentlichkeitsarbeit und andere Maßnahmen könnte die Jugendhilfe einen Beitrag dazu leisten, daß Vorurteile gegenüber der jeweils anderen Generation abgebaut werden und mehr Verständnis für die andere Seite entwickelt wird. Sie muß sich aber auch den genannten Jugendproblemen stellen.

Schließlich ist weiterhin die Unterstützung verhaltensauffälliger und psychisch gestörter Minderjähriger und Heranwachsender von größter Wichtigkeit für die Jugendhilfe. Verschiedene epidemiologische Studien kommen zu dem Ergebnis, daß bei circa 19% aller Kinder und Jugendlichen psychiatrische Symptome bzw. bei etwa 12% kinder- und jugendpsychiatrische Störungen vorzufinden sind (Detzner und Schmidt 1988). Bei Jungen treten nachweisbar häufiger Aggressivität, Destruktivität, hyperkinetisches Verhalten, Autismus, nächtliches Einnässen und Suizide auf, bei Mädchen Anorexien und Selbstmordversuche. Generell gibt es etwa zwei- bis dreimal soviel Jungen (im Schulalter) mit psychiatrischen Auffälligkeiten als Mädchen. Manche Schwierigkeiten resultieren auch aus erlebter Kindesmißhandlung und sexuellem Mißbrauch, von denen nach Schätzungen mehrere Hunderttausend Kinder und Jugendliche betroffen sind. Zur Unterstützung von Kindern und Jugendlichen mit den genannten Symptomen sowie für junge Drogenabhängige und Kriminelle steht der Jugendhilfe ein großes Arsenal von Maßnahmen (Beratungsangebote, soziale Gruppenarbeit, Erziehung in einer Tagesgruppe, Vollzeitpflege, Heimunterbringung, intensive sozialpädagogische Einzelbetreuung usw.) zur Verfügung.

Roland Proksch

Allgemeine rechtliche Regelungen im KJHG

Das KJHG vom 26.6.1990 (BGBl I, 1163) hat die Rechtsgrundlagen der Jugendhilfe im vereinten Deutschland umfassend neu und grundsätzlich einheitlich gestaltet. In Kraft seit dem 1.1.1991 im Gebiet der alten Bundesländer (Art. 24 Satz 1 KJHG) und bereits seit dem 3.10.1990 im Gebiet der neuen Bundesländer gemäß Einigungsvertrag (BGBl II, 1990, S. 885ff., 1072ff. = GBl DDR I, Nr. 64, S. 1627, 1812ff.) ersetzt das KJHG nicht nur in vollem Umfang das spezifische Jugendhilferecht nach dem Jugendwohlfahrtsgesetz (Art. 24 Satz 2 KJHG), das bis zuletzt nach Ansatz und Struktur der fast 70jährigen Tradition des Reichsjugendwohlfahrtsgesetzes (RJWG) vom 9.7.1922 verhaftet geblieben war (vgl. Jordan und Münder 1987). Es ändert auch andere, mit der Jugendhilfe inhaltlich verbundene Vorschriften, so des Sozialgesetzbuches (SGB) I und X, des Bürgerlichen Gesetzbuches (BGB), des Jugendgerichtsgesetzes (JGG) und des Gesetzes über die Angelegenheiten der freiwilligen Gerichtsbarkeit (FGG) (vgl. Art. 2–7 KJHG).

Diese Rechtsneuordnung bzw. Rechtsänderung markiert einen tiefgehenden rechtlichen Einschnitt und zugleich einen fachlichen Perspektivenwechsel in der Jugendhilfe. Ziel des neuen Gesetzes ist es, »den in der Praxis zu beobachtenden Funktionswandel öffentlicher Jugendhilfe auf eine zureichende rechtliche Grundlage zu stellen und auf dem Hintergrund gesellschaftlicher Entwicklungen Perspektiven für die rechtliche und fachliche Weiterentwicklung der Jugendhilfe aufzuzeigen« (BR-Ds 503/89, S. 39). Der Achte Jugendbericht (1990) macht eindrucksvoll deutlich, wie sich die Jugendhilfe vor allem in den letzten 30 Jahren zu einem belastbaren, leistungsfähigen und sensibel reagierenden System der Unterstützung von Kindern, Jugendlichen und ihren Familien entwickelt und sich dabei aber auch immer weiter von der Sichtweise ihrer gesetzlichen Grundlage, dem JWG, entfernt hat (siehe auch die Stellungnahme der Bundesregierung, Achter Jugendbericht 1990, S. XIV). Die Sichtweise der Jugendhilfe hat sich stetig erweitert. Sie bezieht neben dem Minderjährigen immer stärker auch seine Familie und deren soziales Umfeld in ihre (sozial-)pädagogische Arbeit mit ein. Ihr Handlungsansatz hat sich zunehmend von einer Eingriffs- hin zu einer Leistungsorientierung mit stark präventiven Zügen verändert. Demgegenüber waren Struktur und Sichtweise des abgelösten JWG bis zuletzt einem stark polizei- und ordnungsrechtlichen Kontroll- und Eingriffsdenken verhaftet. Familienunterstützende und -entlastende Hilfen fehlten im JWG ganz. Zwar eröffneten die Generalklauseln in §§ 5, 6 JWG der Jugendhilfe einen weiten Handlungsspielraum, um die neuen Entwicklungen aufzunehmen und auch in der Praxis umzusetzen. Doch führte dieser weite Handlungsspielraum gleichzeitig zu einer unzureichenden normativen Absicherung der von der öffentlichen Jugendhilfe dringend zu bewältigenden Gegenwartsaufgaben und begünstigte das Entstehen eines deutlichen Leistungs- und Ausstattungsgefälles zwischen den einzelnen Jugendhilfeträgern in den alten Bundesländern (vgl. BT-Ds 503/89, S. 38).

Inhaltlich liegt der Schwerpunkt der rechtlichen Neuregelung in der Differenzierung des Leistungssystems der Jugendhilfe (§§ 11–41), dem Abbau der eingriffs- und ordnungsrechtlichen Instrumentarien (§§ 41, 42, 50 Abs. 3), der Betonung von Beratungspflichten des Jugendamtes (u.a. §§ 11, 16ff., 28, 36f.) und seiner verstärkten Kooperationspflicht mit dem Beteiligten (§§ 5, 8, 36f.) sowie der Achtung und Stärkung der Autonomie der Familie und der Selbstverantwortung und Mitarbeit junger Menschen und ihrer Familien (§§ 1 Abs. 2, 8, 11, 16ff.). Organisationsrechtliche Veränderungen (§§ 69ff., 85ff.), Neuformulierungen eines jugendhilferechtlich spezifischen Datenschutzes (§§ 61–68) und neue kostenrechtliche (§§ 90ff.) sowie statistische Regelungen (§§ 98ff.) vervollständigen diese umfassende Neuordnung des Jugendhilferechtes im vereinten Deutschland.

Die rechtlichen Rahmenbedingungen der Jugendhilfe

Die Neuordnung der Jugendhilfe nach dem KJHG (zur Entstehungsgeschichte vgl. Wiesner 1990) berücksichtigt den gesellschaftlichen Wandel und die damit verbundenen veränderten gesellschaftspolitischen, familien- und jugendpolitischen Rahmenbedingungen, in denen Familien, Kinder und Jugendliche heute leben. Das KJHG als sog. Artikelgesetz (vgl. Junge und Lendermann 1990, S. 22) normiert den gesamten Bereich der Maßnahmen und Einrichtungen der Jugendhilfe neu, die der Erziehung und Bildung von Minderjährigen außerhalb von Familie, Schule und Beruf dienen.

Das KJHG besteht aus insgesamt 24 Artikeln, deren Art. 1 als das »Kernstück« des KJHG die eigentliche Neuordnung des Kinder- und Jugendhilferechtes normiert und es als Achtes Buch (VIII) in das Sozialgesetzbuch neu einfügt. Unter Art. 2 und 3 erfolgen die Änderungen zu den jugendhilferechtlichen Bestimmungen des Ersten und Zehnten Buches des SGB. Die Artikel 4 bis 9 enthalten Folgeänderungen in Rechtsvorschriften außerhalb des Sozialgesetzbuches, die sich aus der Einführung des neuen Kinder- und Jugendhilferechtes ergeben. Übergangs- und Schlußvorschriften sind in den Artikeln 10 bis 24 aufgenommen.

Das KJHG selbst umfaßt 10 Kapitel, die sich wie folgt gliedern:
- 1. Kapitel (§§ 1–10): Allgemeine Vorschriften,
- 2. Kapitel (§§ 11–41): Leistungen der Jugendhilfe,
- 3. Kapitel (§§ 42–60): Andere Aufgaben der Jugendhilfe,
- 4. Kapitel (§§ 61–68): Schutz personenbezogener Daten,
- 5. Kapitel (§§ 69–81): Träger der Jugendhilfe, Zusammenarbeit, Gesamtverantwortung,
- 6. Kapitel (§§ 82–84): Zentrale Aufgaben,
- 7. Kapitel (§§ 85–89): Zuständigkeit,
- 8. Kapitel (§§ 90–97): Heranziehung zu den Kosten, Kostenerstattung,
- 9. Kapitel (§§ 98–103): Kinder- und Jugendhilfestatistik,
- 10. Kapitel (§§ 104, 105): Straf- und Bußgeldvorschriften.

Die Jugendhilfe steht – sowohl hinsichtlich ihrer Aufgaben als auch ihrer rechtlichen Grundlagen – im Schnittpunkt verschiedener sachlicher und rechtlicher Bereiche, so im Schnittpunkt Elternrecht und staatliche Verantwortung, Erziehung und Bildung sowie Leistung und Eingriff (vgl. Junge und Lendermann, 1990, S. 13). Zur Einordnung des KJHG als Rechtsvorschrift ist deshalb zu beachten, daß es zwar eigenständig die Aufgaben der öffentlichen Jugendhilfe regelt, einzelne ihrer Aufgaben jedoch im Zusammenhang mit anderen Rechtsvorschriften zu sehen sind. Dies betrifft neben den durch das KJHG veränderten rechtlichen Bestimmungen insbesondere die familienrechtlichen Vorschriften des Bürgerlichen Gesetzbuches (4. Buch BGB). So bieten §§ 1666, 1666a BGB die Möglichkeit, Hilfe zur Erziehung, etwa als Vollzeitpflege (§ 33 KJHG) oder als Heimerziehung (§ 34 KJHG), auch gegen den Willen der Personensorgeberechtigten zu leisten, wenn auf andere Art und Weise eine Gefahr für das Wohl des Kindes nicht abgewendet werden kann. Durch eine gerichtliche Entscheidung nach §§ 1666, 1666a BGB kann die elterliche Sorge teilweise oder ganz entzogen und insoweit die Grundlage für einen staatlichen Eingriff geschaffen werden.

Für die Anwendung des KJHG im Gebiet der ehemaligen DDR ist zu beachten, daß Vorschriften des KJHG leerlaufen (können), weil die rechtliche Grundlage, auf die sie Bezug nehmen, nicht gegeben ist. Dies betrifft vor allem die Vorschriften der §§ 55 und 56 KJHG zur gesetzlichen Amtspflegschaft gemäß §§ 1706 bis 1710 BGB. Die Geltung dieser Vorschriften ist für Kinder, die in den Ländern der früheren DDR nichtehelich geboren werden, durch entsprechende Maßgabe im Einigungsvertrag ausgeschlossen. Die §§ 55 und 56 KJHG sind jedoch auch in den neuen Ländern maßgeblich, wenn die gesetzliche Amtsvormundschaft des Jugendamtes eintritt, weil z.b. die Mutter des Kindes minderjährig ist (§§ 1773 Abs. 1 BGB, 1791c Abs. 1 Satz 1 Halbsatz 1 BGB; vgl. Münder et al. 1991, § 55 Rz. 7ff.).

In verschiedenen Bereichen sind die Bestimmungen des KJHG (nur) Rahmenvorschriften, die durch Landesrecht weiter ausgestaltet werden können bzw. der landesrechtlichen Präzisierung bedürfen, um praktikabel zu werden. Dies betrifft vor allem die landesrechtliche Regelungsbefugnis zu den Bereichen Jugendarbeit, Jugendsozialarbeit, erzieherischer Kinder- und Jugendschutz (§ 15 KJHG), die allgemeine Förderung der Erziehung in der Familie (§ 16 Abs. 3 KJHG), die Ausgestaltung des Angebotes für die Förderung von Kindern in Tageseinrichtungen und in Tagespflege (§§ 24, 26 KJHG) und Fragen der Trägerorganisation sowie der Kostenregelungen (§§ 69 Abs. 1, 2 und 5, 71 Abs. 4 und 5, 77, 80 Abs. 3, 89 Abs. 5, 90 Abs. 1 und 4, 91 Abs. 2 KJHG). Für die Übergangszeit, also bis entsprechende landesrechtliche Bestimmungen vorliegen, ist bei der Anwendung der ausgestaltungsbedürftigen Regelungen des KJHG auf die bisherigen landesrechtlichen Regelungen zurückzugreifen, soweit sie als Landesrecht weitergelten. Wo dies nicht möglich ist, obliegt es der Verantwortung der örtlichen Träger der öffentlichen Jugendhilfe, entsprechende Festlegungen zu treffen, die im Interesse einer bestimmten Landeseinheitlichkeit und in Vorbereitung der landesrechtlichen Regelungen mit der zuständigen obersten Landesbehörde abgestimmt werden sollten.

Bei der Anwendung des KJHG ist zu beachten, daß – neben den besonderen Überleitungsvorschriften nach dem Einigungsvertrag für das Gebiet der ehemaligen DDR – die allgemeinen Übergangsvorschriften des KJHG anzuwenden sind, die im dritten Teil, Art. 10ff. KJHG, enthalten sind.

Die Leitvorstellungen des Art. 1 KJHG

Mit dem ersten Kapitel (Allgemeine Vorschriften §§ 1–10) steckt das KJHG die Leitlinien der Kinder- und Jugendhilfe ab. Hier werden die tragenden Grundsätze der öffentlichen Jugendhilfe geregelt, insbesondere die grundlegenden Bestimmungen für das Verhältnis Eltern – Kind – Staat sowie für die Zusammenarbeit zwischen der öffentlichen und der nichtstaatlichen (freien) Jugendhilfe.

a) Recht auf Erziehung

§ 1 KJHG hat, wie bisher bereits § 1 JWG, die Funktion einer Generalklausel und Leitnorm, die über den Bereich der öffentlichen Jugendhilfe hinaus für alle Erziehungsträger Bedeutung gewinnt. Unter grundsätzlicher Beachtung des elterlichen Erziehungsvorranges (Art. 6 Abs. 2 GG, § 1 Abs. 2 KJHG) normiert § 1 Abs. 1 KJHG das Recht eines jeden jungen Menschen »auf Förderung seiner Entwicklung und auf Erziehung zu einer eigenverantwortlichen und gemeinschaftsfähigen Persönlichkeit«, welche im Rahmen von »Leistungen und anderen Aufgaben« (§ 2 Abs. 1 KJHG) durch die Jugendhilfe zu gewährleisten sind (§ 79 KJHG). Mit Recht gibt das KJHG der Erziehung zu einer eigenverantwortlichen und gemeinschaftsfähigen Persönlichkeit Vorrang vor der noch im JWG geforderten »individuellen Tüchtigkeit«. Das KJHG orientiert sich damit eindeutig am Menschenbild des Grundgesetzes, das durch die Grundrechte, hier vor allem durch die Art. 1 bis 3 GG geprägt ist (vgl. BVerfGE 23, S. 119, 144). Diesem Erziehungsziel ist auch das elterliche Erziehungsrecht verpflichtet.

Adressaten des Rechtes auf Erziehung nach § 1 Abs. 1 KJHG sind alle »jungen Menschen«, also gemäß § 7 Abs. 1 Nr. 4 KJHG die noch nicht 27jährigen. Durch die Streichung der noch in § 1 JWG enthaltenen Geltungsbeschränkung der Jugendhilfe auf jedes »deutsche Kind« entfallen nunmehr Zweifel über die Geltung des KJHG auch für ausländische junge Menschen, die jedoch ihren tatsächlichen Aufenthalt im Geltungsbereich dieses Gesetzbuches haben müssen (§ 6 Abs. 1 Satz 1 KJHG). Tatsächlich hat die Jugendhilfepraxis bereits in der Vergangenheit in weitem Umfang junge Ausländer in ihre Angebote einbezogen, wie dies durch staatsrechtliche Abkommen bereits für eine Vielzahl von Fällen gefordert war (so etwa durch das Haager Minderjährigenschutzabkommen). Deshalb handelt es sich bei der Änderung im wesentlichen um eine Klarstellung. Allerdings bedeutet diese Ausweitung nicht, daß Ausländer künftig uneingeschränkt Zugang zu den Leistungen der Jugendhilfe haben. Vielmehr können sie Leistungen nur dann beanspruchen, »wenn sie rechtmäßig oder aufgrund einer ausländerrechtlichen Duldung ihren gewöhnlichen Aufenthalt im Geltungsbereich dieses Gesetzbuchs haben« (§ 6 Abs. 2 KJHG).

§ 1 Abs. 1 KJHG spricht von einem »Recht« auf Förderung bzw. Erziehung, so daß insoweit von einem entsprechenden rechtlichen Anspruch ausgegangen werden könnte. Überwiegend wird demgegenüber jedoch die Auffassung vertreten, daß ein unmittelbarer Anspruch auf ein Tätigwerden der öffentlichen Jugendhilfe aus dieser Bestimmung nicht hergeleitet werden könne. Für eine Qualifizierung dieser Vorschrift als Anspruchsnorm fehle sowohl die hinreichende Konkretisierung des Leistungsinhalts als auch die Bezeichnung des Leistungsverpflichteten. Überdies wäre es dem Gesetzgeber wegen der grundsätzlichen Zuweisung der Erziehungsaufgabe an die Eltern aus verfassungsrechtlichen Gründen verwehrt, Kindern und Jugendlichen ein subjektiv-öffentliches Recht auf Erziehung gegenüber der öffentlichen Jugendhilfe einzuräumen (BT-Ds 503/89, S. 44). Die Praxisbedeutung dieser Kontroverse ist unter der Geltung des JWG nur gering gewesen, da nach dessen § 6 Abs. 1 ein Rechtsanspruch auf Jugendhilfeleistung unter den dort normierten Voraussetzungen gegeben war. Unter der Geltung des KJHG ist diese Rechtsposition jedoch verändert worden, weil nach § 27 Abs. 1 KJHG nur die personensorgeberechtigten Erwachsenen Anspruchsinhaber auf Hilfe zur Erziehung sind. Mindestens zur Verfestigung der Rechtsposition der Kinder und Jugendlichen nach § 8 KJHG erscheint deshalb eine Auslegung des § 1 Abs. 1 KJHG als Anspruchsnorm geboten (noch weitergehend Münder et al. 1991, § 1 Rz 11).

Bei der Umsetzung der Vorgaben nach § 1 Abs. 1 KJHG hat die Jugendhilfe die verfassungsrechtlichen Vorgaben zu beachten. So normiert Art. 6 Abs. 2 GG, daß die »Pflege und Erziehung der Kinder das natürliche Recht der Eltern und die zuvörderst ihnen obliegende Pflicht (sind)«. Dem trägt § 1 Abs. 2 KJHG Rechnung, der den Wortlaut dieser Verfassungsbestimmung übernimmt. Dadurch wird die Bindung des Kinder- und Jugendhilferechtes an den grundgesetzlich geschützten Vorrang des elterlichen Erziehungsrechtes deutlich (vgl. BVerfGE 59, S. 360). Für die Praxis der Jugendhilfe bedeutet dies, daß Leistungen der Jugendhilfe – jedenfalls sofern sie unterhalb der Schwelle des staatlichen Wächteramtes ansetzen, also unterhalb einer konkreten Gefahr für das Wohl des Kindes oder Jugendlichen – Kindern und Jugendlichen nur mittelbar, nämlich über eine Unterstützung der Eltern, zugute kommen können. Dies heißt nicht, daß die Tätigkeit der öffentlichen Jugendhilfe nicht bei Konflikten zwischen Kindern oder Jugendlichen und ihren Eltern gefordert wäre. Solange elterliches Handeln jedoch nicht die Eingriffsschwelle des § 1666 BGB überschreitet, ist die öffentliche Jugendhilfe nach dem KJHG nicht legitimiert, eigenständig die Interessen der Minderjährigen gegen die Interessen ihrer Eltern wahrzunehmen. Das Handeln der Jugendhilfe muß in solchen Konfliktsituationen unterhalb des Tatbestandes des § 1666 BGB vielmehr darauf gerichtet sein, durch entsprechende Leistungsangebote der Jugendhilfe Kindern, Jugendlichen und ihren Eltern Wege aufzuzeigen, wie sie solche Konflikte selbst lösen können (vgl. BR-Ds 503/89, S. 43). Damit wird § 1666 BGB zur zentralen Eingriffsnorm in die elterliche Sorge. Eigenständige Eingriffstatbestände des Jugendhilferechtes, wie sie bislang nach § 57 JWG etwa für die Bestellung des Erziehungsbeistandes gegen den Willen der Personensorgeberechtigten oder nach § 64 JWG für die Anordnung der Fürsorgeerziehung gegeben waren, sind nach dem KJHG ausgeschlossen. Lediglich für vorläufige Maßnahmen zum Schutz von Kindern und Jugendlichen nach § 42 (Inobhutnahme von Kindern und Jugendlichen) bzw. § 43 (Herausnahme des Kindes oder des Jugendlichen ohne Zustimmung des Personensorgeberechtigten) sieht das KJHG entsprechende, eng umrissene Befugnisse der Jugendhilfe vor.

In § 1 Abs. 3 KJHG schließlich werden nicht abschließend (»insbesondere«) zentrale weitere Ziele genannt, welche die Jugendhilfe zur Verwirklichung des Rechts der jungen Menschen auf Förderung ihrer Entwicklung und Erziehung verfolgen soll. Die einzelnen »Programmpunkte« werden in § 2 näher konkretisiert und bilden insgesamt die Grundlage für die Ausgestaltung der einzelnen Aufgaben der Jugendhilfe in den nachfolgenden Kapiteln. Durch die ausdrückliche Bezugnahme auf Abs. 1 wird der eigenständige Handlungsansatz der Jugendhilfe insoweit deutlich. Ein Tätigwerden der Jugendhilfe ist somit auch bei individuellen Leistungen nicht von einem Antrag der Leistungsberechtigten abhängig, sondern muß bereits bei Bekanntwerden eines konkreten Jugendhilfebedarfes einsetzen.

§ 1 Abs. 3 Nr. 4 schließlich weist auf den ausdrücklichen Querschnittscharakter der Jugendhilfeaufgaben hin. Er stellt die Grundlage für die offensive Erweiterung institutionellen Handelns der Jugendhilfe in alle Lebensfelder dar, die für die Adressaten der Jugendhilfe relevant sind. Er fordert somit die kontinuierliche Einmischung von Jugendhilfe in andere Politikfelder. »Jugendhilfe muß künftig noch stärker auf die Erfüllung aller öffentlichen Aufgaben Einfluß nehmen, die die Lebenssituation von Kindern, Jugendlichen und Eltern entscheidend beeinflussen. Dies gilt in besonderer Weise für Entscheidungen im Bereich der Stadtentwicklung, der Arbeitsmarktpolitik und der Wohnungspolitik. Dazu zählt z.B. auch die Mitwirkung bei der bedarfsgerechten Anlage und Unterhaltung von Spielflächen im Wohnumfeld« (BT-Ds 503/89, S. 44).

b) Die Rechtsstellung Minderjähriger und ihrer Eltern

Das KJHG knüpft zur Normierung der Rechtsstellung Minderjähriger bzw. ihrer Personensorgeberechtigten im Bereich der Jugendhilfe an die Grundentscheidung unserer Verfassung an (Art. 6 Abs. 2 GG), die vorrangig den Eltern und nicht einer staatlichen Instanz die Wahrung der Interessen der Minderjährigen anvertraut hat (§ 1 Abs. 2 KJHG). Das Recht junger Menschen auf Förderung ihrer Entwicklung und auf Erziehung richtet sich deshalb zunächst gegen die Personensorgeberechtigten. Sie haben (grundsätzlich allein) zu entscheiden, ob und gegebenenfalls welche Jugendhilfeleistung sie zur

Verwirklichung des Erziehungsrechtes des Minderjährigen in Anspruch nehmen wollen. Dementsprechend sind die Personensorgeberechtigten grundsätzlich allein »Mittler« auch der dem Minderjährigen allein zu gewährenden (§ 6 KJHG) Jugendhilfeleistung. Soweit die Weigerung der Personensorgeberechtigten zur Inanspruchnahme einer notwendigen Jugendhilfeleistung das Wohl der Minderjährigen gefährden würde, ist das Vormundschaftsgericht nach §§ 1666, 1666a BGB aufgerufen, die erforderlichen Maßnahmen zu treffen.

Ein Recht der Minderjährigen unterhalb der Eingriffsschwelle des § 1666 BGB auf Hilfe an sich selbst, also auch auf Erziehung, unmittelbar gegen den Staat, kennt das KJHG somit nicht. Die Gefahr, daß Eltern nicht bereit sind, eine als notwendig und sinnvoll erkannte Hilfe unterhalb der Erfordernisse der §§ 1666, 1666a BGB anzunehmen, ist somit vom Minderjährigen als Wertentscheidung des Grundgesetzes (Art. 6 Abs. 2 GG) hinzunehmen (vgl. dazu ausführlich: Oberloskamp 1990, S. 260ff.; Kiehl 1990, S. 94ff., 97ff.). Aus der staatlichen Wächterfunktion ergibt sich jedoch gerade auch für diese Fälle die Verpflichtung der Jugendhilfe, ihre Aufgabe »durch helfende, unterstützende, auf Herstellung oder Wiederherstellung eines verantwortungsgerechten Verhaltens der natürlichen Eltern gerichtete Maßnahme« zu erfüllen (vgl. BVerfGe 24, S. 119, 145; BR-Ds 503/89, S. 65).

Allerdings räumt unsere Rechtsordnung Kindern und Jugendlichen sehr wohl an verschiedenen Orten eigene Beteiligungs- und Mitwirkungsrechte ein, wo es um ihre Erziehung geht. Zu nennen sind u.a. die verfahrensrechtlichen Mitwirkungsrechte nach §§ 50b, 55c, 59 und 64a FGG, ferner Befugnisse höchst persönlicher Art, wie die der selbständigen Entscheidung über das religiöse Bekenntnis (§ 5 RKEG) oder das Recht zur selbständigen Stellung von Anträgen auf Sozialleistungen (§ 36 SGB I), die dem Minderjährigen in den entsprechenden Einzelfällen und Einzelbereichen Teilmündigkeiten gewähren. Diese Regelungen tragen der Erkenntnis Rechnung, daß – unbeschadet der treuhänderischen Rechtsposition der Eltern für ihre Kinder – Minderjährige selbst eigene und nach Art. 1 und 2 GG geschützte Persönlichkeiten sind und nicht Objekte fremden (erzieherischen) Handelns.

Es war deshalb nur konsequent, daß auch das KJHG für Kinder und Jugendliche in § 8 eigene Beteiligungsrechte vorsieht, die ihre Subjektstellung unterstreichen. Das KJHG nimmt damit bereits entsprechende Erfordernisse aus der UN-Kinderkonvention vom 20.11.1989, vor allem in deren Artikeln 12ff., vorweg (vgl. BT-Ds 12/42). Nach § 8 Abs. 1 KJHG sind Kinder und Jugendliche »entsprechend ihrem Entwicklungsstand an allen sie betreffenden Entscheidungen der öffentlichen Jugendhilfe zu beteiligen. Sie sind in geeigneter Weise auf ihre Rechte im Verwaltungsverfahren sowie im Verfahren vor dem Vormundschaftsgericht und dem Verwaltungsgericht hinzuweisen«.

Entscheidungen der öffentlichen Jugendhilfe, insbesondere im Zusammenhang mit Hilfen zur Erziehung, haben erheblichen Einfluß auf die Persönlichkeitsentwicklung von Kindern und Jugendlichen und berühren ihre Stellung als Träger von Grundrechten nach Art. 1 und 2 GG. Im Einzelfall können hierbei Konflikte zwischen Eltern und Kindern über die Inanspruchnahme öffentlicher Jugendhilfeleistungen entstehen. Hier kommt es besonders darauf an, die Minderjährigen auf ihre Beteiligungsrechte nach § 8 KJHG hinzuweisen. Besondere Bedeutung kommt dabei dem Antragsrecht nach § 36 SGB I zu. Danach kann ein Jugendlicher, der das 15. Lebensjahr vollendet hat, Anträge auf Sozialleistungen stellen und verfolgen sowie Sozialleistungen entgegennehmen. Der Leistungsträger soll den gesetzlichen Vertreter über die Antragstellung und über die erbrachten Sozialleistungen unterrichten. Der gesetzliche Vertreter kann das Recht des Jugendlichen im übrigen durch schriftliche Erklärung gegenüber dem Leistungsträger einschränken. § 36 SGB I gilt auch für die Leistungen der Jugendhilfe nach § 2 Abs. 2 KJHG, die wegen § 27 SGB I Sozialleistungen im Sinne des Sozialgesetzbuches sind. Voraussetzung für die Inanspruchnahme der Handlungsfähigkeit nach § 36 SGB I ist allerdings eine entsprechende Leistungsberechtigung des Jugendlichen, so daß im wesentlichen Angebote der Jugendarbeit, der Jugendsozialarbeit und des erzieherischen Kinder- und Jugendschutzes, aber auch Leistungen der allgemeinen Förderung der Erziehung in der Familie (§§ 11, 13, 14, 16 und 28 KJHG) in Betracht kommen dürften.

Wichtig in diesem Zusammenhang ist ebenfalls die Hinweispflicht auf das auch den Minderjährigen zustehende Recht, »zwischen Einrichtungen und Diensten verschiedener Träger zu wählen und Wünsche hinsichtlich der Gestaltung der Hilfe zu äußern« (§ 5 Satz 1 KJHG). »Die Subjektivität des Kindes und Jugendlichen im Erziehungsprozeß« (BR-Ds 503/89, S. 44) bedingt im konkreten Einzelfall die Respektierung ihrer Entscheidung für einen bestimmten Träger und ihrer Wünsche bei der Gestaltung der einzelnen Hilfe. Ihre Grenze findet dieses Recht an dem Aufwand »unverhältnismäßiger Mehrkosten« (§ 5 Satz 2 KJHG).

Nach § 8 Abs. 2 KJHG haben Kinder und Jugendliche über ihre Beteiligungsrechte nach Abs. 1 hinaus das weitere Recht, »sich in allen Angelegenheiten der Erziehung und Entwicklung an das Jugendamt zu wenden«. Dieses Hinwendungsrecht der Minderjährigen ist von der Jugendhilfe effizient umzusetzen, denn es bedeutet nur dann für die Minderjährigen eine wirkliche Verbesserung ihrer Rechtsposition als Subjekte der Jugendhilfe, wenn entsprechende fachliche und personelle Möglichkeiten in den Jugendämtern vorhanden sind bzw. entwickelt werden. Allerdings ist dieses Recht der Minderjährigen nicht mit bestimmten Befugnissen der öffentlichen Jugendhilfe (gegen die Eltern) verknüpft. Doch kann eine Sachverhaltsschilderung im Einzelfall – etwa beim Verdacht einer Kindesmißhandlung – gebieten, den Eltern Angebote der Beratung und Unterstützung zur verantwortlichen Wahrnehmung ihrer Erziehungsaufgabe zu machen oder im Fall einer Gefährdung des Kindeswohles das Vormundschaftsgericht zu unterrichten (§ 50 Abs. 3 KJHG).

§ 8 Abs. 3 KJHG sieht schließlich eine Beratungsmöglichkeit von Minderjährigen auch ohne Kenntnis der Personensorgeberechtigten vor, »wenn die Beratung aufgrund einer Not- und Konfliktlage erforderlich ist und solange durch die Mitteilung an den Personensorgeberechtigten der Beratungsweg vereitelt würde« (§ 8 Abs. 3 KJHG). Diese Vorschrift bietet eine praktische Handlungsmöglichkeit im Konflikt zwischen den Personensorgeberechtigten und den Minderjährigen. Das elterliche Recht auf Information über das eigene Kind muß gegenüber dem neu zu schützenden Vertrauensverhältnis zwischen hilfesuchender minderjähriger Person und Jugendamt zurücktreten (BVerfGE 59, S. 360, 384). Das Schweigerecht gegenüber dem Personensorgeberechtigten dauert so lange an, wie durch eine Mitteilung der Beratungzweck unterlaufen würde. Diese besonders geschützte Beratungssituation soll jedoch nach der Rechtsprechung des Bundesverfassungsgerichtes nur für den Fall solcher Not- und Konfliktsituationen entstehen, in denen konkrete Tatsachen vorliegen, welche bei Information der Erziehungsberechtigten die unmittelbare und gegenwärtige Gefahr einer körperlichen oder seelischen Schädigung des Kindes wahrscheinlich machen (BVerfGE 59, S. 360, 387).

c) Beachtung der Grundrichtung der Erziehung

§ 9 KJHG führt die Rechtsgedanken der §§ 5 und 8 KJHG konsequent fort: Bei der Ausgestaltung der Leistungen und bei der Erfüllung der Aufgaben der Jugendhilfe sind zunächst »die von den Personensorgeberechtigten bestimmte Grundrichtung der Erziehung sowie die Rechte der Personensorgeberechtigten und des Kindes oder des Jugendlichen bei der Bestimmung der religiösen Erziehung zu beachten« (§ 9 Nr. 1 KJHG).

Da sich aus der Inanspruchnahme von Leistungen der Jugendhilfe keine Befugnisse der öffentlichen Jugendhilfe ergeben, Angelegenheiten der elterlichen Sorge für das Kind oder den Jugendlichen wahrzunehmen, ergibt sich daraus auch keine Beschränkung des elterlichen Erziehungsrechtes. Insbesondere entsteht dadurch kein mit der elterlichen Erziehungsverantwortung konkurrierendes öffentliches Erziehungsverhältnis, wie es noch für die Fürsorgeerziehung nach dem außer Kraft getretenen JWG angenommen werden konnte. Einrichtungen oder Einzelpersonen der Erziehung erhalten die für ihre

Erziehungstätigkeit erforderliche Befugnis nicht von den Trägern der öffentlichen Jugendhilfe, sondern entweder durch richterliche Entscheidung oder durch eine jederzeit widerrufliche Ermächtigung des Personensorgeberechtigten. Deshalb ist bereits aus Rechtsgründen geboten, den Konsens und die Verständigung mit den Betroffenen zu suchen (vgl. auch §§ 36, 37 KJHG).

Nach § 9 Nr. 2 KJHG ist bei der Ausgestaltung der Leistungen und der Erfüllung der Aufgaben der Jugendhilfe »die wachsende Fähigkeit und das wachsende Bedürfnis des Kindes oder des Jugendlichen zu selbständigem, verantwortungsbewußtem Handeln sowie die jeweiligen besonderen sozialen und kulturellen Bedürfnisse und Eigenarten junger Menschen und ihrer Familien zu berücksichtigen«. Der erste Teil der Vorschrift entspricht den Regelungen des § 1626 Abs. 2 BGB. Dies ist konsequent – denn wenn die Berücksichtigung der wachsenden Selbständigkeit der Minderjährigen bereits den Eltern nach Zivilrecht aufgegeben ist, hat das erst recht in der Jugendhilfe zu gelten.

Die Berücksichtigung der wachsenden Mündigkeit findet jedoch dort ihre Grenze, wo inhaltliche Erziehungsziele berührt werden, die von den Personensorgeberechtigten vorgegeben sind. Kommt es hier zu Konflikten zwischen dem Minderjährigen und seinem Personensorgeberechtigten, so besteht grundsätzlich nur über § 1666 BGB die Möglichkeit zur Konfliktlösung. Allerdings ist auch im Vorfeld des § 1666 BGB das Interesse des Minderjährigen auf Achtung seiner Persönlichkeit zu sichern. Deshalb kommt bei den Angeboten, Aufgaben und Leistungen der Jugendhilfe den Vorgaben der §§ 8 und 36 KJHG besondere Bedeutung zu. Für den Fall einer möglichen Konfliktlage zwischen Minderjährigem und Personensorgeberechtigtem ist zur Interessenswahrnehmung für den Minderjährigen die Bestellung eines Verfahrenspflegers zu prüfen (vgl. Münder et al. 1991, § 9 Rz 9; § 27 Rz 23).

Im zweiten Teil der Vorschrift hebt § 9 Nr. 2 KJHG hervor, daß auch die jeweiligen sozialen und kulturellen Bedürfnisse und Eigenarten junger Menschen und ihrer Familien zu berücksichtigen sind. Damit will das KJHG die Beachtung der Besonderheiten ausländischer Kinder und Jugendlicher sicherstellen, soweit sie dem Menschenbild des Grundgesetzes und der verfassungsrechtlichen Grundordnung entsprechen (BR-Ds 503/89, S. 49).

§ 9 Nr. 3 KJHG fordert die Berücksichtigung der unterschiedlichen Lebenslagen von Mädchen und Jungen und den Abbau von Benachteiligungen bzw. die Förderung der Gleichberechtigung von Mädchen und Jungen. Damit legt das KJHG hinsichtlich der Ausgestaltung aller Leistungen einen Standard fest, an dem sich die Angebote der öffentlichen wie der freien Jugendhilfe messen lassen müssen.

d) Rechtsansprüche und Leistungsverpflichtungen

Die Frage nach der Anspruchs- und Verpflichtungsintensität jugendhilferecht-
licher Angebote, Leistungen und Hilfen bezieht sich vornehmlich auf die Voraussetzungen, unter denen diese möglich und verpflichtend sind und welche
Anspruchsdichte entsprechende Leistungsnormen aufweisen. Die rechtliche
Konsequenz aus der notwendigen Berücksichtigung der Subjektstellung des
Adressaten der Jugendhilfe hat das KJHG mit der Einführung eines Wunsch-
und Wahlrechtes gemäß § 5 KJHG und einer Gewährleistungsverpflichtung
der Jugendhilfe gemäß §§ 79–81 KJHG gegeben. Demzufolge beantwortet
ganz überwiegend der individuelle Bedarf die Frage nach dem Verpflichtungs-
grad der Jugendhilfe zur Gewährleistung der notwendigen Grundausstattung
»vor Ort«.

Die Frage nach der Anspruchsdichte vor gegebener Leistungsnormen
knüpft an die allgemeinen Grundlagen sozialstaatlicher Leistungen an, für die
das SGB I und X die Rahmenvorschriften bilden. Das KJHG als Buch VIII des
SGB hat sich somit in diesen Rahmen einzufügen. So gelten die Bestimmungen des allgemeinen Teiles des Sozialgesetzbuches (SGB I) über die Verpflichtung der Jugendhilfeträger zur Aufklärung, Beratung und Auskunft (§§ 13–15
SGB I), es gilt aber auch die Verpflichtung der Leistungsträger, »darauf hinzuwirken, daß 1. jeder Berechtigte die ihm zustehenden Sozialleistungen in
zeitgemäßer Weise, umfassend und schnell erhält, 2. die zur Ausführung von
Sozialleistungen erforderlichen sozialen Dienste und Einrichtungen rechtzeitig und ausreichend zur Verfügung stehen und 3. der Zugang zu den Sozialleistungen möglichst einfach gestaltet wird, insbesondere durch Verwendung allgemein verständlicher Antragsvordrucke«.

Für die betroffenen Bürger ist die Tatsache bedeutsam, ob Rechtsnormen
existieren, die ihnen Rechtsansprüche auf bestimmte Angebote, Leistungen
und Hilfen geben. Rechtsnormen können unterschiedliche Regelungsdichten
aufweisen: Wie im JWG gibt es auch im KJHG drei qualitativ unterschiedliche
Rechtskategorien für die Inanspruchnahme von Leistungen. Es gibt Muß-Vor-
schriften, in denen bei Vorliegen der Voraussetzungen zwingend ein Rechtsanspruch auf die Leistung existiert, wie es sich in Formulierungen wie »ist zu
leisten«, »muß erbringen«, oder »hat Anspruch auf« zeigt. Eine Soll-Vorschrift verpflichtet die öffentliche Hand zur Leistung im Regelfall, gibt ihr jedoch die Möglichkeit, bei Vorliegen wichtiger sachlicher Gründe die Gewährung der Leistung abzulehnen. Solche gewichtigen Ausnahmegründe können
jedoch nicht vornehmlich finanzielle Gründe sein (BVerwGE 56, S. 220, 223;
64, S. 318, 323). Schließlich gibt es solche Bestimmungen, die zur Erbringung
einer Leistung lediglich »berechtigen«, dies aber nicht unabweisbar zur Pflicht

macht (sogenannte Kann-Leistungen). Hier besteht kein Rechtsanspruch auf die Leistung, sondern lediglich auf ermessensfehlerfreie Entscheidung (§ 39 SGB I). Doch ist auch hier der Jugendhilfeträger gehalten, sich zwingenden Bedarfslagen zu öffnen. Im Sinne pflichtgemäßer Ermessensausübung hat er dafür zu sorgen, daß ausreichende Angebote zur Bedarfsdeckung zur Verfügung stehen (können). Deshalb ist der in den Kommunalverwaltungen geläufige Begriff der »freiwilligen Leistung« irreführend.

Rechtsansprüche (»Muß-Leistungen«) finden sich im KJHG vor allem bei Beratungsleistungen (§§ 18, 21 KJHG), deren Leistungsdichte jedoch erst durch noch zu schaffendes Landesrecht, etwa über Inhalt, Ausmaß und Verfügbarkeit, zu bestimmen ist. Bei Beratungsansprüchen stellt sich das grundsätzliche Problem, daß die Zuerkennung eines Beratungsanspruches durch das Gesetz noch nichts über die Intensität, den Umfang und die methodische Ausrichtung der Beratung aussagt: »So lange Wartezeiten wie gegenwärtig bestehen und nicht durch Verpflichtung zu einem flächendeckenden Angebot und zu einer unmittelbaren Erfüllung von Beratungsanforderungen etwas unternommen wird, ist ein Rechtsanspruch auf Beratung auch ein eher unverbindlicher Anspruch« (Münder 1990, S. 345f.).

Bei den Hilfen zur Erziehung (§ 27) wurden Rechtsansprüche auch hinsichtlich der Kosten (§ 39) eindeutig geregelt. Im übrigen normiert das KJHG jedoch überwiegend bloße Ermessensleistungen, die allerdings in den wichtigen Leistungsbereichen der §§ 13, 16, 17, 19, 20, 29ff. und 41 zu »Soll-Leistungen« aufgewertet worden sind. Unverständlich bleibt allerdings die nach Art. 10 übergangsweise bis zum 31.12.1994 vorgesehene weitere Reduzierung der Anspruchsdichte von – auch nach dem Verständnis des KJHG – zentralen Leistungen der Familienförderung (§§ 17, 20 KJHG) und der Förderung von Volljährigen (§ 41 KJHG) von »Soll-« auf (bloße) »Kann-Leistungen« für die alten Bundesländer bzw. einer noch weiteren Anspruchsreduzierung auf überwiegend »Kann-Leistungen« für die neuen Bundesländer. Aufgrund des fast völligen Fehlens historisch gewachsener Strukturen und Ressourcen in den fünf neuen Bundesländern gelten dort gemäß Art. 8 des Einigungsvertrages in Verbindung mit Anlage 1, I, Kap. X, Sachgebiet B, Abschnitt III, Nr. 1 »Soll-Bestimmungen« bis zum 31.12.1994 nur als »Kann-Leistungen«. Soweit in dieser Übergangszeit Hilfen gemäß §§ 28–35 KJHG nicht bedarfsgerecht zur Verfügung stehen (können), werden sie vorrangig den Kindern und Jugendlichen geleistet, denen sonst Hilfe zur Erziehung nach § 34 (Heimerziehung) gewährt werden müßte.

e) Leistungen an seelisch behinderte junge Menschen

Das KJHG sieht die Zuordnung von Hilfen für seelisch behinderte oder von einer seelischen Behinderung bedrohte junge Menschen zum Bereich der Jugendhilfe vor. Das ergibt sich aus dem Umkehrschluß der Festlegungen in § 10 Abs. 2 KJHG. Dort ist ausdrücklich normiert, daß zwar grundsätzlich Jugendhilfeleistungen solchen nach dem Bundessozialhilfegesetz vorgehen sollen, daß dies jedoch nicht gelten soll für junge Menschen mit »einer körperlichen oder geistigen wesentlichen Behinderung oder weil sie von einer solchen Behinderung bedroht sind«. Für alle anderen jungen Menschen, also auch für die seelisch behinderten oder von einer seelischen Behinderung bedrohten jungen Menschen, bleibt es bei dem Vorrang der Hilfen nach dem KJHG. Mit dieser Zuordnung seelisch behinderter junger Menschen zur Jugendhilfe wird die bislang problematische Schnittstelle zwischen verhaltensauffälligen und in ihrer seelischen Entwicklung gefährdeten jungen Menschen verringert, ohne daß der Jugendhilfe wesensfremde Aufgaben zugewiesen werden. Um den örtlichen Trägern der Jugendhilfe Zeit zu geben, sich auch auf Hilfen für seelisch wesentlich behinderte oder von einer solchen Behinderung bedrohte junge Menschen einzustellen, sieht Art. 11 Abs. 1 KJHG vor, daß die vorrangige Zuordnung dieses Personenkreises in die Verantwortung der Jugendhilfe erst zum 1.1.1995 erfolgen wird.

Zusammenarbeit der öffentlichen mit der freien Jugendhilfe

Die Tätigkeit der öffentlichen und der freien Jugendhilfe ist traditionell eng miteinander verflochten. Das Bundesverfassungsgericht spricht von einer »gemeinsamen Bemühung von Staat und freien Jugend- und Wohlfahrtsorganisationen« (BVerfGE 22, S. 180, 200). Partnerschaftliche Zusammenarbeit ist somit Voraussetzung für ein plurales Jugendhilfeangebot, das wiederum für die Ausübung des Wunsch- und Wahlrechts junger Menschen und ihrer Familien nach § 5 KJHG und für die Wahrung der von den Personensorgeberechtigten bestimmten Grundrichtung der Erziehung nach § 9 Nr. 1 KJHG unabdingbar ist. § 3 Abs. 1 KJHG formuliert diese für die Jugendhilfe tragenden Grundsätze: »Die Jugendhilfe ist gekennzeichnet durch die Vielfalt von Trägern unterschiedlicher Wertorientierungen und die Vielfalt von Inhalten, Methoden und Arbeitsformen«.

Diese Bestimmung, die erst im Laufe des Gesetzgebungsverfahrens in das KJHG eingefügt worden ist, verbietet jede Monopolisierung im Bereich der Jugendhilfe. So darf der Träger der öffentlichen Jugendhilfe die Förderung der freien Jugendhilfe nicht nach seiner jeweiligen politischen und fachlichen Überzeugung auf bestimmte Gruppen von freien Trägern, etwa auf »bewährte« freie Träger, oder auf bestimmte Wertorientierungen, Inhalte, Verfahren und Arbeitsformen begrenzen. Denn »die öffentliche Jugendhilfe soll mit der freien Jugendhilfe zum Wohl junger Menschen und ihrer Familien partnerschaftlich zusammenarbeiten. Sie hat dabei die Selbständigkeit der freien Jugendhilfe in Zielsetzung und Durchführung ihrer Aufgaben sowie in der Gestaltung ihrer Organisationsstruktur zu beachten« (§ 4 Abs. 1 KJHG).

Diese Vorgaben hat der Träger der öffentlichen Jugendhilfe bei seinen Entscheidungen über Art und Umfang eigener Aktivitäten ebenso zu beachten wie bei der Jugendhilfeplanung (§ 80 KJHG), der Zusammenarbeit mit den Trägern der freien Jugendhilfe (§ 4, 74 KJHG), ihrer Beteiligung (§ 76 KJHG) und bei ihrer Förderung bzw. Kostentragung (§§ 74, 77 KJHG). Grenzen setzt allein der Förderungs- und Anerkennungsrahmen der §§ 74, 75 KJHG, der jedoch wegen der Verpflichtung zur Pluralität und Pluriformität nicht über Gebühr verengt werden darf.

Eigenständiges Betätigungsrecht der freien Jugendhilfe für Leistungen

»Leistungen der Jugendhilfe werden von Trägern der freien Jugendhilfe und von Trägern der öffentlichen Jugendhilfe erbracht« (§ 3 Abs. 2 Satz 1 KJHG). Freie Jugendhilfe gründet ihre Tätigkeit nicht auf staatliches Recht, sondern auf religiöse oder humanitäre Überzeugungen, denen sie sich aus eigener Entscheidung in ihrer Aufgabenerfüllung verpflichtet fühlt. Der Unterschied zwischen der Tätigkeit der öffentlichen Jugendhilfe und der freien Jugendhilfe liegt deshalb nicht nur in der unterschiedlich strukturierten Trägerschaft, sondern vor allem in dem unterschiedlichen Rechtsgrund für die Aufgabenwahrnehmung. Deshalb hält das KJHG an den Begriffen »öffentliche Jugendhilfe« und »freie Jugendhilfe« fest, wie sie das JWG verwendet hat.

Das KJHG erkennt deshalb mit der Regelung in § 3 Abs. 2 Satz 1 KJHG für den Bereich der Jugendhilfeleistungen (§ 2 Abs. 2 KJHG) die Existenz zweier unterschiedlich strukturierter Bereiche der Jugendhilfe an, die sich dual ergänzen. Träger der freien Jugendhilfe haben insofern ein eigenständiges, nicht abgeleitetes Betätigungsrecht, das lediglich durch ihre selbstbestimmte Zielsetzung begrenzt wird. Ihnen steht es frei, Jugendhilfeleistungen zu erbringen, ohne dazu verpflichtet zu sein. Gleichzeitig wird in § 3 Abs. 2 Satz 2 KJHG klargestellt, daß sich Leistungsverpflichtungen nach dem KJHG nur an die Träger der öffentlichen Jugendhilfe richten und deshalb Leistungsansprüche nur im Verhältnis zum öffentlichen Träger bestehen bzw. geltend gemacht werden können. Denn »der staatliche Gesetzgeber kann nur Träger der öffentlichen Verwaltung zur Wahrnehmung öffentlicher Aufgaben einseitig verpflichten. Mit dieser Ausrichtung auf die Träger der öffentlichen Jugendhilfe, die Länder und den Bund wird daher das den Trägern der freien Jugendhilfe eingeräumte eigenständige Recht auf Betätigung in der Jugendhilfe nicht beschnitten, sondern erst ermöglicht. Andererseits bedeutet die Verpflichtung der öffentlichen Jugendhilfe nicht, daß diese die jeweilige Leistung auch selbst erbringt« (BR-Ds 503/89, S. 45). Wird jedoch die Hilfe von einem Träger der freien Jugendhilfe erbracht, so bleibt die Leistungsverpflichtung der öffentlichen Jugendhilfe mindestens in seiner Verpflichtung zur Kostentragung bestehen (vgl. BVwGNVwZ-RR 1989, S. 252f.; Junge/Lendermann 1990, S. 32).

Der grundsätzlich mit den Mitteln des Privatrechts verfolgten Tätigkeit der freien Jugendhilfe sind jedoch solche Aufgaben nicht zugänglich, die mit Eingriffen in die Rechtsphäre des Bürgers verbunden sind oder sonst typischerweise der öffentlichen Verwaltung zugeordnet und mit den Formen des öffentlichen Rechtes (wie Bescheide bzw. Verwaltungsakte) wahrzunehmen sind. Dazu zählen im Bereich der Jugendhilfe insbesondere die »anderen Aufgaben der Jugendhilfe« gemäß § 2 Abs. 3 KJHG – vor allem also Aufgaben, die aus dem staatlichen Wächteramt nach Art. 6 Abs. 2 GG legitimiert sind, wie die Mitwirkung in Verfahren vor den Vormundschafts-, Familien- und Jugendgerichten, die Übernahme der Amtspflegschaft und der Amtsvormundschaft sowie die Aufgaben der Beurkundung und Beglaubigung.

Allerdings sind auch hier in Teilbereichen Träger der freien Jugendhilfe tätig. Insoweit sie originäre Aufgaben der öffentlichen Jugendhilfe wahrnehmen, setzt ihre Betätigung eine ausdrückliche gesetzliche Grundlage voraus. Diese Voraussetzungen werden durch §§ 3 Abs. 3 Satz 2 in Verbindung mit § 76 KJHG erfüllt. Danach können die Träger der öffentlichen Jugendhilfe anerkannte Träger der freien Jugendhilfe an der Durchführung ihrer Aufgaben nach den §§ 42, 43, 50–52 und 53 Abs. 2–4 beteiligen oder ihnen diese Aufgaben zur Ausführung übertragen. In jedem Fall bleibt jedoch auch hier der Träger der öffentlichen Jugendhilfe für die Erfüllung der Aufgaben verantwortlich (§ 76 Abs. 2 KJHG).

Grundsatz der Subsidiarität

Zur inhaltlichen Sicherung des Grundsatzes des erwähnten Funktionsschutzes der freien Jugendhilfe, der im übrigen auch verfassungsrechtlich anerkannt ist (BVerfGE 22, S. 180, 202), »soll die öffentliche Jugendhilfe von eigenen Maßnahmen absehen, soweit geeignete Einrichtungen, Dienste und Veranstaltungen von anerkannten Trägern der freien Jugendhilfe betrieben oder rechtzeitig geschaffen werden können« (§ 4 Abs. 2 KJHG). Diese Regelung dient dazu, eine sachgerechte Aufgabenaufteilung und eine möglichst wirtschaftliche Verwendung der zur Verfügung stehenden öffentlichen und privaten Mittel sicherzustellen. Daher soll das Jugendamt nur dann selbst Einrichtungen schaffen und Veranstaltungen vorsehen, wenn seine eigenen Anregungen und Förderungsmaßnahmen bei den Trägern der freien Jugendhilfe nicht zum Ziel führen (BVerfGE 22, S. 180, 200f.; vgl. Münder und Kreft 1990). Nach der Begründung des Regierungsentwurfes soll diese in enger Anlehnung an § 93 BSHG formulierte Vorschrift die Interpretation des § 5 Abs. 3 Satz 2 JWG durch das Bundesverfassungsgericht im Gesetzestext verdeutlichen. Die Neuformulierung als Soll-Vorschrift habe daher ausschließlich klarstellenden Charakter. Eine darüber hinausgehende Abschwächung des Funktionsschutzes freier Träger könnte daraus nicht hergeleitet werden (BR-Ds 503/89, S. 46).

Nicht übernommen wurde jedoch § 5 Abs. 3 Satz 3 JWG, wonach das Jugendamt für die Schaffung zusätzlicher Einrichtungen zu sorgen hatte, wenn Personensorgeberechtigte vorhandene Einrichtungen freier Träger nicht in Anspruch nehmen wollten, weil diese nicht der von ihnen bestimmten Erziehungsgrundrichtung entsprachen. Die Durchführung dieser Bestimmung führte jedoch zu erheblichen Schwierigkeiten, da die Jugendhilfe überfordert war, für alle Grundrichtungen der Erziehung entsprechend differenzierte Angebote zu machen. Mit dem Wegfall dieser Bestimmung im neuen KJHG wird es deshalb um so wichtiger sein, schon im Rahmen der Jugendhilfeplanung für die angemessene Berücksichtigung unterschiedlicher Grundrichtungen der Erziehung zu sorgen (BR-Ds 503/89, S. 46).

Förderung der freien Jugendhilfe

Die grundsätzliche Förderungsverpflichtung der freien Jugendhilfe und die Verpflichtung zur Stärkung verschiedener Formen der Selbsthilfe, etwa in der Form der Selbstorganisation im eigenen Interesse (z.B. Eltern- oder Jugendinitiativen), als Engagement zur Lösung von Problemen des Gemeinwesens oder in der Form anderer Hilfen zur Selbsthilfe (z.B. Fördervereinigungen, ehrenamtliche Betätigung), durch die öffentliche Jugendhilfe nach § 4 Abs. 3 KJHG gewinnt ihre besondere Bedeutung vor allem im Zusammenhang mit der Förderungsverpflichtung der öffentlichen Jugendhilfe nach § 74 KJHG. Dort werden die allgemeinen Voraussetzungen für die Förderung der freien Jugendhilfe festgeschrieben. Danach ist für eine Förderung die in § 75 KJHG geregelte

Anerkennung als Träger der freien Jugendhilfe grundsätzlich nicht erforderlich, es sei denn, es handelt sich um eine auf Dauer angelegte Förderung (§ 74
Abs. 1 Satz 2 KJHG). Soweit jedoch von der freien Jugendhilfe Einrichtungen,
Dienste und Veranstaltungen geschaffen werden, um die Gewährung von Leistungen (§§ 11–41 KJHG) zu ermöglichen, kann die Förderung von der Bereitschaft abhängig gemacht werden, daß diese Einrichtungen, Dienste und
Veranstaltungen nach Maßgabe der Jugendhilfeplanung und unter Beachtung
der in § 9 genannten Grundsätze angeboten werden (§ 74 Abs. 2 KJHG). Dadurch soll eine bessere Koordination bei dem Mitteleinsatz im Rahmen der öffentlichen Förderung erreicht werden können.

Liegen diese Förderungsvoraussetzungen vor, so besteht jedoch grundsätzlich noch kein Rechtsanspruch auf Förderung, da es »die freie Entscheidung
der Träger öffentlicher Jugendhilfe (ist), welche Haushaltmittel für die Jugendhilfe insgesamt ... bereitgestellt werden sollen« (BVerfGE 22, S. 180,
208). Es können jedoch auf landesrechtlicher Ebene Förderungsansprüche bestehen, wie etwa im Kindertagesstätten- oder Jugendbildungsbereich. Die Förderung steht somit grundsätzlich im Ermessen der öffentlichen Träger. Da sie
jedoch auch im Interesse der freien Träger ist, haben diese einen Anspruch auf
fehlerfreie Ermessensausübung (§ 39 SGB I). Für die entsprechende Ermessensausübung nennt § 74 Abs. 3–5 KJHG inhaltliche Kriterien. Grundsätzlich
muß bei sonst gleich geeigneten Maßnahmen solchen der Vorzug gegeben
werden, die stärker an den Interessen der Betroffenen orientiert sind und ihre
Einflußnahme auf die Gestaltung der Maßnahmen gewährleisten (§ 74 Abs. 4
KJHG).

Ein maßgeblicher Aspekt für die Ermessensausübung ist die Einhaltung des
Gleichheitsgrundsatzes. Dieser bedeutet zunächst in der Ausprägung nach Art.
3 GG ein allgemeines Willkürverbot, das durch weitere Differenzierungen prä-
zisiert werden kann. So darf der öffentliche Träger gleiche Sachverhalte nicht
willkürlich ungleich bzw. ungleiche Sachverhalte nicht willkürlich gleich behandeln. Ein wichtiger sachlicher Differenzierungsgesichtspunkt kann die von
den freien Trägern erbrachte Eigenleistung sein. Sie hängt von der Finanzkraft
der freien Träger ab, die unterschiedlich ist. Dementsprechend muß bei der
Förderung auch die unterschiedliche Finanzkraft einzelner Träger beachtet
werden (§ 74 Abs. 5 KJHG).

Über die Förderung ihrer Tätigkeit hinaus ist die organisatorische und institutionelle Zusammenarbeit der freien Jugendhilfe mit der öffentlichen Jugendhilfe erforderlich. Als wichtiges Kooperationsgremium ist hier der Jugendhilfeausschuß nach § 71 KJHG zu nennen, in dem aufgrund der unterschiedlichen Zusammensetzung Vertreter der öffentlichen und der freien
Träger zusammenwirken. Als weiteres Gremium einer kooperativen Abstim-

mung und wechselseitigen Ergänzung sieht das KJHG in § 78 Arbeitsgemeinschaften vor, in denen neben den Trägern der öffentlichen Jugendhilfe die anerkannten Träger der freien Jugendhilfe sowie die Träger geförderter Maßnahmen vertreten sind. In den Arbeitsgemeinschaften soll darauf hingewirkt werden, daß die geplanten Maßnahmen der Jugendhilfe aufeinander abgestimmt
werden und sich gegenseitig ergänzen. Damit kann über den engeren Zuständigkeitsbereich des Jugendhilfeausschusses hinaus für spezifische Aktivitäten
und Maßnahmen der Jugendhilfe eine kooperative und konstruktive Zusammenarbeit erfolgen.

Die Organisation der öffentlichen Jugendhilfe

Im 5. Kapitel (§§ 69–81 KJHG) normiert das KJHG die wesentlichen Vorschriften über die Verwaltungsorganisation der öffentlichen Jugendhilfe. Neben Bestimmungen über den Aufbau und die Struktur der Träger der öffentlichen Jugendhilfe (§ 69f. KJHG) enthält es Regelungen über die Zusammenarbeit mit der freien Jugendhilfe, ihre Förderung und Anerkennung (§§ 74 und
75 KJHG) sowie über die Gesamtverantwortung der Jugendämter (§ 79
KJHG), die Jugendhilfeplanung (§ 80 KJHG) und die Zusammenarbeit mit
anderen Stellen und öffentlichen Einrichtungen (§ 81 KJHG).

Kommunalisierung der Jugendhilfe

Das KJHG hält an der Verpflichtung eines »jeden örtlichen Trägers« zur Errichtung eines Jugendamtes fest (§ 69 Abs. 3 Satz 1 KJHG). Spätestens seit
dem Dritten Jugendbericht der Bundesregierung von 1972 ist allgemein die
Bedeutung des Jugendamtes als jugendhilferechtliche Fachbehörde anerkannt.
Die Fachlichkeit des Jugendamtes und die partnerschaftliche Zusammenarbeit
zwischen den Trägern der öffentlichen und der freien Jugendhilfe bedingen
ferner die Zweigliedrigkeit des Jugendamtes, bestehend aus seiner Verwaltung
und dem Jugendhilfeausschuß (§ 70 Abs. 1 KJHG). Diese Zweigliedrigkeit ist
ein zentrales Element einer auf Kooperation und Partizipation ausgerichteten
Jugendhilfe und ist dementsprechend auch im KJHG beibehalten worden. Das
Jugendamt bleibt damit in seiner bisherigen Sonderstellung gegenüber der allgemeinen Verwaltung bestehen.
    Ein Schwerpunkt des KJHG ist die Zusammenfassung aller Erziehungshil-
fen auf der Ebene des örtlichen Trägers. Stärker noch als früher hat der örtliche
Träger die Sach- und Finanzverantwortung für die Jugendhilfe. Dieser Ver-

pflichtung können die örtlichen Träger jedoch nur dann angemessen nachkommen, wenn sie entsprechend leistungsstarke Jugendämter unterhalten und für die Jugendhilfe ihres Zuständigkeitsbereiches angemessene Sach-, Finanz- und Personalmittel erhalten.

Angesichts der immer noch vorhandenen Unterschiedlichkeiten in der Ausstattung einzelner Jugendämter (vgl. Kreft et al. 1990) erhält die aus dem Sozialstaatsprinzip des Art. 20 GG folgende Verpflichtung zur Herstellung vergleichbarer Lebensbedingungen im vereinten Deutschland besondere Bedeutung. Für die kommunale Jugendhilfe ist die in § 79 KJHG normierte Gesamtverantwortung und Verpflichtung der Träger der öffentlichen Jugendhilfe zur hinreichenden Grundausstattung der Jugendämter wichtig. Dadurch wird festgelegt, daß der öffentliche Träger sowohl für die Erbringung der Leistungen wie der Erfüllung der Aufgaben in der Jugendhilfe zuständig ist. Er kann sich seiner Aufgaben nicht dadurch entledigen, daß er wesentliche Bereiche an freie Träger delegiert und sich damit aus seiner Verantwortung zurückzieht. Im Zusammenhang mit der Verpflichtung zur Jugendhilfeplanung (§ 80 KJHG) haben die Träger der öffentlichen Jugendhilfe den notwendigen Bedarf an Einrichtungen und Diensten zu ermitteln und auch dafür zu sorgen, daß die zur Befriedigung des Bedarfs notwendigen Vorhaben rechtzeitig und ausreichend geplant und zur Verfügung gestellt werden können.

Die zentrale Stellung des Jugendamtes innerhalb der Aktivitäten für Kinder und Jugendliche unterstreicht auch § 81 KJHG, der die Träger der öffentlichen Jugendhilfe zur Zusammenarbeit mit anderen Stellen und öffentlichen Einrichtungen verpflichtet, deren Tätigkeit sich auf die Lebenssituation junger Menschen und ihrer Familien auswirkt. Dieser Gedanke eines Jugendamtes als Mittelpunkt kommunaler Aktivitäten im Interesse von Kindern und Jugendlichen wird besonders dann effektiv, wenn die geforderte Zusammenarbeit nicht nur punktuell erfolgt, sondern sich als planmäßige, kontinuierliche »Verbundarbeit« mit all den Stellen erweist, die zur Förderung der Entwicklung junger Menschen entsprechend § 1 Abs. 3 KJHG beitragen können.

Träger der öffentlichen Jugendhilfe

Wie das JWG bestimmt auch das KJHG (§ 69 Abs. 1 Satz 2) grundsätzlich die Kreise und kreisfreien Städte zu den Trägern der örtlichen Aufgaben der Jugendhilfe. Leistungsstarke Kreise und kreisfreie Städte sind am ehesten in der Lage, den Aufwand für eine qualifizierte, den neuesten fachlichen Standards genügende Jugendhilfe zu tragen. Soweit demgegenüber § 69 Abs. 2 KJHG die Bundesländer ermächtigt, auch kreisangehörige Gemeinden auf Antrag zu örtlichen Trägern zu bestimmen, ist dies nur insofern unbedenklich, als tatsächlich ihre Leistungsfähigkeit zur Erfüllung der Aufgaben der Jugendhilfe gewährleistet ist. Dies wird jedoch bei Gemeinden unter 25.000 Einwohnern oder bei unverhältnismäßig kleinen Landkreisen grundsätzlich ebenso wenig gewährleistet werden können, wie bei Kreisen mit unverhältnismäßig großem Einzugsbereich die erforderliche Bürgernähe garantiert werden kann. Hier muß ein sachlich angemessener Kompromiß zwischen Leistungsfähigkeit einerseits und Bürgernähe andererseits gefunden werden, die u.U. durch eine stärkere Dezentralisierung einzelner Dienste erfolgen könnte.

Auch können mehrere örtliche Träger und mehrere überörtliche Träger zur Durchführung einzelner Aufgaben gemeinsame Einrichtungen und Dienste errichten (§ 69 Abs. 4 KJHG). Ferner können kreisangehörige Gemeinden und Gemeindeverbände, die nicht örtliche Träger sind, für ihren örtlichen Bereich Aufgaben der Jugendhilfe wahrnehmen (§ 69 Abs. 5 Satz 1 KJHG). Um eine effektive Planung und Durchführung dieser Aufgaben zu garantieren, haben die kreisangehörigen Gemeinden und Gemeindeverbände sich mit den örtlichen Trägern abzustimmen. Eine entsprechende Abstimmung wird zwischen den örtlichen Trägern zu erfolgen haben, wenn sie gemeinsame Einrichtungen und Dienste errichten möchten.

Die Bestimmung der überörtlichen Träger bleibt nach § 69 Abs. 1 Satz 3 KJHG weiterhin allein Sache der Länder. Sie sollen entscheiden können, ob die Aufgaben überörtlicher Träger von höheren Kommunalverbänden (z.B. Landschaftsverbänden, Landeswohlfahrtsverbänden) als Selbstverwaltungsaufgaben oder von staatlichen Landesjugendämtern wahrgenommen werden. Somit werden wohl auch weiterhin unterschiedliche Formen des überörtlichen Trägers zu finden sein (vgl. dazu Münder et al. 1991, § 70, Rz 9ff.).

Der Jugendhilfeausschuß

Die Zweigliedrigkeit des Jugendamtes repräsentiert neben der Verwaltung, deren Organisation der kommunalen Selbstverwaltung überlassen bleibt, der Jugendhilfeausschuß. Im Verhältnis zur Verwaltung des Jugendamtes ist der Jugendhilfeausschuß das »übergeordnete Gremium«, da »die Geschäfte der laufenden Verwaltung im Bereich der öffentlichen Jugendhilfe vom Leiter der Verwaltung der Gebietskörperschaft oder in seinem Auftrag vom Leiter der Verwaltung des Jugendamtes im Rahmen der Satzung und der Beschlüsse ... des Jugendhilfeausschusses geführt (werden)« (§ 70 Abs. 2 KJHG). Dieser Vorrang gilt unabhängig davon, um welche Art von Geschäften es sich handelt (vgl. Münder 1987). Die »Vertretungskörperschaft« ist das dem Jugendhilfeausschuß übergeordnete Organ. Sie ist berechtigt, diesen durch Beschlüsse zu binden bzw. seine Beschlüsse aufzuheben und gegebenenfalls durch eigene zu ersetzen.

Der Jugendhilfeausschuß setzt sich nach § 71 Abs. 1 KJHG zu drei Fünfteln seiner Stimmen aus Mitgliedern der Vertretungskörperschaft (des Trägers der öffentlichen Jugendhilfe) oder von ihr gewählter Frauen und Männer, die in der Jugendhilfe erfahren sind, und zu zwei Fünfteln aus Frauen und Männern zusammen, die auf Vorschlag der im Bereich des öffentlichen Trägers wirkenden und anerkannten Träger der freien Jugendhilfe von der Vertretungskörperschaft gewählt werden; dabei sind Vorschläge der Jugendverbände und der Wohlfahrtsverbände angemessen zu berücksichtigen. Demnach haben die anerkannten Jugendverbände und die Wohlfahrtsverbände nicht mehr einen bundesgesetzlich festgelegten Anspruch auf bestimmte Stimmanteile. Diese Regelung in § 71 Abs. 1 Nr. 2 KJHG berücksichtigt, daß auch anerkannte neue Träger, die sich z.B. in Form von örtlichen Initiativen oder Selbsthilfegruppen zusammengefunden und bewährt haben, einen eigenen Zugang zum Jugendhilfeausschuß erhalten sollen.

Der Jugendhilfeausschuß soll sich insbesondere mit der Erörterung aktueller Problemlagen bzw. mit Vorschlägen für die Weiterentwicklung der Jugendhilfe, mit der Jugendhilfeplanung und mit der Förderung der freien Jugendhilfe befassen (§ 71 Abs. 2 KJHG). Er entspricht im übrigen weitgehend dem Jugendwohlfahrtsausschuß alter Prägung, wenn auch § 71 mehrere Abweichungen vom bisherigen Recht normiert: So wurde z.B. die Anhörungspflicht des Jugendhilfeausschusses bei der Berufung des Jugendamtsleiters zu einer »Soll-Vorschrift« reduziert (§ 71 Abs. 3 Satz 2 KJHG), sein Zusammentreten richtet sich nach dem tatsächlichen Bedarf und ist nicht auf eine Mindestzahl von Einberufungen festgelegt (§ 71 Abs. 3 Satz 3 KJHG).

Der bereichsspezifische Datenschutz

Das Datenschutzrecht des KJHG (§§ 61–68) hat im JWG keine Entsprechung. Mit diesen bereichsspezifischen Vorschriften werden in der Jugendhilfe erstmals eigenständige Datenschutzregelungen festgeschrieben. Die Neuregelung des Datenschutzes im KJHG ist Ausdruck der vom Bundesverfassungsgericht dargestellten Verfassungsrechtslage, den bereichsspezifischen Datenschutz in dem jeweils speziellen Gesetz mit zu regeln (BVerfGE 65, S. 1ff.). Dabei wurde der Gesetzgeber verpflichtet, für jeden Eingriff in das Selbstbestimmungsrecht des Bürgers eine klare gesetzliche Grundlage zu schaffen und Datenschutz nicht als bloßen Datenmißbrauchschutz zu regeln, sondern als aktiven

Persönlichkeitsschutz – unabhängig davon, ob ein Datenmißbrauch zu befürchten ist oder nicht.

Die für den Bereich der Jugendhilfe maßgeblichen Regelungen finden sich jetzt vorrangig in §§ 61–68 KJHG. Ergänzend dazu sind die Vorschriften in § 35 SGB I sowie in den §§ 67–85 SGB X und in den allgemeinen Datenschutzvorschriften des Bundesdatenschutzgesetzes und der Landesdatenschutzgesetze zu beachten. Die Datenschutzvorschriften des KJHG werden weiter ergänzt durch die Geheimhaltungsvorschriften des Strafgesetzbuches (§ 203 StGB) und des Arbeitsrechtes. So verpflichtet § 9 BAT Angestellte im öffentlichen Dienst zur Wahrung von Dienstgeheimnissen. Für Beamte regeln § 39 Beamtenrechtsrahmengesetz und § 61 Bundesbeamtengesetz entsprechende Verpflichtungen.

Die Zweckbindung des Datenschutzes stellt das zentrale Prinzip des 4. Kapitels dar. Die Betroffenen müssen wissen und darauf vertrauen können, daß die ihre Person betreffenden Informationen nur zu dem Zweck verarbeitet werden, zu dem sie erhoben wurden. Alle Phasen des Datenumgangs werden somit der Zweckbindung unterworfen. Damit werden die Rechte der Betroffenen in der Jugendhilfe erheblich erweitert. Mit ihrer strikten Aufgabenbezogenheit machen die Regelungen des Datenschutzes im KJHG den Datenschutz auch »amtshilfefest«. Die Vorstellung von der Einheit der (Jugendhilfe-)Verwaltung läßt sich datenschutzrechtlich nicht halten. Unterstützt werden diese Regelungen durch die Verpflichtung zu getrennter Aktenführung in verschiedenen Aufgabenbereichen der Jugendhilfe (§ 63 Abs. 2 KJHG), die Notwendigkeit einer Führung von Sonderakten zur Aufnahme besonders geschützter »anvertrauter« Daten (§ 65 KJHG) sowie die Pflicht zur Löschung oder Sperrung aller Daten, sobald sie für den Zweck, zu dem sie erhoben und gespeichert worden sind, nicht mehr gebraucht werden (§§ 63 Abs. 1, 64 Abs. 1, 66 KJHG). Umfassende Auskunftsrechte des Betroffenen (§ 67 KJHG) vervollständigen seinen datenrechtlichen Schutz. Für die Amtspflegschaft, Amtsvormundschaft, Beistandschaft und Gegenvormundschaft werden Sonderregelungen geschaffen (§§ 68, 61 Abs. 2 KJHG).

Regelungskonflikte in der Jugendhilfe können aus den Datenübermittlungsvorschriften des Ausländergesetzes resultieren. Nach § 76 Ausländergesetz haben Jugendämter ohne Ersuchen den Ausländerbehörden personenbezogene Daten von Ausländern, Amtshandlungen und sonstigen Maßnahmen gegenüber Ausländern sowie entsprechende Erkenntnisse mitzuteilen, soweit diese Angaben zur Erfüllung der Aufgaben der Ausländerbehörden erforderlich sind. Damit wird jedoch eine Offenbarungspflicht der Jugendhilfe normiert, die mit dem Offenbarungsschutz nach § 64 Abs. 1 und 2 sowie § 65 KJHG kollidiert. Soweit es sich um von der Jugendhilfe erhobene Daten handelt, dürfte die Zweckbindung kaum die Offenbarung gegenüber den Ausländerbehörden rechtfertigen (§ 64 Abs. 2 KJHG). Soweit es sich nicht um erhobene Daten handelt, sondern um solche, die den Leistungsträgern sonst zur Kenntnis gelangt sind, ist der Datenschutz ebenfalls gemäß §§ 64 Abs. 2 und 65 KJHG zu beachten.

Organisation des Datenschutzes

Nach § 61 Abs. 1 Satz 2 KJHG gilt der bereichsspezifische Datenschutz der Jugendhilfe für »alle Stellen des Trägers der öffentlichen Jugendhilfe, soweit sie Aufgaben nach diesem Buch wahrnehmen«. Damit ist für die Jugendhilfe klargestellt, daß innerhalb eines Rechtsträgers personenbezogene Daten nicht unbegrenzt ausgetauscht werden dürfen – z.B. innerhalb einer Kommune kein freier Datenfluß zwischen Jugendamt oder Sozialamt erlaubt ist, aber auch nicht zwischen einzelnen Stellen derselben Behörde, also wie des Jugendamtes. »Stelle« umfaßt datenschutzrechtlich den hierarchischen Aufbau, also vom (einfachen) Mitarbeiter bis hin zum Vorgesetzten oder Stellenleiter. Die einzelnen Mitarbeiter der Stellen sind nicht Adressaten des Datenschutzes. Für sie gelten die maßgeblichen arbeitsrechtlichen, vor allem aber strafrechtlichen Geheimhaltungsvorschriften. Mitarbeiter sind lediglich unter den Voraussetzungen des § 65 persönlich datenschutzverpflichtet.

Entsprechend der staatlichen Regelungsbegrenzung für öffentliche Stellen sind die freien Träger nicht unmittelbare Adressaten der Datenschutzregelungen. Wegen ihrer Bedeutung im Bereich der Jugendhilfe »fordert« § 61 Abs. 3 KJHG vom öffentlichen Träger jedoch die Sicherstellung des Datenschutzes, wenn Einrichtungen und Dienste der freien Träger im Rahmen der Jugendhilfe in Anspruch genommen werden. Dies kann z.B. durch entsprechende Vereinbarungen oder Auflagen erfolgen.

Gegenstand des Datenschutzes

Gegenstand des Sozialdatenschutzes sind »personenbezogene Daten« im Sinn der §§ 35 Abs. 1 SGB I und 67ff. SGB X. Danach sind personenbezogene Daten »Einzelangaben über persönliche oder sachliche Verhältnisse einer bestimmten oder bestimmbaren natürlichen Person«.

Der Datenschutz beginnt bereits bei der Datenerhebung (§ 62 KJHG). Danach dürfen personenbezogene Daten nur erhoben werden, soweit ihre Kenntnis zur Erfüllung der jeweiligen Aufgabe erforderlich ist. Damit wird den Trägern der öffentlichen Jugendhilfe aufgegeben, in jedem Einzelfall zu prüfen, ob die angeforderten Informationen für die konkrete Leistung oder das konkrete Angebot tatsächlich erforderlich sind. Die einzuholenden Informationen sind nach § 62 Abs. 2 KJHG grundsätzlich beim Betroffenen selbst zu erheben. Dieser muß darüber informiert werden, damit er weiß, für welche Zwecke er Informationen offenbart, und danach selbst entscheiden kann, ob er dazu bereit sein will.

Erhobene personenbezogene Daten dürfen in Akten und auf sonstigen Datenträgern nur aufgenommen oder gespeichert werden, soweit dies für die Erfüllung der jeweiligen Aufgabe erforderlich ist (§ 63 Abs. 1 KJHG). Im Speichern von Informationen können allerdings zusätzliche Gefahren über die Datenerhebung hinaus liegen. Dies macht § 63 Abs. 2 KJHG deutlich, der deshalb vorschreibt, daß Informationen, die für unterschiedliche Aufgaben der Jugendhilfe erhoben worden sind, auch bei der Speicherung nur zusammengeführt werden dürfen, wenn dies für die konkrete Aufgabenerfüllung erforderlich ist. Damit ist die klassische »Einheitsakte« datenschutzrechtlich unzulässig. Demzufolge müssen, entsprechend den unterschiedlichen Aufgabenzwecken, Akten getrennt geführt werden. § 64 Abs. 1 unterwirft auch die Datenverwendung der strikten Zweckbindung. Die Jugendhilfeverwaltung hat daher bei jeder Datenverwendung im Einzelfall zu prüfen und sicherzustellen, daß die Daten nur zu demselben Zweck verwendet werden, zu dem sie erhoben worden sind. In jedem Fall ist eine Offenbarung nur zulässig, »soweit dadurch der Erfolg einer zu gewährenden Leistung nicht in Frage gestellt wird« (§ 64 Abs. 2 KJHG).

Damit sind sowohl Datenoffenbarungen zwischen einzelnen Stellen und auch im Wege der Amtshilfe nur unter den normierten Voraussetzungen des § 64 Abs. 1 und 2 zulässig. Für die Unterrichtung der Gerichte im Zusammenhang mit der Mitwirkung des Jugendamtes im gerichtlichen Verfahren ist stets sorgfältig zu prüfen, inwieweit Informationen aus den Beratungsgesprächen durch die Unterrichtung offenbart würden und inwieweit dies nach Abs. 2 – schon bzw. noch – zulässig ist. Ebenso ist das Konkurrenzverhältnis im Hinblick auf die Ermittlungspflichten der Ausländerbehörden (§ 75 Ausländergesetz) bzw. die Mitteilungspflicht der Jugendhilfebehörden (§ 76 Ausländergesetz) zu lösen. Für die Träger der Jugendhilfe ist § 64 Abs. 2 KJHG als Spezialvorschrift vorrangig zu beachten, so daß eine Mitteilung von personenbezogenen Daten ausgeschlossen ist, wenn eine Prüfung der Sach- und Rechtslage ergibt, daß dadurch der Erfolg einer zu gewährenden Leistung in Frage gestellt würde.

Der Schutz »anvertrauter« Daten

Für »anvertraute« personenbezogene Daten normiert § 65 gegenüber § 64 KJHG einen gesteigerten Offenbarungsschutz sowohl für die Mitarbeiter der öffentlichen Jugendhilfe wie für die betroffenen Hilfesuchenden. Der Gesetzgeber will damit sicherstellen, daß Erkenntnisse aus der Beratungstätigkeit nicht bei der sonstigen Aufgabenerfüllung der Jugendämter verwendet und möglicherweise gegen die Beratenden verwendet werden. Diese Vorschrift schafft deshalb Regelungen für die Probleme, die sich sowohl aus der besonderen Sensibilität von Daten wie auch aus der besonderen Situation einzelner Mitarbeiter der Jugendhilfe ergeben können. Als Spezialvorschrift schließt § 65 KJHG ausdrücklich auch die über § 203 StrGB hinausgehenden Offenbarungsmöglichkeiten der §§ 67–75 SGB X aus und engt die Offenbarungsbefugnis des § 76 SGB X für besonders schutzwürdige personenbezogene Daten ein. Die Voraussetzungen für diesen besonderen Datenschutz haben die Mitarbeiter der Träger öffentlicher Jugendhilfe bzw. die Träger selbst zu klären.

Angesichts der Sensibilität und Intimität der nach § 65 anvertrauten personenbezogenen Daten müssen verwaltungsinterne Probleme zurückstehen. Die Träger der öffentlichen Jugendhilfe haben zum Schutz dieser Daten effektive organisatorische Vorkehrungen zu treffen, im übrigen hier im Zweifel Zurückhaltung zu üben. So darf der als »Vertrauter« tätige Mitarbeiter nicht zugleich ermittelnd tätig werden. Ist aber eine Vermischung von unterschiedlichen Funktionen tatsächlich unvermeidbar, ist der Betroffene darauf hinzuweisen und ihm zu erklären, welche Daten vertraulich bleiben und welche offenbart werden können (vgl. im einzelnen Münder et al. 1991, § 65 Rz 10ff.).

Sonderregelungen für Amtspfleger/Amtsvormünder

Mit der Einführung einer Sonderregelung für den Datenschutz im Rahmen der Tätigkeit von Amtspflegern/Amtsvormündern sowie von Beiständen und Gegenvormündern (§ 68 Abs. 1 und 5) stellt das KJHG klar, daß diese Tätigkeit in erster Linie die eines gesetzlichen Vertreters und erst nachrangig die einer Hilfegewährung ist. Insoweit war es gerechtfertigt, die Befugnisse dieser Personen gegenüber den Betroffenen und auch gegenüber anderen Stellen der Träger der öffentlichen Jugendhilfe zu erweitern, sie insbesondere von den Beschränkungen der §§ 62 Abs. 2–4, 63–65 zu entbinden (§ 61 Abs. 2 KJHG). Aufgrund der Ausschlußregelung des § 61 Abs. 2 KJHG gelten für den Schutz personenbezogener Daten im Rahmen der entsprechenden Tätigkeiten des Jugendamtes die Datenschutzvorschriften des § 35 SGB I und der §§ 67ff. SGB X nicht, auch nicht subsidiär (vgl. Münder et al. 1991, § 68 Rz 2ff.).

Heranziehung zu den Kosten, Kostenerstattung

Verantwortlich für die finanzielle Kostenlast der Jugendhilfe sind grundsätzlich die zuständigen örtlichen Träger, also die Kreise bzw. kreisfreien Städte (§§ 69, 85ff. KJHG). Die Kostentragungslast der Kommunen wird durch die »Kommunalisierung« der Jugendhilfe somit weiter verstärkt.

Nach § 97 KJHG hat das örtlich zuständige Jugendamt einem anderen Jugendamt die Kosten zu erstatten, die dieses im Rahmen seiner Tätigkeitsverpflichtung aufgewendet hat. Insofern gewinnt die Frage der Heranziehung zu den Kosten bzw. der Kostenerstattung weiter an Bedeutung. Soweit – etwa bei der Überleitung von Ansprüchen – die im Bundessozialhilfegesetz hierzu entwickelten Grundsätze auch im Bereich der Jugendhilfe zur Anwendung kommen sollen, sieht das KJHG von der entsprechenden Verweisung auf das BSHG ab und ersetzt diese Verweisungen durch umfassende eigenständige Regelungen.

Im KJHG lassen sich folgende Regelungskomplexe unterscheiden:
– Kostenbeteiligung durch Teilnahmebeträge gemäß § 90 KJHG,
– Regelungen zur Heranziehung der Minderjährigen oder ihrer Eltern gemäß §§ 91–93 KJHG,
– Regelungen zur Überleitung von Ansprüchen gegen Dritte gemäß §§ 94–96 KJHG sowie
– Kostenerstattung zwischen den öffentlichen Jugendhilfeträgern selbst gemäß § 97 KJHG.

Grundsätzlich werden Minderjährige, deren Eltern und junge Volljährige – soweit dies zumutbar ist – an den Kosten beteiligt (§ 91 KJHG). Für die Feststellung der zumutbaren Belastung gelten grundsätzlich die Vorschriften der §§ 76–79, 84, 85, 88 und 89 BSHG (§§ 90 Abs. 4, 93 Abs. 1 KJHG). Um zu verhindern, daß bei Weigerung der Eltern, sich an den Kosten zu beteiligen, den Minderjährigen Nachteile entstehen, besteht auch in diesen Fällen die Leistungspflicht des jeweiligen Jugendhilfeträgers (§§ 91–93 KJHG). Es kommt dann zur nachträglichen Heranziehung zu den Kosten.

Eine einheitliche und stimmige Kostenregelung läßt sich jedoch danach nicht finden: So überwiegen bei den Bereichen des § 91 KJHG »fürsorgerische« Elemente, weshalb diese Leistungen grundsätzlich unabhängig von der vorherigen oder gleichzeitigen Kostenbeteiligung erbracht werden, aber Kostenbeiträge zu leisten sind. Bei den Beratungsangeboten überwiegt die allgemeine kostenfreie Zugänglichkeit, so daß dafür grundsätzlich keine Kostentragungspflicht vorgeschrieben ist. In anderen Bereichen, etwa der Jugendarbeit, der Erziehungsförderung in der Familie oder der Förderung in Tageseinrichtungen nach §§ 22, 24, sind Teilnahmebeiträge oder Gebühren vorgesehen. Auch die Terminologie im Kostenbereich ist nicht einheitlich. Folgende Systematik läßt sich erkennen:

– Die Kostentragung betrifft die Letztverantwortlichkeit für die Kosten einer Leistung oder Aufgabe.
– Die Kostenbeteiligung regelt, inwiefern Minderjährige, ihre Eltern oder junge Volljährige für Kosten aufkommen müssen – unabhängig davon, ob die Kosten zunächst vom Jugendhilfeträger übernommen oder verauslagt werden. Die Kostenbeteiligung kann realisiert werden durch Teilnahmebeiträge, Gebühren, Kostenbeiträge, Aufwendungsersatz oder durch einen unmittelbar selbst getragenen und berücksichtigten Eigenanteil.
– Teilnahmebeiträge bzw. Gebühren sind generalisierte und pauschalierte Beträge für die Inanspruchnahme von Angeboten, die u.U. nach sozialen Kriterien, wie z.B. Einkommen oder Kinderzahl, gestaffelt werden können.
– Der Kostenbeitrag ist die durch öffentlich-rechtlichen Leistungsbescheid realisierte Kostenbeteiligung von Minderjährigen, ihren Eltern und von jungen Volljährigen an den Kosten einer Jugendhilfeleistung. Sie kann im Einzelfall bis zur vollen Höhe der berücksichtigungsfähigen Kosten reichen.
– Aufwendungsersatz betrifft die nachträgliche Erstattung der vom Jugendhilfeträger vorgeleisteten vollen Aufwendungen durch die Minderjährigen, ihre Eltern oder durch die jungen Volljährigen.
– Die Kostenerstattung schließlich ist der zwischen öffentlichen Jugendhilfeträgern vorzunehmende nachträgliche Ausgleich für verauslagte Kosten.

Die Komplexität und Differenziertheit der Kostenregelungen im Regierungsentwurf (dort die §§ 81ff.) führten noch kurz vor der Verabschiedung des Gesetzes zu einer Überarbeitung durch eine sogenannte Bund-Länder-Arbeitsgruppe unter Beteiligung der kommunalen Spitzenverbände und der Bundesarbeitsgemeinschaft der Landesjugendämter und überörtlicher Erziehungsbehörden (vgl. Habermann und Tries 1991). Allerdings hat diese Überarbeitung nicht in allen Fällen der Vereinfachung oder Behebung der Zweifelsfragen gedient. Kurz nach der Verabschiedung des KJHG wurde bereits deutlich, daß für das KJHG auch im Bereich der Kostenfragen ein Änderungsbedarf besteht. Es bleibt zu hoffen, daß die Praxis in dieser Frage zu sozial verträglichen und angemessenen Kostenregelungen kommen kann.

Leistungen und andere Aufgaben der Jugendhilfe

Dieter Maly

Außerschulische Jugendbildung

§ 11 Abs. 3 Ziffer 1 KJHG

Nach der inneren Logik des KJHG ist das zweite Kapitel des Gesetzes für die Praxis der Jugendhilfe von zentraler Bedeutung: Dort werden die Leistungen, die die Jugendhilfe erbringen soll, definiert und aufgelistet. Gleich an erster Stelle dieser Auflistung findet sich in § 11 KJHG die Jugendarbeit (was aber mit Sicherheit keine Rangreihung oder Prioritätensetzung darstellen soll). Was unter Jugendarbeit zu verstehen sei, definiert der Gesetzgeber in § 11 Abs. 3 anhand eines sechs Punkte umfassenden Katalogs von inhaltlichen und methodischen »Schwerpunkten«; als erster Schwerpunkt wird die außerschulische Jugendbildung genannt. Sodann wird außerschulische Jugendbildung in die Einzeldisziplinen allgemeine, politische, soziale, gesundheitliche, kulturelle, naturkundliche und technische Bildung recht genau ausdifferenziert. Diese Qualifikation der Jugendbildung als Schwerpunkt der Jugendarbeit und als (selbstverständliche) Leistung der Jugendhilfe ist zweifellos ein Fortschritt gegenüber dem alten JWG, wo Jugendarbeit und Jugendbildung ihre Legitimation oft mühsam aus § 5 Abs. 1 Ziffer 6 ableiten mußten.

Allerdings trifft das eine große und durchgängige Manko des Leistungskatalogs der Jugendhilfe im KJHG auch auf die Jugendbildung zu: Die Bestimmungen bleiben unverbindlich, sie verpflichten im Grunde genommen niemanden. Die Leistungen sind fast durchwegs Soll- oder Kann-Leistungen; im Fall des § 11 KJHG entsteht die Unverbindlichkeit durch die Tatsache, daß es keine objektiven Entscheidungskriterien dafür gibt, was und wieviel an Jugendarbeit erforderlich ist, um die Entwicklung junger Menschen zu fördern. Insofern hat sich für die Träger von Jugendarbeit und damit auch für Jugendbildung bei genauer Betrachtung so viel nicht geändert. Zwar ist die Darstellung des Arbeitsansatzes im Gesetz verbessert worden – eine größere Rechtssicherheit oder gar ein einklagbarer Anspruch auf Angebote der Jugendarbeit ergeben sich aus dem KJHG jedoch nicht. Was in der Praxis geht oder nicht geht, bleibt weiterhin dem »freien Spiel der Kräfte« auf der kommunalen Ebene überlassen – eine Situation, die die Jugendhilfe und besonders die Jugendarbeit ja von jeher gewohnt sind.

Offene Fragen

Das KJHG definiert Jugendbildung als Bestandteil der Jugendarbeit und liefert gleich eine Liste von Themen mit, welche die Jugendbildung bearbeiten soll. Das ist einerseits zu wenig, um darzustellen, was außerschulische Jugendbildung in der Praxis sein kann und wie sie zu organisieren ist, andererseits wird mit der (nicht offenen, sondern abgeschlossenen) Themenliste des Guten etwas zu viel getan. Hier zeigt sich, daß das KJHG in weiten Teilen ein reaktives Gesetz ist, d.h., daß vorhandene Ansätze und Entwicklungen in der Jugendhilfe aufgenommen und per Gesetz im nachhinein zum Standard des Fachgebietes erklärt werden. Bei dieser Vorgehensweise entstehen zwangsläufig Verkürzungen und Vereinfachungen. Die Fragen nach
– dem Stellenwert von außerschulischer Jugendbildung in der Jugendarbeit,
– der Position der außerschulischen Jugendbildung im gesamten Bildungssystem,
– pädagogischen Zielen und inhaltlichen Konzepten von außerschulischer Jugendbildung,
– sinnvollen und erprobten Organisationsmodellen von außerschulischer Jugendbildung
kann demnach das KJHG nicht beantworten. Hierzu ist ein Blick auf die Jugendhilfepraxis und auch auf die Geschichte dieses Arbeitsfeldes vonnöten.

Jugendarbeit und Bildung

Beim Stellenwert der Jugendbildung bzw. des Bildungsbegriffes im Bereich der Jugendarbeit muß man deutlich zwei verschiedene Dimensionen unterscheiden: Erstens ist Bildung eine Querschnittsaufgabe in der gesamten Jugendarbeit, d.h., sie sollte immer und überall dort erfolgen, wo Jugendarbeit stattfindet, ganz selbstverständlich und von Anfang an mitgeplant. Alle Aktivitäten der Jugendarbeit, von der Gruppenstunde eines Jugendverbandes über Programmangebote in Jugendzentren bis hin zur Wochenendfreizeit und Ferienfahrt, sollten einen Bildungseffekt für alle Beteiligten haben. Dieser enge Zusammenhang mit Bildung ist geradezu ein »konstituierendes Merkmal« für Jugendarbeit, und es gibt Denktraditionen, die – gerade andersherum als im KJHG – außerschulische Jugendbildung als Oberbegriff nehmen, unter dem die Jugendarbeit zu subsumieren ist.
Die Frage, ob ein Bildungseffekt gewollt und auch erzielt wird, ist für die Jugendarbeit essentiell: Ein Freizeitheim, dessen Disco- und Cafeteriabetrieb sich in nichts mehr von einer kommerziellen Discothek unterscheidet, betreibt

keine gute, eigentlich schon gar keine Jugendarbeit mehr. Es muß auch und gerade bei solchen Angeboten nach möglichen Bildungseffekten gesucht werden – und sie sind auch zu finden: Eine Cafeteria in Selbstverwaltung der Jugendlichen, Discjockey-Kurse, Übergänge vom Musikkonsum zur selbstproduzierten Musik, Thematisieren und Verändern der typischen »Disco-Anmache« usw. seien hier nur als Beispiele genannt. In dieser Form des quasi nebenbei anfallenden Bildungseffekts liegt gerade die Stärke der Jugendarbeit, liegt ihr Vorteil gegenüber dem traditionellen Bildungsvermittler Schule.

Zweitens ist Bildung aber natürlich auch eine zentrale Aufgabe spezialisierter Einrichtungen der Jugendarbeit; hier sind in erster Linie Jugendbildungsstätten zu nennen, aber auch Jugendbibliotheken, politische und kulturelle Bildungseinrichtungen u.a.m. Wie solche Angebote sinnvoll mit der Querschnittsaufgabe Bildung verzahnt werden können, wird später kurz angesprochen.

Außerschulische Jugendbildung grenzt sich einerseits schon begrifflich klar von der Schule ab. Andererseits sind alle Kinder und Jugendlichen, die Angebote der Jugendarbeit nutzen, zugleich auch Schüler (einschließlich Berufsschüler) oder sind bis vor kurzem Schüler gewesen, haben also intensive Erfahrungen mit dem schulischen Bildungssystem gemacht. Dies muß bei der Planung von Bildungselementen in der Jugendarbeit berücksichtigt werden: Außerschulische Jugendbildung darf keine Fortsetzung der Schule mit anderen Mitteln sein, sie muß aber die Schulerfahrungen der Kinder und Jugendlichen kennen und aufgreifen.

Letzteres bedeutet, daß in der Jugendarbeit zunächst – im kompensatorischen Sinn – ein Ausgleich für die Belastungen des Schultages möglich sein muß, d.h., es muß Raum sein für streßfreie Betätigung ohne Leistungsanforderungen, für das Ausleben motorischer Bewegungsbedürfnisse genauso wie für Rückzugs- und Ruhebedürfnisse. Diese Möglichkeiten sind geradezu Voraussetzung dafür, Bildungselemente in der Jugendarbeit realisieren zu können, denn die Mehrzahl der Jugendlichen ist durchaus auch in der Freizeit zu aktivitäts- und zielorientierten (also bildungsrelevanten) Betätigungen bereit, wenn ihnen zugleich genug Raum und Zeit für Unterhaltung und Entspannung geboten wird (vgl. Stadt Nürnberg 1986).

Die Jugendarbeit hat als Bildungsvermittler gegenüber der Schule eine Reihe von Startvorteilen, die es zu nutzen gilt: Die Teilnahme an ihren Angeboten ist freiwillig; es werden keine Leistungsnachweise verlangt; bei der Auswahl der Themen und Methoden sind keine curricularen Grenzen gesetzt, sondern es steht vielmehr eine Orientierung am Alltag und an der konkreten Lebenswelt der Kinder und Jugendlichen im Vordergrund (vgl. die »Strukturmaximen« der Jugendhilfe im Achten Jugendbericht). Unter diesen Prämissen kann die Jugendarbeit Bildungseffekte bewirken, gezielt oder auch ganz nebenbei, welche die Schule nie erreichen könnte. Ein erfolgreiches Selbstverwaltungsmodell eines Jugendzentrums oder eines Ferienlagers vermittelt beispielsweise ganz andere Erfahrungen über demokratische Zusammenhänge und Abläufe, als dies im Sozialkundeunterricht möglich ist.

Ziele und Inhalte

Viele Träger von Jugendbildungsarbeit und ganz besonders die öffentlichen Träger tun sich sehr schwer damit, Ziele und Inhalte ihrer pädagogischen Arbeit zu entwickeln. Einerseits existiert ein allgemein konsensfähiges System von Erziehungs- oder Bildungszielen nicht. Andererseits gibt es aber auch keine »wertfreie« Erziehung oder Bildung.

Beispielsweise löst die Stadt Nürnberg als relativ großer öffentlicher Träger von Jugendarbeit und außerschulischer Jugendbildung dieses Problem in ihrem Konzept »offene Jugendarbeit« folgendermaßen: Eine grundsätzliche Orientierung (des Trägers und seiner Mitarbeiter) an einem humanistischen Menschen- und Weltbild, das der Aufklärung, Rationalität, Solidarität und Emanzipation verpflichtet ist, wird (sozusagen als zentrale Wertorientierung) vorausgesetzt (vgl. Stadt Nürnberg 1990). Davon ausgehend wird eine offene Liste von Zielen und Arbeitsfeldern vorgelegt, die zwar im Augenblick gilt, aber diskutierbar und veränderbar ist.

Anders als im KJHG wird in dieser Liste politische Bildung an die erste Stelle gerückt und als übergreifendes Prinzip verstanden – in dem Sinne, daß man sich die politische Dimension aller Ansätze und Inhalte von Jugendbildung jederzeit bewußt machen muß, d.h., daß man in der gesamten Alltagsarbeit der Anwaltsrolle für die Interessen der Kinder und Jugendlichen und deren Befähigung zu eigener, aktiver Partizipation an der Gestaltung der Gesellschaft Rechnung tragen muß.

Die konkreten Inhalte von Jugendbildung leiten sich dann nicht aus der Liste in § 11 Abs. 3 Ziffer 1 KJHG ab, sondern – gemäß der Querschnittsfunktion von Bildung in der gesamten Jugendarbeit – aus allen Schwerpunkten, die sich Jugendarbeit setzt. Außerschulische Jugendbildung findet dann auch statt im Zusammenhang mit »Sport, Spiel und Geselligkeit«, »arbeitswelt-, schul- und familienbezogener Jugendarbeit«, »internationaler Jugendarbeit«, »Kinder- und Jugenderholung« (§ 11 Abs. 3 Ziffer 2–5 KJHG) und darüber hinaus in Schwerpunkten der Praxis, die das KJHG nicht nennt (Mädchenarbeit, Medienarbeit, Jugendkulturarbeit usw.).

Notwendige Rahmenbedingungen

Abschließend ist zu fragen, welche organisatorischen und strukturellen Rahmenbedingungen vorhanden sein müssen, um außerschulische Jugendbildung in der offenen Jugendarbeit in der hier skizzierten Art und Weise betreiben zu können. Die Forderungen für ein optimales Angebot sind durchaus unbescheiden:

Erstens braucht es in allen Häusern der offenen Jugendarbeit qualifizierter Mitarbeiter in ausreichender Zahl, damit qualifizierte Bildungselemente in der Alltagsarbeit geplant und umgesetzt werden können. Das schließt die Forderung nach laufender Fortbildung und Supervision ein sowie die Forderung nach fachplanerischer Kompetenz zur Entwicklung pädagogischer Konzepte.

Zweitens muß ein Netz von spezialisierten Bildungseinrichtungen vorhanden sein (z.B. Medienzentrum, Theaterworkshop, Geschichtswerkstatt, museumspädagogisches Projekt), die sich mit eigenen, fachlich hoch entwickelten Programmen direkt an Kinder und Jugendliche wenden, deren Fachkompetenz aber auch von Jugendhäusern für bestimmte Programme oder Projekte »eingekauft« werden kann und soll (z.b. Projekt »Computer im Freizeitheim«, Videofilmwettbewerb zur Suchtproblematik).

Drittens braucht ein großer Träger von Jugendarbeit, der dezentral über eine Stadt verteilt zahlreiche Jugendhäuser betreibt, eine zentrale Instanz, die den Bildungsanspruch der offenen Jugendarbeit fördert und absichert. Ein solches »Zentrum für politische Jugendbildung« (Arbeitstitel) hätte den Auftrag, Fortbildung für die Mitarbeiter vor Ort zu initiieren, themenbezogene Projekte zu entwickeln und in den Einrichtungen zusammen mit den Jugendlichen und den Mitarbeitern umzusetzen sowie schließlich auch ein eigenes zentrales Kurs- und Veranstaltungsangebot für Gruppen und einzelne Interessenten vorzuhalten.

Viertens wird ein flächen- und bedarfsdeckendes Netz von großen Jugendbildungsstätten mit weitgefächerten Programmen für notwendig erachtet, die das Bildungsangebot der »Alltagsarbeit« der Jugendhäuser und -verbände ergänzen und vertiefen. Die Idealvorstellung ist, daß durch die Arbeit im Jugendhaus oder -verband bei einer Gruppe von Jugendlichen soviel Interesse an einem Thema entsteht, daß man gemeinsam und sozusagen als »Highlight« ein spezialisiertes Angebot einer Jugendbildungsstätte nachfragt.

Es ist klar, daß diese Forderungen kaum irgendwo voll erfüllt sind. Gerade deshalb muß die Jugendhilfe sie wieder und wieder in das schon genannte »freie Spiel der Kräfte«, sprich in den Kampf um die Verteilung der öffentlichen Gelder, einbringen.

Jens Peter Jensen

Jugendarbeit

§ 11 KJHG

Wer an dieser Stelle, zu Beginn des zweiten Kapitels des KJHG, eine Definition von Jugendarbeit erwartet, wird enttäuscht. Beschrieben werden in § 11 nur der Rahmen, in dem Jugendarbeit stattfinden kann, und wesentliche Schwerpunkte der Jugendarbeit. Im Abs. 1 heißt es, daß jungen Menschen die zur Förderung ihrer Entwicklung erforderlichen Angebote der Jugendarbeit zur Verfügung zu stellen sind. Diese Angebote sollen an ihren Interessen ansetzen und sie zu Selbstbestimmung, gesellschaftlicher Mitverantwortung und sozialem Engagement anregen. Schon diese Zielsetzung von Jugendarbeit verweist auf ihre besondere gesellschaftliche Bedeutung. Bei allem Respekt vor den unterschiedlichen Werthaltungen verschiedener Jugendverbände und anderer Träger der Jugendarbeit ist nicht von starren Erziehungskonzepten auszugehen, sondern von Bedürfnissen und Interessen der Jugendlichen und jungen Erwachsenen in einer sich ständig verändernden Gesellschaft.

Als Träger der Jugendarbeit nennt das KJHG Verbände, Gruppen, Initiativen Jugendlicher und andere Träger der Jugendarbeit sowie die Träger der öffentlichen Jugendhilfe. Jugendarbeit umfaßt zum einen bestimmte Angebote für Mitglieder, z.B. von Jugendverbänden, und zum anderen Angebote der offenen Jugendarbeit, die prinzipiell allen Jugendlichen und jungen Erwachsenen offenstehen. In bezug auf die Jugendverbände ist in § 12 Abs. 4 KJHG außerdem festgehalten, daß sich ihre Angebote auch an junge Menschen wenden können, die nicht bei ihnen Mitglied sind.

Als Schwerpunkte der Jugendarbeit werden in § 11 Abs. 3 KJHG in Form einer unabgeschlossenen Aufzählung die außerschulische Jugendbildung mit allgemeiner, politischer, sozialer, gesundheitlicher, naturkundlicher und technischer Bildung ebenso aufgeführt wie die Jugendarbeit in Sport, Spiel und Geselligkeit. Ferner gehören arbeitswelt-, schul- und familienbezogene Jugendarbeit, internationale Jugendarbeit, Kinder- und Jugenderholung sowie Jugendberatung zu den klassischen Schwerpunkten der Jugendarbeit, die sich in den letzten Jahrzehnten in der freien und in der öffentlichen Jugendhilfe herausgebildet haben.

Wichtig insbesondere für die Jugendarbeit der freien Träger ist § 11 Abs. 4 KJHG. Die Regelung, daß Angebote der Jugendarbeit auch Personen über 27 Jahre in angemessenem Umfang einbeziehen können, ermöglicht es z.b. den Jugendverbänden, auch ältere Mitglieder und ehrenamtliche Mitarbeiter, die für die Aufrechterhaltung von Kontinuität und Stabilität der Verbände von besonderer Bedeutung sind, an geförderten Maßnahmen und Projekten der Jugendarbeit zu beteiligen.

Ziele und Organisationsformen

Angebote der Jugendarbeit sollen einen Beitrag zur Selbstverwirklichung Jugendlicher und zur Entwicklung von sozialem Engagement in einer demokratischen Gesellschaft leisten. Jugendarbeit als eigenständiger Erziehungs- und Bildungsbereich neben Schule und Familie bietet Jugendlichen und jungen Erwachsenen die Freiräume, die sie zur Entfaltung ihrer Persönlichkeit benötigen und die ihnen weder in der Familie noch in der Schule oder am Ausbildungsplatz zur Verfügung stehen.

Während die Strukturen der Jugendarbeit nach 1945 vor allem durch die Idee geprägt waren, »möglichst viel Jugendliche in den Jugendorganisationen zu erfassen, um sie für die neue Demokratie zu gewinnen« (Giesecke 1980, S. 23f.), werden im KJHG deutlich andere Anforderungen an Jugendarbeit gestellt. Nicht mehr die einzelnen Jugendorganisationen mit ihren mehr oder minder festgefügten Organisationsstrukturen stehen im Vordergrund, sondern das Interesse von Kindern, Jugendlichen und jungen Erwachsenen, im Bereich der Jugendarbeit dort aktiv zu werden, wo sie sich am besten selbst verwirklichen können.

Die öffentlichen Träger der Jugendhilfe haben – soweit nicht von freien Trägern ein entsprechendes Angebot bereitgestellt wird – dafür zu sorgen, daß Jugendlichen ausreichende Angebote der Jugendarbeit, auch der offenen Jugendarbeit und gemeinwesenorientierte Angebote, zur Verfügung stehen. Damit ist endlich auch in einem Bundesgesetz normiert, was sich seit Ende der 60er Jahre mehr und mehr durchgesetzt hat, nämlich daß Jugendarbeit sich den Bedürfnissen der Jugendlichen zuwendet und nicht in erster Linie an den Integrationsnormen der Erwachsenengesellschaft orientiert ist.

Auch wenn die Angebote der Jugendverbände und anderer Träger der freien Jugendarbeit immer noch von größter Bedeutung für das Gesamtangebot von Jugendarbeit sind, stehen heute die offene und die Jugendarbeit in festen Gruppen in einem gleichberechtigten Verhältnis und nicht mehr in Konkurrenz zueinander. Durch ihre stärkere Hinwendung zu den Bedürfnissen und Interessen der Kinder, Jugendlichen und jungen Erwachsenen ist Jugendarbeit auch mit neuen Aufgaben bedacht worden, die eine erhebliche Professionalisierung und damit auch eine Verselbständigung der Jugendverbände von ihren Erwachsenenorganisationen hervorgebracht haben. Hinzu kommt, daß neben den traditionellen Häusern der Jugend im Bereich der offenen Jugendarbeit und den auf Dauer angelegten Strukturen der Jugendverbände eine Reihe von meistens lokal tätigen Initiativen sowie neue Verbände vor allem im Bereich der Ökologiebewegung entstanden sind. Diese haben zumindest bis Mitte der 80er Jahre vielen interessierten Jugendlichen durchaus eine Alternative zum Engagement in einem Jugendverband geboten, wenngleich Jugendliche in diesen Initiativen weniger Hilfen bei der Bewältigung ihrer aktuellen Alltagsprobleme in Schule, Ausbildung und Familie finden. Auch wenn der Boom der Bürgerinitiativen inzwischen vorüber ist, sind wesentliche Orientierungen und Thematisierungen aus den sozialen Bewegungen zumindest in abgeschwächter Form von einer Reihe von Jugendverbänden aufgegriffen worden.

Auch in bezug auf die Orientierungen der Mitglieder gibt es deutliche Parallelen zwischen Jugendverbänden und Bürgerinitiativen, wobei die Grundhaltung vieler Mitglieder von Jugendverbänden seit langem ähnlich strukturiert ist. Nicht mehr das Interesse an traditionellen Normen und Werten – so bedeutend sie auch in der Geschichte einzelner Verbände und Einrichtungen sein mögen – sondern der Nutzen, den die Arbeit für den einzelnen hat, steht im Vordergrund eines Engagements, das sich insbesondere auf ein Wirken im Lokalen, vor Ort, bezieht. Dementsprechend organisieren sich Jugendliche insbesondere in den Städten lieber in kleineren überschaubaren Verbänden und Initiativen als in Großorganisationen.

Selbst in einem Land wie Schleswig-Holstein mit eher traditionellen Strukturen sind Themen wie Ökologie, neue Formen der internationalen Jugendarbeit (z.B. im Rahmen des Jugendaustausches in der Ostseeregion) und die vielfältigen Diskussionen über die Rolle von Mädchen und jungen Frauen in der Jugendarbeit sowohl von den Trägern der freien als auch von Trägern der öffentlichen Jugendarbeit aktiv aufgegriffen worden.

Ein besonderes Gewicht erhält im neuen KJHG auch die Förderung der Mädchenarbeit. Die Jugendverbände sind in der Vergangenheit gern, auch von sozialdemokratischer Seite, als »Jungenverbände« bezeichnet worden. Eine solche Einschätzung rechtfertigt selbstverständlich besondere Anstrengungen zur Förderung von Mädchen und jungen Frauen in den Jugendverbänden. Die Jugendverbände begrüßen entsprechende Programme zur Mädchenförderung und werden ihre Bemühungen um eine stärkere Einbeziehung der Mädchen und jungen Frauen in ihre Verbandsarbeit fortsetzen. Der Erfolg von Jugendverbandsarbeit und die Veränderungsfähigkeit, also das innovative Potential der Verbände, hängen natürlich davon ab, wieviel Landesmittel z.B. für Mädchenförderung bereitgestellt werden.

Jugendarbeit und Jugendinformationssysteme

Der Bedeutungszuwachs, den die Jugendarbeit in den 70er Jahren erhalten hat, führte dazu, daß neben den vielfältigen Aufgaben einer außerschulischen Jugendbildung und den traditionellen Formen der Jugendarbeit in Sport, Spiel, Geselligkeit, Jugenderholung und internationalen Begegnungen zunehmend die Beratung von Jugendlichen in besonderen Problemsituationen zu einer Aufgabe der Jugendarbeit wurde. Daraus ergibt sich nach § 11 Abs. 1 KJHG insbesondere für die öffentlichen Träger der Jugendhilfe die Verpflichtung, sofern nicht freie Träger solche Beratungsmöglichkeiten bereithalten, Jugendberatungskapazitäten mit einem entsprechend ausgebildeten Fachpersonal anzubieten. Dabei müßte sichergestellt werden, daß auch Sozialarbeiterinnen stets erreichbar sind, die speziell für Hilfe und Beratung von Mädchen und jungen Frauen ausgebildet sind.

Systeme der Jugendberatung und Jugendinformation können die bereits bestehenden Strukturen der Jugendarbeit in der Bundesrepublik Deutschland nur ergänzen. Es muß darauf geachtet werden, daß in diesem Bereich nicht bürokratische Strukturen entstehen, welche die Interessen und Bedürfnisse der Kinder, Jugendlichen und jungen Erwachsenen verfehlen.

Die öffentlichen Träger der Jugendhilfe sind nicht nur verpflichtet, die freie, die offene und die gemeinwesenorientierte Jugendarbeit der unterschiedlichen Träger der Jugendarbeit, insbesondere also der Jugendverbände, ausreichend zu fördern, sondern müßten auch erhebliche finanzielle Mittel für den Ausbau eines ausreichenden »Jugendberatungssystems« aufwenden. Diese umfassende Verpflichtung der Träger der öffentlichen Jugendhilfe müßte in den Kreis- und Landesjugendplänen der Kommunen und der Länder ihren Niederschlag finden. Wenn laut KJHG verstärkt auch Initiativen der Jugend und Jugendberatungseinrichtungen gefördert werden sollen, zieht das mit Sicherheit erhebliche Ausgabensteigerungen auf der unteren Ebene der Träger der öffentlichen Jugendhilfe nach sich. Inwieweit das insbesondere von den finanzschwachen Kommunen in den alten und in den fünf neuen Bundesländern geleistet werden kann, bleibt zunächst einmal abzuwarten.

Auf keinen Fall darf der auch im § 11 KJHG sichtbar werdende Auftrag, immer stärker Serviceangebote für Jugendliche zu fördern, dazu führen, daß die Aufwendungen für die Jugendarbeit, insbesondere der freien Träger, nicht in dem Maße gesteigert werden können, wie es erforderlich ist, um das durch die Pluralität der unterschiedlichen Anbieter geprägte System der außerschulischen Jugendarbeit in der Bundesrepublik Deutschland aufrechtzuerhalten und weiterzuentwickeln. Jugendarbeit lebt nach wie vor von den Prinzipien der Freiwilligkeit, des Verzichts auf Leistungskontrollen, der Mitbestimmung, Offenheit, Selbstorganisation und Ehrenamtlichkeit, der Orientierung an den Bedürfnissen Jugendlicher und der Pluralität der Jugendarbeit anbietenden Verbände (vgl. Scharinger 1990, S. 93).

Perspektive der Jugendarbeit

Kern einer auf Selbstbestimmung und Emanzipation gerichteten Jugendarbeit kann nur ein Verständnis von Jugendarbeit sein, das diese als »experimentelle Gesellungsform« betrachtet, die Jugendlichen die Wiederaneignung von sozialen und kulturellen Räumen ermöglicht (vgl. Giesecke 1984, S. 449). Dazu bedarf es jedoch der Bereitstellung von Räumen und Mitteln für Maßnahmen, Veranstaltungen und Projekte, damit Jugendliche weitgehend selbstbestimmt in Erfahrung bringen können, welche Chancen an sozialer, kultureller und politischer Partizipation sich ihnen in einer sich zunehmend stärker individualisierenden Gesellschaft bieten.

Die Instrumente und Strukturen der Förderung von Jugendarbeit sind in der Bundesrepublik Deutschland sehr unterschiedlich. Eine Vereinheitlichung im Rahmen des KJHG mußte notwendigerweise an den Einwänden der Bundesländer scheitern. Um so mehr wird es für die Jugendverbände als Interessenvertretung der Kinder, Jugendlichen und jungen Erwachsenen darauf ankommen, in den Landesausführungsgesetzen zum KJHG die notwendigen Konkretisierungen und Verbesserungen in bezug auf die Förderung der Jugendarbeit einzufordern. Nur so können die zum Teil eklatanten Unterschiede in der Förderung der Jugendarbeit zwischen den Bundesländern, aber auch zwischen den Kommunen in den einzelnen Bundesländern, aufgehoben werden.

Auszugehen ist dabei von den bestehenden ehrenamtlichen Strukturen in der Jugendarbeit, wie sie allerdings in den neuen Bundesländern unter Bedingungen einer starken »Organisationsmüdigkeit« gerade erst wieder aufgebaut werden müssen. Nur wenn selbstbestimmte, von ehrenamtlichen Mitarbeitern gestützte Formen und Strukturen der Jugendarbeit konstruktiv von Fachkräften ergänzt und zur Weiterentwicklung angeregt werden, also das Spannungsfeld zwischen Professionalisierung und Ehrenamtlichkeit produktiv bleibt, wird es gelingen, die Innovationsfähigkeit der Jugendarbeit auch in Zukunft zu erhalten.

Wolfgang Schwitzer

Kinder- und Jugenderholung

§ 11 Abs. 3 Ziffer 5 KJHG

Angesichts leerer Kassen der Kommunen ist zu befürchten, daß der Bereich Jugenderholung nicht wie bisher gefördert wird, weil die sogenannten freiwilligen Leistungen aufgrund erheblicher Kostensteigerungen bei den Pflichtaufgaben der Kommunen reduziert werden. Aber gerade angesichts solcher Realitäten ist es dringend erforderlich zu beschreiben, welchen Stellenwert die Jugenderholung für die Jugendarbeit hat.

Jugenderholungsmaßnahmen werden von einer Reihe freier Träger der Jugendhilfe angeboten; auf eine Differenzierung zwischen Kinder- und Jugenderholung einerseits sowie Kinder- und Jugendfreizeit andererseits soll hier nicht eingegangen werden.

Jede Konzeption für Jugenderholungsmaßnahmen muß die Alltagswelt von Kindern und Jugendlichen berücksichtigen. Diese ist geprägt von bestimmten Formen des Zusammenlebens in Familie und Schule. Werte wie Ruhe, Ordnung, Sauberkeit und Leistungsbereitschaft entsprechen nicht immer dem Lebensgefühl von Kindern und Jugendlichen, für manche entsteht dadurch ein erheblicher Anpassungsdruck. In unserem Schulsystem muß dem Pflicht- und Leistungsdenken entsprochen werden – nicht selten steht dieses aber konträr zu den Neigungen der Kinder und Jugendlichen.

Anonymität, Technisierung und Elektronisierung von Freizeit und Kommunikation verschütten menschliche Grundbedürfnisse, wecken zugleich aber auch die Sehnsucht nach Alternativen – zumindest in Freizeit und Urlaub. Viele Kinder wachsen zudem als Einzelkinder auf, oft nur mit einem Elternteil. Die Folge ist, daß in der Jugendarbeit die fehlende Gruppenfähigkeit von Kindern und Jugendlichen beklagt wird.

Es wäre aber fatal, wenn diese Realität einfach akzeptiert würde. Gerade Kinder- und Jugendfreizeiten eröffnen – wie wohl kaum ein anderes Angebot – viele Möglichkeiten, neue Erlebnisse zu vermitteln und neue Erfahrungen zu machen. Das Jugendamt bzw. die öffentliche Jugendhilfe sollte darauf bedacht sein, daß ausreichende Angebote für Kinder und Jugendliche bereitgehalten werden. Dabei sollten insbesondere die Träger der freien Jugendhilfe angeregt werden, entsprechende Maßnahmen anzubieten (§ 4 KJHG).

Allerdings sollten weniger »Angebote von der Stange« favorisiert werden. Vielmehr sind Maßnahmen vorzuziehen, die den Kindern und Jugendlichen die Möglichkeit geben, ihre Interessen einzubringen (§ 74 Abs. 4 KJHG). Dies ist meist dann gewährleistet, wenn Ortsvereine oder Jugendhäuser eine Erholungsmaßnahme speziell für ihre Besucher planen. Hier ist die Zielgruppe bekannt; von vorneherein kann die Konzeption auf einzelne abgestellt werden. Regelmäßige Besucher von Jugendgruppen oder offenen Angeboten wissen in der Regel dann auch, was sie erwarten können. So kann die Ferienfreizeit eine sinnvolle Ergänzung der pädagogischen Arbeit werden.

So verschieden auch Kinder und Jugendliche sind, bestimmte Interessen werden generell auftreten, beispielsweise
- der Wunsch nach sozialen Kontakten,
- das Bedürfnis, sich wohl zu fühlen,
- das Interesse am Selbermachen,
- die Freude am Lebensgenuß,
- das Verlangen nach Spontaneität.

Diese Interessen gilt es zu berücksichtigen, egal ob es sich um eine Abenteuerfreizeit, bei der das Erleben und die persönliche Leistung im Vordergrund stehen, oder um eine Freizeit handelt, bei der Baden und Faulenzen angesagt sind.

In jedem Fall wird es einer guten pädagogischen Leitung bedürfen. Hier können die Jugendämter die Freizeitanbieter unterstützen, indem sie Freizeithelferschulungen anbieten, bei denen über das Kinder- und Jugendrecht (insbesondere auch über das Jugendschutzgesetz) und über Haftungsfragen informiert wird, aber auch pädagogische Fragestellungen aufgegriffen werden. Ebenso sollte geeignete Fachliteratur zur Verfügung gestellt werden. Ferner sollte der Einsatz ehrenamtlicher Mitarbeiter anerkannt werden, indem z.B. das Jugendamt sie hinsichtlich der Gewährung von Sonderurlaub unterstützt und berät.

Eine große Hilfe für Kinder und Eltern könnte ein Freizeitprospekt sein, in dem alle von einem Jugendamt geförderten Freizeiten aufgeführt sind.

Konzeption von Freizeiten

Bei der Zielsetzung einer Freizeit sind folgende Fragen zu stellen:
- Welche Lernziele sollen angestrebt werden in bezug auf die Bedürfnisse der Kinder und Jugendlichen?
- Welche Bedingungen in der Umgebung haben bei Kindern und Jugendlichen Probleme bewirkt?

– Wie kann erreicht werden, daß die Erfahrungen einer alternativen Umgebung (auf Freizeiten) in das Herkunftsmilieu übertragen werden?

Regeln des Zusammenlebens sind die Grundlage für die Erreichung der Lernziele: Eine Freizeit kann als ein soziales Regelsystem betrachtet werden. Somit muß immer der enge Zusammenhang zwischen Lernzielen, Regeln und der Programmgestaltung berücksichtigt werden. Schon die Auswahl eines bestimmten Hauses mit seiner Umgebung und die Festlegung auf eine bestimmte Gruppengröße sind in der Regel schon Ausdruck einer Grundkonzeption. Von dieser ist auch abhängig, wie die Teilnehmer vorbereitet werden.

Die Interessen und Fähigkeiten der Mitarbeiter haben einen entscheidenden Einfluß auf mögliche Programmangebote. Deshalb ist die Zusammensetzung der Mitarbeiterteams eine wichtige Vorentscheidung für das Programm und die Freizeit überhaupt und damit eine grundlegende Aufgabe der Verantwortlichen.

Freizeiten eröffnen Kindern und Jugendlichen gute Möglichkeiten zu einem »authentischen Miteinander-Leben«. In dieser Gemeinschaft auf Zeit bestehen reale Chancen, Inhalte und Werte zu vermitteln, die dem Träger besonders wichtig sind. Dazu gehören z.B. der verantwortliche Umgang mit der Natur und die Bereitschaft, Verantwortung zu übernehmen oder bei kirchlichen Veranstaltern christliche Gemeinschaft zu erleben. Immer wird es wichtig sein, bei der Lebenswirklichkeit der Kinder und Jugendlichen anzuknüpfen.

Der Stellenwert von Jugendfreizeiten

In den zu erwartenden Diskussionen über die finanzielle Förderung von Freizeitteilnehmern und ehrenamtlichen Mitarbeitern ist deutlich zu machen:
– Kinder- und Jugendfreizeiten sind ein wichtiger Bestandteil einer sinnvollen Jugendarbeit.
– Sie dürfen nicht einfach als Jugendtourismus abgetan werden.
– Kinder- und Jugendfreizeiten fördern ein intensives soziales Lernen. Junge Menschen lernen, in Gemeinschaft zu leben, aufeinander zu achten, füreinander dazusein, auf Schwächere Rücksicht zu nehmen, miteinander zu handeln.
– Ein großer Gewinn ist es, wenn es gelingt, behinderte und nichtbehinderte Jugendliche in Freizeiten zusammenzuführen.
– Inmitten einer kommerzialisierten Freizeitwelt sind profitfreie Angebote dringend nötig.

Kinder- und Jugendfreizeiten sollten nicht ein einmaliges Erlebnis bleiben; die Anbindung an eine örtliche, möglichst stadtteilorientierte Jugendarbeit ist wünschenswert.

68

Gabriela Lerch-Wolfrum

Jugendberatung

§ 11 Abs. 3 Ziffer 6 KJHG

In § 2 KJHG sind die Aufgaben der Jugendhilfe formuliert, die sich in »Leistungen« und »andere Aufgaben« gliedern. Zu den Leistungen gehören Angebote der Jugendarbeit, die in § 11 KJHG verpflichtend festgeschrieben sind: »Jungen Menschen sind die zur Förderung ihrer Entwicklung erforderlichen Angebote der Jugendarbeit zur Verfügung zu stellen ...«. Um den Entwicklungsmöglichkeiten und -notwendigkeiten der Jugendarbeit Raum zu lassen, enthält § 11 Abs. 3 KJHG einen unvollständigen Angebotskatalog, der von außerschulischer Jugendbildung über Jugendarbeit mit unterschiedlichen Zielsetzungen bis hin zur Jugendberatung reicht.

Die Entwicklungen der letzten Jahre machen deutlich, daß sich die Übergänge zwischen Jugendfürsorge und Jugendpflege zunehmend verwischen. In der Praxis gewann der Präventionsansatz auch in der Jugendfürsorge immer mehr an Bedeutung. Der Gesetzgeber hat nun dieser Entwicklung Rechnung getragen, indem er den Präventionsgedanken in den Vordergrund stellt. Als Vehikel soll Beratung dienen – eine Maßnahme, die im Gesetz beinahe inflationär eingesetzt wird.

Jugendberatung im Rahmen der Jugendarbeit wird im Siebten Jugendbericht (1986) von anderen Beratungsdiensten wie folgt abgegrenzt: »(1) Erziehungs- und Familienberatungsstellen, deren Inanspruchnahme eine Problembelastung von Kindern oder Jugendlichen voraussetzt, (2) integrierte Beratungsstellen, zu deren Aufgaben außerdem die Ehe- und Lebensberatung von Erwachsenen – auch ohne einen von Kindern ausgehenden Anlaß – gehört, (3) Jugendberatungsstellen, deren Angebot sich unmittelbar an Jugendliche und junge Volljährige richtet« (S. 39).

Diese Abgrenzung dient hauptsächlich der Orientierung; sie schließt ähnliche oder identische Beratungsinhalte wie in Erziehungsberatungsstellen nicht aus. Realität ist jedoch, und das zeigen die Erhebungsergebnisse zum Siebten (1986) und Achten Jugendbericht (1990), daß der Name »Jugendberatungsstelle« von einer Vielzahl von Einrichtungen mit unterschiedlichen konzeptionellen Ansätzen verwendet wird. Ferner besteht kein flächendeckendes Netz an Einrichtungen (wie bei Erziehungsberatungsstellen), deren Notwendigkeit durch inhaltliche und personelle Rahmenfestlegungen sowie die entsprechenden Finanzierungsregelungen (Regelförderung) dokumentiert wird.

Unter der hauptsächlich in Großstädten bestehenden Organisations- und Arbeitsvielfalt hat sich Jugendberatung als Bestandteil von Beschäftigungsmaßnahmen sowie als offene Anlaufstelle bewährt. In Landkreisen können die wenigsten Städte und Gemeinden Jugendlichen und jungen Erwachsenen Angebote der Jugendberatung machen. In der Regel erschöpfen sich die Jugendhilfeausgaben kleiner Gemeinden mit der Finanzierung der Kindergärten. Weder sind Jugendberatungsstellen oder integrierte Angebote flächendeckend vorhanden, noch gibt es inhaltlich ausdifferenzierte Arbeitsansätze. Deshalb verfolge ich mit diesem Kapitel das Ziel, mich mit Angeboten der Jugendberatung in einem Landkreis zu befassen. Rahmenbedingungen, wie sie in Großstädten zu finden sind, müssen hier unberücksichtigt bleiben.

In den meisten Landkreisen bestehen für Jugendliche schon während des Tages erhebliche Schwierigkeiten, mit öffentlichen Verkehrsmitteln in die größeren Städte und Gemeinden zu gelangen, geschweige denn in den Abendstunden. Kleine Gemeinden verfügen in der Regel auch über keine Jugendräume, Jugendcafés und ähnliche Einrichtungen. Viele Landkreise sind derzeit mit hohen Zuzugsraten konfrontiert, da der Wohnraum in Städten knapp und zunehmend teurer wird. Sie haben Mühe, die soziale Infrastruktur diesen Entwicklungen anzupassen und hinken größtenteils deutlich hinterher. Nicht nur der Umfang der Angebote, sondern auch die inhaltliche und methodische Vielfalt ist defizitär.

Aufgrund meiner Erfahrungen als Jugendamtsleiterin in einem Landkreis erscheinen mir vor allem folgende drei Schwerpunkte im Rahmen der Jugendberatung wichtig: (1) Einzelberatung und Gruppenarbeit zu bestimmten Fragestellungen; (2) Beratung von Jugendgruppen sowie (3) streetworkmäßige Kontaktaufnahme zu Jugendlichen und jungen Erwachsenen.

Einzelberatung und Gruppenarbeit

Im Rahmen der individuellen Einzelberatung bzw. der Gruppenarbeit sind folgende Inhalte denkbar:

(1) Schulprobleme und Fragen zum Übergang Schule – Ausbildung – Beruf: Die Hauptschulen sind mit einer Vielfalt von Problemen konfrontiert, welche die Schülerinnen und Schüler aus allen ihren Lebensbereichen in die Schule tragen: Familiäre Probleme wie Trennung oder Scheidung der Eltern, Sucht-

probleme, Gewalt, wirtschaftliche Not; Probleme, die sich durch den Umfang der zur Verfügung stehenden Freizeit ergeben, Auswirkungen des übersteigerten Konsums von neuen Medien usw. Hinzu kommt, daß der Stellenwert von Schule zwar allgemein gestiegen ist, der Schultyp »Hauptschule« hingegen in zunehmendem Maße von Eltern und Kindern abgewertet wird. Schafft ein Kind den Übergang in eine höhere Schule nicht, so führt dies oft zu innerfamiliären Konflikten und zu Problemen im Klassenverband. In den viel zu großen Klassen können die Lehrkräfte auf einzelne Schülerinnen und Schüler nicht oder nur bedingt adäquat eingehen. Frustration und Schulmüdigkeit sind die Folge.

An dieser Stelle müßte Jugendberatung einsetzen. Dabei ist eine Vernetzung der verschiedenen Angebote anzustreben, um den vielfältigen Problemen und Anliegen der Kinder und Jugendlichen sowie der Lehrkräfte gerecht werden zu können. Intensive Zusammenarbeit mit den Arbeitsämtern ermöglicht einen gleitenden Übergang in die Ausbildung und dient somit der Vermeidung von Ausbildungsabbrüchen. Unterschiedliche Arbeitsformen und -methoden sind erforderlich, um den Zugang zu diesen Jugendlichen zu finden. Beratung sollte hier in enger Verbindung zu Beschäftigungsmaßnahmen stehen, die durch die praktischen Bezüge ausgleichend auf die Defizite im Sozialverhalten wirken und somit ein Trainingsfeld zur Einübung arbeitsrelevanten Verhaltens darstellen.

(2) Kriseninterventionen bei Partnerschafts- und/oder Familienproblemen: Die Trennung von der Freundin oder vom Freund führt vor allem bei Jugendlichen und jungen Erwachsenen, die aus labilen Elternhäusern stammen, zu suizidalen Krisen oder zu Ausbildungs- bzw. Berufsabbrüchen mit all den negativen Begleiterscheinungen.

Kommt es zu Gewalt in der Familie, zu sexueller Ausbeutung oder zu Sorgerechts- und Umgangsrechtsregelungen infolge von Trennung bzw. Scheidung der Eltern, und entstehen daraus Notlagen für die Kinder, die Jugendhilfeleistungen angezeigt erscheinen lassen, ist die Kooperation mit dem Jugendamt erforderlich.

(3) Beratung bei jugendspezifischen Anliegen finanzieller und rechtlicher Art: Die Phasen der Ablösung des jungen Menschen vom Elternhaus und das Bemühen um Selbständigkeit werfen zusätzlich zu den persönlichen auch rechtliche Probleme auf. Neben den Fragen der Unterhaltsansprüche, des Auszugs von zu Hause, des Taschengeldes u.ä. werden sicherlich die Hilfestellungen bei der Suche nach günstigem Wohnraum in manchen Regionen einen Arbeitsschwerpunkt der Jugendberatung bilden.

Informationen über die Bestimmungen des Jugendschutzgesetzes in bezug auf Alkoholkonsum, Anwesenheit bei Tanzveranstaltungen oder Aufenthalt in Gaststätten sowie über die Bestimmungen des Arbeitsschutzgesetzes sind für Jugendliche von großer Bedeutung. Eine Jugendberatungsstelle hat deshalb die Aufgabe, solche Informationen jugendgerecht aufzubereiten und entsprechende Materialien vorrätig zu halten.

(4) Unterstützung von Mädchen zur Vermeidung von Diskriminierung: Angebote der Jugendberatung, die auf die spezifischen Bedürfnisse von Mädchen abgestellt sind, fehlen in der Regel gänzlich. Um die eigenständige Entwicklung von Mädchen und jungen Frauen zu unterstützen, ist es erforderlich, auf ihre Bedürfnisse einzugehen und entsprechende Angebote zu machen oder zu vermitteln. Als Beispiele seien Selbsterfahrungsgruppen, Trainingskurse für Bewerbungsgespräche, Rhetorikkurse, Selbstverteidigungskurse usw. angeführt.

Beratung von Jugendgruppen

Jugendgruppen, die keiner Organisation wie z.B. einem Jugendverband oder einer Kirche angehören, fehlen in aller Regel Räume, in denen sie sich treffen können. Es bleibt ihnen zwangsläufig oft nur die Möglichkeit, auf kommerziell betriebene und damit teure Kneipen, Gaststätten usw. zurückzugreifen.

Aufgabe der Mitarbeiter der Jugendberatungsstelle ist, diese Jugendlichen so zu beraten, daß ihnen das »Handwerkszeug« vermittelt wird, um sich die Unterstützung von Jugendreferenten, Bürgermeistern und Gemeinderat bei der Durchsetzung ihres Anliegens nach Schaffung von Jugendräumen zu sichern. Die Unterstützung der Jugendgruppen bei der Bewältigung von Aufgaben, die den tatsächlichen Betrieb betreffen – z.B. Fragen der Schlüsselgewalt, Verantwortlichkeit, Kassenführung, Haftung, Umgang mit Konflikten usw. – gehören auch zum Tätigkeitsbereich der Jugendberater.

Streetworkmäßige Kontaktaufnahme zu Jugendlichen

Im Gegensatz zu in Jugendgruppen organisierten Personen ist bei Jugendlichen, die mit einem streetworkähnlichen Ansatz erreicht werden sollen, davon auszugehen, daß sich ihr Bedürfnis auf die Bereitstellung eines Treffpunktes beschränkt, der keinerlei Kontrolle unterliegt (z.B. ein Bauwagen auf freiem Feld). Die Kontaktaufnahme zu solchen Jugendlichen und jungen Erwachsenen ist erfahrungsgemäß fast nur an den Orten möglich, die ihre Treffpunkte darstellen – seien es Kneipen, Discos, Kioske, Parkanlagen usw. Es müssen Personen erreicht werden, die von sich aus die Hemmschwelle, zu einer Beratung zu gehen, nicht überwinden können. Ein Arbeitsschwerpunkt wird auch darin liegen, die Jugendlichen zu motivieren und zu befähigen, sich mit ihrem Verhältnis zu Gewalt, Alkohol, Drogen, Arbeit, Ausbildung usw. auseinanderzusetzen.

Anforderungen

Eine Jugendberatungsstelle sollte neben dem Beratungs- und Betreuungsangebot eine Funktion als Informationsbörse übernehmen und Materialien von und über für Jugendliche relevante Einrichtungen, Angebote und Veranstaltungen bereithalten. Selbstverständlich müssen je nach regionaler Besonderheit die Arbeitsschwerpunkte anders gesetzt werden.

Eine erfolgversprechende Umsetzung der beschriebenen Aufgaben stellt folgende Anforderungen an die Praktiker und die Gegebenheiten vor Ort: Generell sollte eine überschaubare Region des Landkreises von einem Team von drei sozialpädagogischen Fachkräften betreut werden. Bei der Personalauswahl ist darauf zu achten, daß einschlägige Ausbildungsschwerpunkte und Qualifikationen vorliegen (z.B. in den Bereichen Resozialisierung, Familienhilfen oder Gruppenarbeit). Wünschenswert wären eine therapeutische Zusatzausbildung sowie eine abgeschlossene handwerkliche Berufsausbildung.

Neben der fachlichen ist die personale Kompetenz der Mitarbeiter von entscheidender Bedeutung. Das Team sollte sich aus Fachkräften beiderlei Geschlechts und unterschiedlichen Alters zusammensetzen – wobei darauf zu achten ist, daß die Mitarbeiter auch ein Interesse an Mädchen- und Jungenarbeit mitbringen. Erstrebenswert ist, neben einer räumlichen Grundausstattung von einem Büro und einem Beratungszimmer einen Gruppenraum, einen Werkraum und ein kleines Café zur Verfügung zu stellen.

Um bei der Realisierung nicht bereits an Verwaltungshürden zu scheitern, bedarf der Präventionsansatz auch der politischen Akzeptanz auf Gemeinde- und Landkreisebene. Nur mit politischer Unterstützung ist es möglich, die notwendigen Haushaltmittel für eine eigenständige Beratungsstelle mit ausreichender Personal- und Sachausstattung bewilligt zu bekommen.

Jugendberatungsstellen werden wohl – so lange Haushaltmittel knapp sind – um ihre finanzielle Ausstattung kämpfen müssen, da die Einrichtungen kostenintensiv und der Erfolg von Präventionsmaßnahmen weder zu messen noch genau zuzuordnen ist.

Sotirios Andriopoulos

Jugendsozialarbeit

§ 13 KJHG

In § 13 des Kinder- und Jugendhilfegesetzes (KJHG) wird die Jugendsozialarbeit geregelt. Bereits § 5 Abs. 1 Nr. 7 des Jugendwohlfahrtsgesetzes verpflichtete das Jugendamt, die erforderlichen Einrichtungen und Veranstaltungen für Erziehungshilfen während der Berufsvorbereitung, Berufsausbildung und Berufstätigkeit einschließlich der Unterbringung außerhalb des Elternhauses anzuregen, zu fördern und gegebenenfalls zu schaffen. § 13 KJHG konkretisiert und baut die bisherige Regelung aus. Nach Abs. 1 ist die öffentliche Jugendhilfe verpflichtet, jungen Menschen, die zum Ausgleich sozialer Benachteiligung oder zur Überwindung individueller Beeinträchtigungen auf Unterstützung angewiesen sind, sozialpädagogische Hilfen anzubieten, die ihre schulische und berufliche Ausbildung und ihre soziale Integration fördern. Soweit die jungen Menschen keine Ausbildungsstelle durch Maßnahmen und Programme anderer Träger und Organisationen finden, kann die öffentliche Jugendhilfe geeignete sozialpädagogisch begleitende Ausbildungs- und Beschäftigungsmaßnahmen anbieten. Während der Teilnahme an schulischen oder beruflichen Bildungsmaßnahmen oder bei der beruflichen Eingliederung kann ihnen Unterkunft in sozialpädagogisch begleitenden Wohnformen angeboten werden (Abs. 3). Die Jugendsozialarbeit ist auf die Zusammenarbeit vieler Träger angewiesen. Abs. 4 verpflichtet die öffentliche Jugendhilfe, ihre Angebote mit den Maßnahmen der Schulverwaltung, der Bundesanstalt für Arbeit, der Träger betrieblicher und außerbetrieblicher Ausbildung sowie der Träger von Beschäftigungsangeboten abzustimmen.

Die Jugendsozialarbeit findet ihren Ansatz in der Berufs- und Arbeitswelt des jungen Menschen und hat zum Ziel, ihn über berufsbezogene, wirtschaftliche und pädagogische Hilfen so zu fördern, daß er u.a. materiell und geistig die Grundlage für seine Existenz erhält und Verantwortung für sich und seine künftige Familie in Gesellschaft und Staat übernehmen kann. Bei der Jugendsozialarbeit geht es nicht nur um im engeren Sinne berufsbezogene Hilfen. Vielmehr steht die ganzheitliche Erziehung im Mittelpunkt. Sie ist schulbegleitend, erleichtert den Übergang von der Schule in den Beruf und begleitet den jungen Menschen während der ersten Berufstätigkeit im Betrieb.

Rückblick

Die Jugendhilfe hat sich seit Bestehen des Reichsjugendwohlfahrtsgesetzes immer wieder mit Arbeitslosigkeit und Berufsnot junger Menschen auseinandersetzen müssen. Die angebotenen Hilfen waren selten auf Berufsausbildung und Beschäftigungsangebote selbst bezogen.

In der Nachkriegszeit wurden Bundesjugendpläne mit dem Schwerpunkt verabschiedet, die Jugendberufsnot zu beheben. Es sind eine Reihe von Hilfen entwickelt worden, um durch die Einrichtung von Jugendwohnheimen, gemeinnützigen Lehrwerkstätten, Förderkursen und Jugendgemeinschaftswerken die Jugendarbeitslosigkeit abzubauen. Das Jugendwohlfahrtsgesetz hat diese Entwicklung in § 5 Abs. 1 Nr. 7 rechtlich abgesichert. So sind mehr als 1.000 Jugendwohnheime entstanden. Darüber hinaus wurden offene Formen der Jugendhilfe entwickelt – mit dem Schwerpunkt der sozialpädagogischen Begleitung während des Prozesses einer beruflichen Eingliederung im Sinne der Berufsvorbereitung, der Berufsausbildung und der Berufstätigkeit.

Die ursprünglichen Formen haben sich mit den Aufgaben gewandelt. Als Reaktion auf die Jugendarbeitslosigkeit sind in den letzten Jahren eine erhebliche Anzahl von Projekten und Maßnahmen entstanden. Die meisten Projekte haben einen überwiegend sozialpädagogischen Charakter. Aufgrund der unsicheren Finanzierungsgrundlage ist eine langfristige Konzeption nicht möglich. Das Jugendwohlfahrtsgesetz konnte weitgehend der gesellschaftlichen Entwicklung nicht gerecht werden, lediglich die berufsbezogene Jugendhilfe im Heimbereich war im Jugendwohlfahrtsgesetz finanziell abgesichert.

Lange hat man versucht, die Jugendarbeitslosigkeit als ein konjunkturell zu erklärendes, vorübergehendes und überwiegend demographisch bedingtes Phänomen darzustellen. Deswegen war man der Meinung, daß zunächst nur beratende, berufsvorbereitende und berufsorientierte Maßnahmen angeboten werden brauchen. Aus einer ursprünglich eher konjunkturellen Maßnahme hat sich jedoch ein neues Feld der Jugendhilfe entwickelt. Bei dieser Entwicklung haben die Träger der freien Jugendhilfe eine zentrale Rolle gespielt. Ihnen ist weitgehend zu verdanken, daß sich die Jugendhilfemaßnahmen über den Erhalt der Arbeitskraft und die Arbeitsqualifikation hinaus an der ganzen Person und Lebenssituation des geförderten jungen Menschen orientiert.

Zielgruppen der Jugendsozialarbeit

Zielgruppen der Jugendsozialarbeit sind in der Regel junge Menschen, die an der Schwelle zum Eintritt in das Berufsleben stehen, die jedoch aufgrund von Defiziten nicht allein die Fähigkeit besitzen, den Leistungsanforderungen gerecht werden zu können. Die jugendlichen Arbeitslosen stellen keine homogene Zielgruppe dar, lassen sich jedoch nach Kategorien gruppieren: (1) Jugendliche, die keinen Arbeits- oder Ausbildungsplatz bekommen, (2) Jugendliche, die keine Ausbildung anstreben, (3) Jugendliche, die eine Ausbildung abgebrochen haben, (4) Jugendliche, die nach der Ausbildung keinen entsprechenden Arbeitsplatz gefunden haben, sowie (5) Hauptschüler mit schlechtem oder ohne Abschluß, Sonderschüler und Schüler des Berufsvorbereitungsjahres.

Im Benachteiligtenprogramm der Bundesregierung werden konkret die Zielgruppen genannt: Es handelt sich um junge Ausländer, Jugendliche, die bei Beendigung der allgemeinen Schulpflicht keinen Hauptschulabschluß oder vergleichbaren Schulabschluß erhalten haben, Abgänger aus Schulen für Lernbehinderte sowie sozial benachteiligte Jugendliche. Zu den letztgenannten gehören im Sinne des Benachteiligtenprogrammes insbesondere Jugendliche, die nach Feststellung des psychosozialen Dienstes der Bundesanstalt für Arbeit verhaltensgestört sind, Jugendliche, die öffentliche Jugendhilfe in Anspruch nehmen, soweit sie nicht in einem Heim ausgebildet werden, sowie strafentlassene Jugendliche. Aus Ursachen für die Benachteiligung werden oft ausgemacht: dauernde Überforderungen, Schulschwierigkeiten, Motivationsstörungen, Entmutigung, angeschlagenes Selbstwertgefühl, geringes Selbstvertrauen, geringes Durchhaltevermögen, Konzentrationsschwächen u.a.

Bei den Zielgruppen der Jugendsozialarbeit ist häufig ein Kreislauf von schwierigen familiären Bedingungen zu schlechter schulischer Qualifikation, zu keiner oder abgebrochener Ausbildung, zu fehlender oder minderqualifizierter Erwerbstätigkeit und zu einem Bündel an psychosozialen, kognitiven und arbeitsbezogenen Problemen festzustellen. Die arbeitslosen Jugendlichen haben oft im Verlauf ihrer »Karriere« eine Reihe von Stationen durchlaufen. Man spricht von den »Maßnahmengeschädigten«.

Aufgaben der Jugendsozialarbeit

Die Jugendberufshilfe hat weitgehend folgende Aufgaben: (1) Angebot von Hilfen zur Orientierung über die Berufswelt, (2) ergänzende Hilfe bei der Berufsfindung, (3) Hilfen zur beruflichen Fort- und Weiterbildung, (4) Hilfe zur Vorbereitung eines beruflichen Auf- oder Umstiegs und (5) Hilfen zur Klärung der beruflichen Situation in besonderen Lebenslagen. Die Jugendsozialarbeit hat zudem die Aufgabe, sich den oben genannten Gruppen zuzuwenden, mit dem Angebot von (1) psychosozialen Hilfen, (2) persönlicher Begleitung, (3) Hilfen zur Freizeitgestaltung, (4) Bildungsprogrammen sowie (5) arbeitsmotivierenden Maßnahmen.

Infolge des breiten Anforderungsspektrums hat die Jugendsozialarbeit ein integriertes Angebot von Beratung, Bildungsmaßnahmen, Beschäftigungsmaßnahmen und Initiativarbeit zu entwickeln und anzubieten. Die Jugendberatung setzt an der Problematik Schule – Ausbildung – Beruf an und wird meist allgemeine Lebensberatung im Prozeß des Heranwachsens mit all den damit verbundenen Krisen umfassen. Die Berufsvorbereitung stellt eine zentrale Aufgabe dar: Das Spektrum reicht von Bildungsmaßnahmen zum Erwerb des Hauptschulabschlusses über konkrete Maßnahmen zur beruflichen und sozialen Eingliederung ausländischer Jugendlicher, Maßnahmen mit einer Mischung von Arbeiten und Lernen, überwiegend fachpraktische Übungsmaßnahmen, das schulische Berufsvorbereitungs- und Berufsgrundbildungsjahr bis hin zu den Eingliederungs- und Förderlehrgängen der Arbeitsämter in betrieblichen und überbetrieblichen Werkstätten.

Die Jugendsozialarbeit hat zur Behebung des Lehrstellenmangels im Rahmen von verschiedenen Programmen zusätzliche Ausbildungsplätze geschaffen. Auch in Phasen der Hochkonjunktur werden bestimmte Gruppen – es handelt sich hierbei weitgehend um die klassische Klientel der Jugendhilfe – ausgegrenzt. Die öffentliche Verantwortung für Berufsausbildung und Arbeit besteht gerade dann, wenn Jugendliche vom dualen Ausbildungssystem nicht oder nicht mehr erreicht werden.

Planung und Kooperation mit anderen Trägern

Die Jugendsozialarbeit kann als Einzelfallhilfe, in Gruppenarbeit, in Gemeinwesenarbeit und mit speziellen Aus- und Fortbildungsmethoden durchgeführt werden. Im Schnittpunkt Jugend- und Arbeitsmarktpolitik haben sich Beschäftigungsprojekte entwickelt, z.B. im Rahmen der Stadterneuerung, der Wohnumfeldverbesserung, des Denkmal- und Naturschutzes sowie des Recycling, aber auch im sozialen Bereich.

Eine qualifizierte Jugendsozialarbeit verlangt Planung und planvolles Vorgehen. Aufgaben dieser Planung sind: Bedarfsermittlung, Situationsanalyse, Problemanalyse, Anstöße geben, Initiative entwickeln, auf Notwendigkeiten hinweisen, Tendenzen aufzeigen, Koordination, Öffentlichkeitsarbeit, Forschung, Lösungsvorschläge unterbreiten, Einbeziehung der Politiker.

Wichtig für den Erfolg aller Aktivitäten der Jugendsozialarbeit ist die Kooperation der Jugendhilfe mit anderen Institutionen wie Schulen und Kammern. Dem besonderen Stellenwert der Beratung, Vermittlung und Förderung durch das Arbeitsamt entsprechend, bedarf es vor allem erweiterter Kooperationsformen mit dieser Behörde. Zur Sicherung der notwendigen Zusammenarbeit der regional zuständigen Institutionen ist es angezeigt, daß das Jugendamt die Initiative zu regionalen Arbeitsgemeinschaften möglichst in Verbindung mit dem Jugendhilfeausschuß ergreift.

Die Jugendsozialarbeit versteht sich als qualifizierter Partner der Schule, der Betriebe und der Behörden, die zur Berufsvermittlung und -förderung Jugendlicher zuständig sind. Die Koordination der vorhandenen Ansätze ist wichtig. Die sozialpädagogische Fundierung aller Maßnahmen ist unerläßlich. Dies ist wichtig, weil sich die Jugendsozialarbeit als Anwalt und Fürsprecher des benachteiligten Jugendlichen, als Kontaktmittler und Katalysator sowie als Plattform für Krisenintervention versteht.

Strukturelle Veränderungen

Ausbildung, Beruf und Arbeit sind unumstritten zentrale Lebens- und gesellschaftliche Erfahrungsbereiche, die sowohl soziale und persönliche Identität vermitteln als auch die wirtschaftliche Existenz sichern. Im Sozialisations- und Eingliederungsprozeß des jungen Menschen kommt ihnen eine zentrale Bedeutung zu. Die sich fortentwickelnden Technologien schaffen einerseits neue Arbeitsplätze, führen aber auch zu einer stärkeren Differenzierung und zu hohen Leistungsanforderungen im Berufs- und Arbeitsbereich. Die neuen Technologien bedingen andererseits den Wegfall von Einfach-Arbeitsplätzen und reduzieren damit Einsatzmöglichkeiten für Un- und Angelernte. Gerade mit diesem Personenkreis hat sich die Jugendsozialarbeit zu beschäftigen.

Die Träger der Jugendsozialarbeit wollen einen längerfristigen sozialpädagogischen Auftrag erfüllen. Sie wollen nicht »Reparaturbetriebe« für Fehlentwicklungen in der Gesellschaft sein. Sie fördern deshalb Projekte mit längerfristigen Perspektiven, anerkannten Ausbildungsabschlüssen und finanzieller Absicherung der Betroffenen. Berufsausbildung und auch Beschäftigung im Rahmen der Jugendhilfe sind keine arbeitsmarktpolitischen Instrumente zur Bekämpfung der Jugendarbeitslosigkeit, sondern haben eine eigene Funktion als Erziehungsleistung. Die Veränderung der Berufsbilder, das erwartete hohe Ausbildungsniveau und die Veränderung der Arbeitsplätze werden in Zukunft trotz rückläufiger Jugendlichenzahlen vermutlich mindestens die gleiche Zahl an ausgesonderten Jugendlichen produzieren.

Mit dem KJHG wurde aufgrund der gesellschaftlichen Entwicklung, der gesammelten Erfahrungen und der massiven Forderungen der Träger der Jugendsozialarbeit versucht, den heutigen Anforderungen gerecht zu werden. Die Verankerung der Jugendsozialarbeit im KJHG wird von allen Verantwortlichen begrüßt. § 13 KJHG stellt die Grundlage für die Ausgestaltung der Jugendsozialarbeit in Gegenwart und Zukunft dar. Abs. 1 hat verpflichtenden Charakter zur Unterstützung von Jugendlichen, die Hilfen zum Ausgleich sozialer Benachteiligung und zur Überwindung individueller Beeinträchtigungen benötigen, während die Absätze 2 und 3 lediglich Kann-Bestimmungen sind. Demnach soll die Jugendhilfe sozialpädagogische Hilfe anbieten sowie eine schulische und berufliche Ausbildung, die Eingliederung in die Arbeitswelt und die soziale Integration fördern. Die Angebote von Ausbildungs- und Beschäftigungsmaßnahmen wie auch die Unterkunft in sozial begleitenden Wohnformen werden als Kann-Bestimmung dem Ermessen des Trägers der öffentlichen Jugendhilfe überlassen.

Nach § 10 Abs. 1 KJHG werden Verpflichtungen der Träger anderer Sozialleistungen nicht berührt. Leistungen anderer dürfen deshalb nicht versagt werden, weil nach dem KJHG entsprechende Leistungen vorgesehen sind. Wird Unterkunft in sozialpädagogisch begleitenden Wohnformen angeboten, beinhaltet diese Hilfe gemäß § 32 KJHG die Leistungen zum Lebensunterhalt nicht.

Insbesondere für die Kreisjugendämter ist § 89 KJHG, der die sachliche Zuständigkeit der Landesjugendämter regelt, von besonderer Bedeutung. Viele Kreisjugendämter sind bei der Wahrnehmung der Aufgaben der Jugendsozialarbeit überfordert. § 89 Abs. 2 Nr. 3 regelt: »Das Landesjugendamt ist sachlich zuständig für die Anregung oder Förderung von Einrichtungen, Diensten und Veranstaltungen sowie deren Schaffung und Betrieb, soweit sie den örtlichen Bedarf übersteigen; dazu gehören insbesondere Einrichtungen, die eine Schul- oder Berufsausbildung anbieten, sowie Jugendbildungsstätten«.

Nach § 15 KJHG regelt das Landesrecht das Nähere über Inhalt und Umfang der im ersten Abschnitt geregelten Aufgaben und Leistungen, also auch der Jugendsozialarbeit.

Ute Saher

Erzieherischer Kinder- und Jugendschutz

§ 14 KJHG

Angebote des erzieherischen Kinder- und Jugendschutzes sollen jungen Menschen und Erziehungsberechtigten gemacht werden (§ 14 Abs. 1 KJHG). Erstere sollen lernen, sich vor Gefährdungen zu schützen, und Kritikfähigkeit, Entscheidungsfähigkeit und Verantwortungsbereitschaft gegenüber anderen entwickeln (§ 14 Abs. 2 Ziffer 1 KJHG). Letztere sollen befähigt werden, Heranwachsende vor gefährdenden Einflüssen zu schützen (§ 14 Abs. 2 Ziffer 2 KJHG).

Jugendschutz als Teilgebiet der Jugendhilfe unterschied bislang zwei Handlungsfelder: den »gesetzlichen« und den »erzieherischen« Jugendschutz. Der gesetzliche Jugendschutz basiert im wesentlichen auf drei Jugendschutzgesetzen: (1) Gesetz zum Schutz der Jugend in der Öffentlichkeit (JÖSchG), (2) Gesetz über die Verbreitung jugendgefährdender Schriften (GjS), (3) Gesetz zum Schutz der arbeitenden Jugend (JArbSchG). Die gesetzlichen Auflagen sind kontrollierbar und bei Verstößen sanktionierbar. Somit fällt der größere Anteil des gesetzlichen Jugendschutzes den Ordnungsbehörden zu; Aufgabe des Jugendamtes hierbei ist es, Information, Beratung und konkrete Hilfe anzubieten und somit den präventiven Teil des gesetzlichen Jugendschutzes zu realisieren. Die Länder haben hierzu gesetzliche Regelungen geschaffen.

Erzieherischer Jugendschutz definierte sich bislang lediglich durch Erziehungsziele wie z.B. die Vermittlung von Identität, Sinn, Deutung und Perspektive oder wie die verantwortungsethische Begründung unseres Handelns gegenüber der Jugend und gegenüber uns selbst als Grundlage einer neuen Sozialethik. Hier stehen nicht Abschirmung und Bewahrung im Vordergrund, sondern die Zurüstung zur Bewährung im Umgang mit Gefährdungspotentialen, die Stärkung der eigenen Fähigkeiten, der Handlungskompetenz und des Selbstwertgefühls.

Durch den § 14 KJHG erhält der erzieherische Kinder- und Jugendschutz erstmals einen eigenständigen Paragraphen im Jugendrecht; er ist somit auch »gesetzlicher Jugendschutz«. Hierzu führt die Bundesregierung in ihrer Begründung zum Gesetzentwurf des KJHG vom 01.12.1989 aus: Das Adjektiv

»erzieherisch« wurde gewählt, um die Aufgaben der öffentlichen Jugendhilfe abzugrenzen von anderen Aufgaben des Jugendschutzes, insbesondere den in den o.g. Gesetzen geregelten Aufgaben.

Aufgaben und Ansprechpartner

Aufgaben des erzieherischen Jugendschutzes sind:
- bei Erwachsenen Interesse zu wecken, sich mit den Gefährdungen für Kinder und Jugendliche auseinanderzusetzen;
- für Kinder, Jugendliche und Erwachsene Information, Beratung und Aufklärung anzubieten bzw. Kontakt zu den jeweiligen Fachstellen herzustellen;
- Gewerbetreibende zu informieren, zu beraten und aufzuklären;
- Informationsveranstaltungen für unterschiedliche Ansprechpartner und Berufs-/Interessengruppen anzubieten;
- für konsequente und uneingeschränkte Durchsetzung der geltenden Jugendschutzbestimmungen (Alkoholverbote, Beschränkung des Tabakgenusses und zeitgemäße Mediennutzung) in der Öffentlichkeit zu werben und Verständnis zu wecken;
- Angebote alternativer, sinnvoller Freizeitgestaltung als Kontrast zu bloßem Konsum und kommerzieller Ausnutzung junger Menschen zu machen; sowie
- Konzepte für Projekte und Programme des erzieherischen Jugendschutzes zu erarbeiten und zu begleiten.

Ansprechpartner sind im wesentlichen die mit Erziehung und Ausbildung, aber auch mit Freizeitgestaltung befaßten Erwachsenen, also Eltern, Lehrer, Arbeitgeber, beruflich und ehrenamtlich in der Jugendarbeit Tätige.

Aktuelle Themen sind u.a.: Alkoholkonsum, Anregungen zu aktiver Freizeitgestaltung, Drogen, Jugendkriminalität, Jugendreligionen, Kinderarbeit, Kinderprostitution, Konsumwerbung, Medienerziehung, Okkultismus, Sexualerziehung, sexueller Mißbrauch von Kindern und Suchtproblematik. Angesichts der Ausweitung von Gefährdungspotentialen wie Freizeitindustrie, Medien- und Technologievielfalt (Kabelfernsehen, Programmvielfalt, Spielautomaten), Angebote psychischer Manipulation (neue Sekten, Psychogruppen, Okkultismus) sowie gesundheitliche Gefährdungen durch Suchtmittel und den HIV-Virus wird deutlich, wie notwendig präventive Aufgaben für junge Menschen und Erwachsene sind und wie vielgestaltig sie sein müssen. Aus der Erkenntnis heraus, daß »Gefährdungen« nicht objektiv zu definieren sind, sondern intrapersonal und/oder sozial sehr unterschiedlich aussehen und somit auch nicht generell verhindert werden können, gewinnt erzieherischer Jugendschutz als Prävention im Sinne von »den Gefährdungen zuvorkommen« eine besondere Bedeutung.

Prävention bezieht sich hier im Sinne von Primärprävention auf alle Maßnahmen, die sich allgemein auf alle Kinder/Jugendlichen, ihre Erziehung und ihre emotionale, kognitive und soziale Entwicklung beziehen, sowie im Sinne von Sekundärprävention auf eine eingeschränkte Klientel von potentiell Gefährdeten, Gefährdenden und Gefährdungen. Diese beiden Präventionsbereiche sind gemeint, wenn nachfolgend von Prävention die Rede ist, wobei berücksichtigt werden muß, daß ein großer Teil der Sekundärprävention durch den gesetzlichen Jugendschutz abgedeckt wird. Der Bereich der Tertiärprävention, der Hilfemaßnahmen für bereits vorhandene Opfer von Gefährdungen, betrifft andere Bereiche der Jugendhilfe und kann hier außer acht gelassen werden.

Ich sehe drei Ansatzpunkte zur Aktivierung und Intensivierung von erzieherischem Jugendschutz: (1) individuell, bezogen auf den einzelnen erziehenden Praktiker vor Ort (Erzieher, Lehrer, Sozialarbeiter/-pädagogen, aber auch Eltern und nicht professionell Erziehende) und die jeweilige Institution (Kindertagesstätte, Schule, Jugendeinrichtung, Bürgerzentrum, Beratungsstelle); (2) kooperativ, d.h. in der Zusammenarbeit von praktisch tätigen Einzelpersonen sowie Einzelinstitutionen; sowie (3) gesellschaftlich, in Form der politischen Absicherung als Rückendeckung.

Bezogen auf die praktische Umsetzung bedeutet dies folgendes: Der Erziehende vor Ort bedarf ergänzend zu seiner allgemeinen Berufsausbildung einer speziell auf den Präventivcharakter von erzieherischem Jugendschutz ausgerichteten, berufs- und praxisbegleitenden Ausbildung und Begleitung. Eine Rückkoppelung (z.B. in Form von fachlicher Beratung, Arbeitskreisen, Fachkonferenzen oder Supervisionsangeboten) muß jedem Mitarbeiter als Regelangebot ermöglicht werden.

Im nichtprofessionellen Bereich von Erziehung müssen Eltern und zukünftige Eltern (Schüler/Studenten) die Möglichkeit erhalten, für die vielfältigen Aufgaben des erzieherischen Jugendschutzes im Sinne von allgemeiner Prävention als Zurüstung zur eigenverantwortlichen Lebensgestaltung befähigt zu werden. Der Wille und die Bereitschaft des einzelnen Erziehenden sowie der jeweiligen Institution, diese Aufgabe mit Engagement, Phantasie und der Bereitschaft zum kritischen Hinterfragen der eigenen Arbeit anzugehen, ist hierbei natürlich eine Grundvoraussetzung.

Prävention als Vorbereitung und Training für das Leben betrifft alle Bereiche des Lebens: Erziehung und Bildung, bildende und gestaltende Künste, Musik und Tanz, Sport und Spiel, Handwerk, Philosophie, Ökonomie, Politik, Religion und Umwelt. Im Interesse von Kindern und Jugendlichen müssen Erlebnis- und Erfahrungsräume wieder entdeckt und eröffnet werden, in denen die lebensnotwendige Begegnung mit Abenteuer und Gefahren ermöglicht und trainiert werden kann. Erzieherischer Jugendschutz darf nicht in Überbehütung und »überdrehte Verantwortung« ausarten, er soll vielmehr die Fülle der Möglichkeiten des Lebens zurückgewinnen helfen, die Eigenverantwortung eines jeden trainieren und Desorientierung verhindern. Hierbei gilt es auch besonders, Rand- oder Tabuthemen, wie Suchtproblematik, Umgang mit physischer und psychischer Gewalt, Mißhandlung sowie Sexualpädagogik als Erziehung zur Liebesfähigkeit, in den ständigen Diskurs einzubeziehen und in einer fortdauernden Normen- und Wertediskussion zu reflektieren.

Projekte

In den letzten Jahren wurden zunehmend Präventionsprogramme/-projekte praktiziert, die das Anliegen von erzieherischem Jugendschutz auf sehr unterschiedliche Weise realisierten; gemeinsam ist allen, daß Spaß und das Erleben von positiven Alternativen für den Erfolg eine entscheidende Rolle gespielt haben. Für eine detaillierte Projektbeschreibung fehlt hier der Platz, aber einige Beispiele sollen genannt werden:
– In vielen Städten sind unterschiedliche Programme für preiswerte Angebote von alkoholfreien Getränken gelaufen. Wenn z.B. als Abschluß eines Namenswettbewerbs für die Werbefigur, ein Nilpferd, die erste Preisträgerin ihren Hauptgewinn bei einer Open-Air-Disco, veranstaltet von einem Regionalradiosender, erhält, wird hier die Bedeutung von Spaß, Kooperation und Öffentlichkeitsarbeit deutlich.
– Wenn Eltern in die Diskussion um Gewaltdarstellungen auf der Verpackung von Süßigkeiten für Kinder oder um die Problematik von in Parks herumliegenden Einwegspritzen von Drogenkonsumenten einbezogen werden, ergeben sich mehr pädagogische Möglichkeiten, als wenn durch die bloße Forderung von Verboten und Strafen ein Problem verfolgt wird, während viele neue entstehen.
– Wenn Kinder und Jugendliche durch eigene Videoproduktionen oder Computerprojekte den aktiven Umgang mit neuen Medien lernen, haben sie die Chance, diese zu ihrem Nutzen zu verwenden, anstatt sich vom Medium beherrschen zu lassen.
– Wenn Jugendliche z.B. bei abenteuerlichen (Nacht-)Wanderungen, Klettertouren oder Segeltörns ihre Kräfte erproben, ihre Grenzen erfahren, die Konfrontation mit Naturelementen und mit ihrer eigenen natürlichen Angst erleben, sind sie weniger auf die protzige Demonstration ihrer vermeintlichen »Stärke« in für sie und andere negativer Form angewiesen.

Zahlreiche weitere Beispiele wie Kinder- und Jugendfarmen, Jugendcafes, Fußball-Fan-Clubs, spezielle Schülerprojekte, Gesundheits- und Umweltinitiativen, Friedens- und Dritte-/Eine-Welt-Aktivitäten, Stadtteilaktionen und Stadtteilfeste, Gesprächskreise für Erwachsene und Jugendliche gemeinsam, Fortbildungsveranstaltungen zum Thema »Suchtprävention im Kindergarten«, offene Veranstaltungen z.B. in Kooperation mit der Volkshochschule zu Tabuthemen wie »sexueller Mißbrauch« ... nennen Handlungsfelder des erzieherischen Jugendschutzes. Daß das eine Arbeit von und für Jahre ist, versteht sich von selbst. Hier kommt es nicht auf einzelne reißerische Glanznummern an, sondern auf eine ausdauernde, kontinuierliche Arbeit, die immer wieder neue Aspekte und andere Schwerpunkte aus dem Alltagsleben der Menschen anrührt und besonders beleuchtet.

Analog zu anderen Sach- und Fachgebieten braucht erzieherischer Jugendschutz Regionalzentren, mit Fachleuten, einer Fachbibliothek, einer entsprechenden Medienausstattung, einem permanenten Angebot von Beratungs- und Fortbildungsmöglichkeiten. Hier müssen Planung, Koordination, Fachberatung, Förderung, Schulung und Öffentlichkeitsarbeit sowie wissenschaftliche Begleitung (Analyse, Auswertung, Bedarfsplanung) angesiedelt sein.

Schlußbemerkung

Erzieherischer Jugendschutz als umfassendes Präventionsangebot darf nicht auf die persönliche Einsatzbereitschaft von engagierten Einzelkämpfern beschränkt bleiben; er muß einen eigenen Stellenwert erhalten und entsprechend ausgestattet werden. Das bedeutet für jedes einzelne Jugendamt, daß erzieherischer Jugendschutz nicht länger als Alibi, Randgebiet oder als Teilbereich von Mitarbeitern, die mit noch vielen anderen Aufgaben der Jugendpflege betraut sind, miterledigt werden kann. Erzieherischer Jugendschutz fordert die ganze Person vor Ort. Das hat sicher eine Menge mit Geld zu tun – Geld für qualifiziertes Personal und die notwendige Ausstattung der jeweiligen Arbeitsplätze. Deren Zahl muß wesentlich vergrößert werden, einmal aufgrund der Vielfalt der Aufgaben, zum anderen aufgrund der vom Gesetz vorgesehenen Ausdehnung der Altersgruppe bis maximal 27 Jahre.

Auch nicht nur der finanzielle Aspekt ist ein entscheidender Faktor. Die Frage, welchen Stellenwert und welche Wertschätzung in unserer Gesellschaft, bei jedem einzelnen von uns und bei den Verantwortung tragenden und politisch entscheidenden Personen Erziehung, Prävention und erzieherischer Jugendschutz erhalten, ist entscheidend für das Maß an Menschlichkeit und Lebensqualität in unserem Lebensumfeld.

Ludmilla Eisenbraun und Elke Schulz-Müllensiefen

Familienbildung

§ 16 Abs. 2 Ziffer 1 KJHG

Das KJHG stellt die Grundlage für eine sozialpädagogisch fundierte, familienunterstützende und familienergänzende Jugendhilfe mit dem Schwerpunkt auf Prävention dar. Mit § 16 KJHG wird richtungsweisend der zweite Abschnitt »Förderung der Erziehung in der Familie« eröffnet. Neben dem § 1 des KJHG »Recht auf Erziehung, Elternverantwortung, Jugendhilfe« steht er in direktem Bezug zum Grundgesetz (Art. 6 GG).

Nach dem Jugendwohlfahrtsgesetz (JWG) war das Kind vorrangig Subjekt der Jugendhilfe. Familienunterstützende Angebote und Maßnahmen konnten nur als freiwillige Leistung vom Jugendamt finanziert werden, wobei die Kämmereien stets die Subsidiarität dieser Maßnahmen in bezug auf gesetzliche Aufgaben der Jugendhilfe gewertet haben. Hingegen haben nach dem KJHG nun die Eltern das Recht, leistungsberechtigte Subjekte der Kinder- und Jugendhilfe zu sein. Eltern erhalten als eigene Zielgruppe einen neuen Status. Gerade in bezug auf § 16 KJHG mit dem Postulat der allgemeinen Förderung der Erziehung in der Familie hat dieser Sachverhalt eine wesentliche Bedeutung. Dem ganzheitlichen Lebensbezug von Kindern, Jugendlichen und deren Eltern wird Rechnung getragen. Das Wohl der Kinder, Jugendlichen und jungen Erwachsenen steht im systemischen Kontext zum Wohl der Familie. Hierdurch erhalten familienunterstützende Leistungen der Kinder- und Jugendhilfe und die Förderung der Erziehung in der Familie als Rechtsanspruch den Rang, der ihnen gesellschaftspolitisch zusteht. Daraus ergibt sich die Konsequenz, daß auch für die »Allgemeine Förderung der Erziehung in der Familie« nach § 16 KJHG haushalts- und finanztechnisch entsprechende Mittel eingestellt werden müssen.

Dies gilt auch für die Familienbildung. Sie soll nach § 16 Abs. 1 Ziffer 1 KJHG junge Menschen auf Partnerschaft, Ehe und das Zusammenleben mit Kindern vorbereiten, den Bedürfnissen und Interessen von Familien in verschiedenen Lebenslagen und Erziehungssituationen entgegenkommen sowie die Familie zur Mitarbeit in Erziehungseinrichtungen und Formen der Selbst- und Nachbarschaftshilfe befähigen. Die Wahrnehmung der Erziehungsverantwortung durch Mütter, Väter und andere Erziehungsberechtigte soll gefördert werden, wobei auf deren aktive Mitwirkung großer Wert gelegt wird. Die jeweiligen Maßnahmen müssen entsprechend der individuellen Situation der einzelnen Familien entwickelt und fortgeschrieben werden (Lebensweltorientierung).

Familienbildung durch die Kommune

Familienbildung im Sinne des § 16 KJHG hat in Städten, Gemeinden und Landkreisen schon eine sehr lange Tradition. So bestehen vielerorts Familienbildungsstätten, die heute einen ganzheitlichen, systemischen Ansatz haben. Waren früher junge Frauen und Mütter die Zielgruppe, so wird nun die ganze Familie einbezogen – z.b. durch Väter- und Kindergruppen oder Miniclubs. Das Jugendamt trägt auch in diesem Bereich die Gesamtverantwortung in Hinsicht auf Anregung, Planung und Durchführung von Maßnahmen. Die Arbeit der Einrichtungen wird nach fachlichen Kriterien gewürdigt und im Rahmen verfügbarer Haushaltsmittel finanziell gefördert.

Familienbildung kann aber auch durch die Kommune direkt geleistet werden – hierauf wird in diesem Beitrag der Schwerpunkt liegen. Seit Mitte der sechziger Jahre werden beispielsweise vom Stadtjugendamt München Elternbriefe erstellt und allen Münchner Eltern ab Geburt ihres ersten Kindes kostenlos und turnusmäßig dem Alter entsprechend unaufgefordert zugesandt. Ziel dieser Form der Eltern-/Familienbildung ist, die Eltern kontinuierlich und entsprechend ihrer aktuellen Interessenslage in bezug auf den Entwicklungsstand ihres Kindes zu erreichen, ihnen Informationen anzubieten und mögliche Formen des Erziehungsverhaltens nahezubringen. Die Erziehungskompetenz der Eltern soll durch schriftliche Beratung gestärkt und gegebenenfalls erweitert werden. Die Eltern erhalten dadurch u.a. mehr Sicherheit im Umgang mit ihrem Kind und Vertrauen in ihr eigenes Erziehungsverhalten sowie Anregungen zur Reflexion über ihr eigenes und das Verhalten ihres Kindes. Es werden Hinweise auf eventuell einmal notwendig werdende Beratungsmaßnahmen, wie z.B. Mütterberatung, Erziehungsberatung, Jugendamt usw. gegeben. Die Elternbriefe umfassen derzeit den Entwicklungszeitraum bis zum 11. Lebensjahr.

Analog zu den deutschsprachigen Elternbriefen werden seit 1984 Elternbriefe auf Kassetten in türkischer, jugoslavischer, griechischer und italienischer Sprache versandt. Der Bevölkerungsanteil von ausländischen Mitbürgern in München beträgt derzeit knapp 16%. Die Stärkung der Erziehungsfähigkeit von ausländischen Familien in ihrer Muttersprache ist eine wesentliche

Aufgabe im präventiven Bereich der Familienbildung. Durch Information und konkrete Hilfestellung wird zugleich ein aktiver Beitrag bei der Integration der ausländischen Familien geleistet. Die Kassetten in der Muttersprache begleiten die Eltern derzeit bis zum 8. Lebensjahr ihres Kindes.

Neben den Elternbriefen/Elternkassetten werden vom Stadtjugendamt München offene Elternarbeit in Stadtteilen mit unzureichender sozialer Infrastruktur (z.b. Neubaugebiete) und Integrationshilfen für ausländische Kinder und deren Eltern in Stadtteilen mit hohem Ausländeranteil angeboten – in Form von Gruppenarbeit, Spielplatzaktionen, Informationsständen usw. Freien Trägern der Elternarbeit und Familienbildung, wie z.b. Familienbildungsstätten und Mütterzentren, sowie von Ausländereinrichtungen wird fachliche Beratung angeboten.

Beim Stadtjugendamt München wird in fast allen Bereichen auch begleitende Förderung der Erziehung in der Familie im Sinne von Familienbildung angeboten, wie z.b. Pflegeeltern-Gruppenarbeit oder gezielte Elternberatungsangebote in den städtischen Säuglings- und Kleinkinderkrippen.

Förderung von Selbsthilfemaßnahmen

Auch in vielen Selbsthilfegruppen wird direkt oder indirekt Familienbildung betrieben. So hat der Münchner Stadtrat 1984 die Förderung von Selbsthilfeinitiativen im Gesundheits- und Sozialbereich beschlossen. Selbsthilfe soll das bestehende Netz von sozialen Leistungen und Diensten im sozialen und gesundheitlichen Bereich durch das Anbieten konkreter Lebenshilfen ergänzen. Im Bereich der Eltern-Kind-Initiativen ist für das Jugendamt besonders wichtig, daß das bestehende Leistungsangebot von Betroffenen (Müttern, Vätern, Familien, Alleinerziehenden u.a.) durch aktive Einbringung ergänzt und unterstützt wird. Bei Gruppen, die ausschließlich unter das KJHG fallen, ist eine positive Stellungnahme des Jugendamtes Voraussetzung für die Förderung. Nach drei Jahren kann u.U. die Übernahme der Förderung durch das Jugendamt erfolgen.

Elternbildungsmaßnahmen etwa durch selbstorganisierte Eltern-Kind-Gruppen und Initiativen oder Mütterzentren tragen auf vielfältige Weise dazu bei, Eltern und Familien mehr Sicherheit und Vertrauen in der Ausübung ihres Erziehungsauftrages zu geben. Dadurch kann das Eltern-Kind-Verhältnis positiv beeinflußt und den Kindern weitgehend ein Sozialisationsfeld bereitet werden, das sie zur Entwicklung einer eigenverantwortlichen und gemeinschaftsfähigen Persönlichkeit brauchen.

Dieter Greese

Beratung in allgemeinen Fragen der Erziehung und Entwicklung

§ 16 Abs. 2 Ziffer 2 KJHG

Der § 5 JWG machte den Jugendämtern in sehr allgemein gehaltener Formulierung zur Pflicht, dafür zu sorgen, daß Einrichtungen und Veranstaltungen für die Beratung in Fragen der Erziehung in erforderlichem Umfang zur Verfügung stehen. Das KJHG trägt der nach den 68 Geltungsjahren des JWG zu verzeichnenden fachlichen Entwicklung durch eine differenziertere rechtliche Gestaltung Rechnung.

Beratung in Fragen der Erziehung taucht hier zweimal auf. Im 2. Abschnitt des 2. Kapitels, das die Leistungen der Jugendhilfe enthält, wird sie eingesetzt als Instrument zur Förderung von Familien, soweit es um allgemeine Fragen der Erziehung und der Entwicklung junger Menschen geht. Hierbei ist der Begriff »Entwicklung« von besonderer Bedeutung, weil mit »junger Mensch« alle Personen bis zu 27 Jahren gemeint sind. Die Leistung zielt daher auch auf das Zusammenleben von Eltern mit volljährigen Kindern ab, die im Sinne dieses Gesetzes nicht mehr »erzogen« werden können, deren Entwicklung aber nicht abgeschlossen sein muß. Dagegen wird in § 28 KJHG Erziehungsberatung als eine Form der erzieherischen Hilfe für die Bewältigung gravierender erzieherischer Probleme mit Minderjährigen als Pflichtleistung mit individuell einklagbarem Rechtsanspruch für die Personensorgeberechtigten eingeführt.

Wahrscheinlich ist es Ausfluß der JWG-Formulierung »Einrichtungen und Veranstaltungen«, daß für das im § 5 Abs. 1 Ziffer 1 JWG aufgezählte Aufgabenfeld der Beratung in Fragen der Erziehung – neben der faktischen Beratungstätigkeit von Fachkräften auf allen Ebenen der Jugendhilfe – spezielle Beratungseinrichtungen entstanden sind, die sich ausschließlich und mit besonderer Fachlichkeit der Beratungstätigkeit widmen. In einer Gesellschaft, die im Zuge von Modernisierungsprozessen Orientierung immer schwerer macht, ist der Bedarf an kompetenter Beratung immer größer geworden. So braucht es heute schon fast wieder einer sozialpädagogischen Institutionenberatung, um in der fast unüberschaubar gewordenen Vielfalt von Einrichtungen zur Ehe-, Familien- und Lebensberatung, Schwangerschafts- und Schwangerschaftskonfliktberatung, Sexualberatung, psychosozialen Beratung, Drogen-

und AIDS-Beratung sowie Schuldnerberatung das jeweils individuell Richtige zu finden.

Soweit Beratung in solchen spezialisierten Einrichtungen stattfindet, spricht die Jugendhilfe von »institutioneller« Beratung. Da das KJHG die für institutionelle Erziehungsberatung kennzeichnenden Standards in § 28 aufführt, darf rückgeschlossen werden, daß mit der Formulierung »Beratung in allgemeinen Fragen ...« (§ 1 Abs. 2 Ziffer 2 KJHG) das gemeint ist, was die Fachwelt »funktionale« Beratung nennt.

Funktionale Beratung

Funktionale Beratung bedeutet, im Rahmen seiner jeweiligen Aufgaben und Zuständigkeiten im Kontext der Erfüllung der Gesamtaufgabe unter anderem auch zu beraten. Angewendet auf das Aufgabenfeld der Jugendhilfe wird damit den Fachkräften in allgemeinen und spezialisierten sozialen Diensten, in Tageseinrichtungen für Kinder, in Jugendfreizeitstätten und Einrichtungen der erzieherischen Hilfe zur Pflicht gemacht, bei Bedarf durch Beratungsgespräche Mütter, Väter und andere Erziehungsverantwortliche zu befähigen, ihre Erziehungsverantwortung besser wahrzunehmen (§ 16 Abs. 1 Satz 2 KJHG).

In der Ausrichtung auf die originäre Verantwortung der Eltern wird deutlich, daß durch diese Form der Beratung nicht therapeutisch in das Beziehungsgefüge von Eltern und Kindern eingegriffen, Erwachsene nicht zu quasi Patienten gemacht und an Kindern nicht selbst Erziehung vorgenommen werden soll (siehe § 27 Abs. 3 KJHG).

Funktionale Beratung im Sinne des § 16 Abs. 2 Ziffer 2 KJHG meint die Übermittlung von Informationen zur besseren Bewältigung des familialen Erziehungsalltags vor dem Hintergrund der Sichtweisen und eigenen Erfahrungen der Fachkräfte mit den jungen Menschen. Hier geht es mehr um handlungsbezogene Ratschläge als um intensive diagnostische Problemabklärungen.

Beratung in allgemeinen Fragen der Erziehung und Entwicklung junger Menschen vollzieht sich z.B. in Sprechstunden und Hausbesuchen der Sozialarbeiter in sozialen Diensten, wenn es um Schulversagen, Verhaltenskonflikte, problematisches Freizeitverhalten, Sorgerechtsregelungen, Besuchskontakte u.a. geht. In Tageseinrichtungen für Kinder suchen Eltern das Gespräch mit den Erziehern und Sozialpädagogen oder diese mit Eltern, wenn Kinder zu Hause oder in der Einrichtung durch Ängste, Aggressionen oder andere Verhaltensstörungen auffallen. In der Jugendeinrichtung bitten Jugendliche um Vermittlung in schwierigen Beziehungskonflikten mit Eltern, Lehrern, Ausbildern, Freunden und Freundinnen. Pflegeeltern müssen beratend unterstützt werden, z.b. wenn die Herkunftseltern in unangemessener Weise Rechte am Kind geltend machen und das Kind dadurch in Mitleidenschaft gerät. Der Jugendgerichtshelfer bezieht auch die Eltern ein, wenn dem delinquenten Jugendlichen ein Prozeß droht. Der Amtsvormund bzw. -pfleger wird sich ebenfalls bemühen, Eltern zu beraten, was es für ihr Kind bedeuten könnte, wenn z.b. ihnen die erzieherische Verantwortung in vollem Umfang zurückgegeben würde. Soweit er sich hierfür nicht als kompetent erachtet, wird er für diesbezügliche Beratungen Unterstützung von einer sozialpädagogischen Fachkraft erbitten. Der Besuch eines Heimkindes durch seine Eltern wird nicht selten vom pädagogischen Fachpersonal zum Anlaß für eine Beratung genommen.

Diese funktionale, allgemeine erzieherische Beratung kann auch gruppenbezogen erfolgen, z.b. im Rahmen von Elternabenden in Tageseinrichtungen für Kinder, in Vorbereitungstreffen für Ferienmaßnahmen von Verbänden und Einrichtungen, in Pflege- und Adoptiveltergruppen, in Gruppen Alleinerziehender, bei Informationsabenden und Kursen in Familienbildungsstätten usw.

Funktionale erzieherische Beratung nach § 16 KJHG ist dem Grunde nach eine unbestimmte Pflichtleistung. Sie soll in situativer Angebotsform erbracht werden. Das klingt zunächst im Vergleich zu § 28 nach relativ schwacher Legitimation. Das ändert sich aber, wenn man den Kontext zu den §§ 13–15 Sozialgesetzbuch, Allgemeiner Teil, sieht. Danach hat jeder Anspruch auf Beratung über seine Rechte und Pflichten nach den Einzelgesetzen des SGB. Das KJHG ist das 8. Buch des SGB. Es wiederholt in seinem § 1 den Art. 6 Abs. 2 GG, wonach u.a. Erziehung Recht und Pflicht der Eltern ist, und gibt den jungen Menschen selbst ein Recht auf Förderung ihrer Entwicklung. Anspruch auf Beratung muß demnach heißen, daß nicht nur Rechte und Pflichten aufgezählt werden, sondern auch vermittelt wird, in welcher Weise und nach welchen kindbezogenen Qualifikationsanforderungen sie wahrzunehmen bzw. einzulösen sind.

Ausbildung und Qualifikation

Dies wiederum macht es der Jugendhilfe zur Pflicht, auch im Bereich der funktionalen Beratung fachlich anspruchsvoll und zuverlässig zu operieren. Deshalb sei hier auf den § 72 Abs. 1 KJHG verwiesen, wonach die in den Feldern der Jugendhilfe tätigen Personen für ihre jeweilige Aufgabe qualifiziert und kompetent sein müssen. Dazu gehört immer auch die Fähigkeit zu beraten, heute mehr denn je.

Beratung ist methodisch als ein aktivierender Verständigungsprozeß zu sehen, der es der Fachkraft verbietet, rezepthaft belehrend auf subjektiven Eigenwertungen zu beharren. In der Sozialarbeiterausbildung an Fachhochschulen gehören Angebote in methodischer Gesprächsführung als Instrumentarium für fachlich qualifizierte Beratungstätigkeit in der Regel zu den Ausbildungsinhalten. Leider ist nicht durchgehend sichergestellt, daß von diesen Angeboten hinreichend Gebrauch gemacht wird.

Deutlich defizitärer ist diesbezüglich die Ausbildung auf Fachschulebene. Hier dominiert unterrichtlich vermittelte, vielfach unverbundene Stoffvielfalt vordergründig instrumentellen Charakters. Solange hier keine der Aufgabe angemessene Ausbildungsreform Platz gegriffen hat, ist es Sache der Institutionen bzw. Anbieter von Fort- und Weiterbildung, für eine entsprechende Nachqualifizierung Sorge zu tragen.

Bernhard Jans

Familienfreizeit und Familienerholung

§ 16 Abs. 2 Ziffer 3 KJHG

Die Formulierung des § 16 KJHG hat eine bewegte Geschichte. Bereits der
Referentenentwurf zum Kinder- und Jugendhilferecht veranschaulichte den
beabsichtigten erweiterten Ansatz gegenüber dem Jugendwohlfahrtsgesetz
und stellte in seiner Grundstruktur ab auf die Prävention und somit auf eine
Förderung und Unterstützung der Familien in der Ausübung ihrer Erziehungsaufgaben. Damit wird die bereits im Grundgesetz benannte Aufgabe und
Pflicht der Familie nunmehr auch für das KJHG abgeleitet, die zentrale Stellung der Familie in der Erziehung der Kinder entsprechend anerkannt und festgeschrieben. Zumindest im Referentenentwurf war noch durchgängig vorgesehen, der Vorbeugung Priorität zu geben vor Eingriffsmaßnahmen. Eltern
sollten von vornherein bei der Erziehung ihrer Kinder unterstützt werden; es
sollte nicht abgewartet werden, bis problematische Familiensituationen bzw.
konkrete Gefährdungen vorliegen. Folgerichtig hieß es im Referentenentwurf,
daß Eltern und anderen Erziehungsberechtigten Angebote der Familienerholung im örtlichen und überörtlichen Bereich gemacht werden sollen, welche
die Unterstützung bei der Erziehung der Kinder einschließen.

Der dann vorgelegte Regierungsentwurf schränkte den Präventionsansatz
merklich ein: Nicht mehr alle Familien sollten gefördert werden, sondern nur
noch Familien in belastenden Familiensituationen. Abgesehen davon, daß
kaum jemand wissen kann, was solche belastenden Familiensituationen sind,
und damit der Spielraum möglicher Interpretationen sehr breit ist, wird der
präventive Ansatz verlassen und auf eine besondere Gruppe von Familien eingegrenzt. Damit wäre nicht nur eine Stigmatisierung der Familien in Familienferienmaßnahmen eingeleitet, sondern auch durch die einseitige Auswahl der
übergreifende Ansatz der Prävention sowie das Grundkonzept von Familienferien durchbrochen, möglichst in ihren Merkmalen verschiedene Familien
einzubeziehen.

Noch problematischer war dann der Vorschlag des Bundesrates, die Worte
»in belastenden Familiensituationen« durch »insbesondere für sozial schwache Familien« zu ersetzen. Äußerst bedenklich ist schon der Begriff »sozial

schwache Familien«; die vorgenannten Befürchtungen werden durch diese Begriffswahl noch verstärkt. Das Wort »insbesondere« erweiterte die Blickrichtung jedoch wieder auf alle Familien hin.

In verschiedenen Stellungnahmen, unter anderem auch in derjenigen des Katholischen Arbeitskreises für Familien-Erholung, wurde gefordert, daß alle Familien einzubeziehen seien, eine besondere Förderung für einkommensschwächere und kinderreiche Familien vorzusehen sei und die erzieherische Betreuung der Kinder während der Ferienmaßnahme gesichert sein muß.

Diese Elemente sind weitgehend im neuen Gesetzestext enthalten, der aus Sicht der Familienerholung durchaus zu begrüßen ist. Auf Familienfreizeiten und Familienerholung wird besonders in § 16 Abs. 2 Ziffer 3 KJHG verwiesen. Hier heißt es, daß diese Angebote insbesondere in belastenden Familiensituationen erfolgen und bei Bedarf die erzieherische Betreuung der Kinder umfassen sollen. Wie im gesamten KJHG läßt jedoch der Ländervorbehalt breite Spielräume offen.

Die Förderung der Familienferien

Die Förderung der Familienferien und der Familienerholung erfolgt derzeit durch
— Zuschüsse zu den Investitionen für die Träger von gemeinnützigen Ferienstätten sowie durch
— Individualzuschüsse für die Familien selbst.
— Häufig bieten Diözesen, Pfarrgemeinden oder Kommunen, bei Investitionen gegebenenfalls auch der Denkmalschutz, ergänzende Zuschüsse.
Investitionszuschüsse werden gemeinnützigen Trägern von Familienferienstätten durch den Bund und die Länder gewährt; diese tragen bei bewilligten Baumaßnahmen in der Regel je ein Drittel der Investitionskosten; das verbleibende Drittel sind Eigenmittel des jeweiligen Trägers. Auf diese Weise werden bereits die Grundkosten des laufenden Betriebs ermäßigt, da der Aufenthaltspreis für die Familien nur begrenzt Investitionskosten einbeziehen muß. Zuschüsse zu den laufenden Betriebskosten werden nicht gewährt; eine Ausnahme bilden zum Teil Zuschüsse für die pädagogische Betreuung.

Während diese Investitionsmittel dem Träger gezahlt werden und so die Tagessätze für alle Familien ermäßigen, kommen die sogenannten Individualzuschüsse gezielt bestimmten Familien zugute; die Bestimmungen sind so gefaßt, daß Familien mit geringem Einkommen berücksichtigt werden und die Zuschüsse mit zunehmender Kinderzahl steigen. Die Regelungen für Individualzuschüsse sind von Bundesland zu Bundesland unterschiedlich; dies betrifft sowohl die allgemeinen Voraussetzungen für die Gewährung von Zuschüssen als auch die Einkommensgrenzen, die geforderte Urlaubsdauer, die Zuschußleistungen und das Antragsverfahren als auch die zuständigen Stellen. Alle Bestimmungen sind sehr detailliert und weichen von Bundesland zu Bundesland stark voneinander ab.

Die Höhe der Zuschußleistungen ist von Bundesland zu Bundesland äußerst unterschiedlich. Wird ausschließlich kindbezogen gefördert, betragen die Fördersätze zwischen 8 und 25 DM pro Tag und Kind; wird erwachsenen- und kindorientiert gefördert, betragen die Sätze – oft auch gestaffelt nach Altersgruppen – pro Tag und Teilnehmer zwischen 5 und 25 DM. In einem Bundesland wird sehr variabel nach Einkommen und Kinderzahl zwischen 1 DM und 20 DM pro Person und Tag gestaffelt. Ein Beispiel: Kostet ein vierzehntägiger Aufenthalt in einer Familienferienstätte für eine vierköpfige Familie z.B. 1.900 DM, kann sich dies in Rheinland-Pfalz auf ca. 1.400 DM, in Hessen auf 1.200 DM oder in Bremen auf bis zu 1.000 DM ermäßigen. In den neuen Bundesländern gibt es noch keine Individualzuschüsse.

Die Mindestdauer eines geförderten Ferienaufenthaltes muß meist 14 Tage, zum Teil auch nur 10 Tage betragen; die meisten Bundesländer fördern bis zu einer Höchstdauer von 21 Tagen.

Anbieter und Angebote

Familienferien lassen sich äußerst unterschiedlich, entsprechend der verschiedenen Bedürfnisse von Familien, verbringen. Ein Teil dieses möglichen Spektrums wird durch das neue Kinder- und Jugendhilferecht gefördert, sofern es dem Grundanliegen des KJHG und den derzeit vorliegenden Bestimmungen über die Bezuschussung entspricht. Von seiten der Kommunen ist dieses Spektrum zu nutzen und gegebenenfalls mit eigenen Angebotsstrukturen zu versehen; hinzu sollten vor allem Fördermodelle für besondere Zielgruppen oder für die pädagogische Betreuung entwickelt werden.

In einigen Bundesländern überschneiden sich durch die Förderrichtlinien die Grenzen zwischen einerseits kommerziellen bzw. privaten Angeboten und andererseits gemeinnützigen Angeboten. Förderungsfähig sind im Regelfall Aufenthalte bei gemeinnützigen Trägern von Anlagen oder Maßnahmen, zum Teil aber auch Aufenthalte, die von den Familien selbst bei privaten familienfreundlichen Anbietern (z.B. Ferien auf dem Bauernhof, auf dem Campingplatz, in anerkannten Ferienorten) oder sogar bei beliebigen Anbietern gebucht werden.

Bei den gemeinnützigen Anbietern ist zu unterscheiden zwischen Maßnahmeträgern und Trägern von Ferienstätten. Maßnahmeträger sind Anbieter, die vorwiegend in den Ferienzeiten oder zu besonderen Anlässen Ferienmaßnahmen für Familien organisieren und für die Durchführung entsprechende Anlagen, Ferienstätten bzw. Ferienhäuser anmieten; die Maßnahmen werden von den Trägern ausgeschrieben und großteils mit Betreuung durchgeführt. Zu den Maßnahmeträgern gehören u.a. die Wohlfahrtsverbände bzw. deren regionalen Untergliederungen, Familienverbände, Jugendämter oder kleinere gemeinnützige Vereine. Aufenthalte in Familienferienstätten sind meist das ganze Jahr hindurch möglich; Familien können sich direkt an die Ferienstätten wenden und ihren Aufenthalt buchen. Maßnahmeträger schreiben ihre Ferienmaßnahmen meist regional, öffentlich und zielgruppenbezogen aus.

Familienferienstätten

In der Bundesrepublik Deutschland gibt es derzeit ca. 170 gemeinnützige Familienferienstätten. Dazu gehören zum Teil Feriendörfer, zum Teil geschlossen gebaute Anlagen mit familienfreundlichen Appartements, Doppel- oder Mehrbettzimmern. Grundsätzlich sind verschiedene Gemeinschaftsräume vorhanden; es gibt Sporthallen, Büchereien, Spielzimmer, Grillhütten, Abenteuerspielplätze, Schwimmbäder usw. Alle Freizeitgestaltungsmöglichkeiten sind auf die Bedürfnisse von Familien abgestimmt. Vor allem in der Ferienzeit ist nicht nur für die Betreuung der Kinder und Programme für Jugendliche gesorgt, sondern auch für offene Angebote wie Spiel, Fest und Geselligkeit für die Eltern oder die ganze Familie. Die meisten Ferienstätten bieten Vollpension an; Selbstverpflegung ist weitgehend nur in Ferienhausanlagen möglich. Die Ferienstätten liegen allesamt in Gebieten, die für einen Familienurlaub geeignet sind.

Maßnahmen

Anhand der Bestimmungen des KJHG lassen sich Merkmale für Familienferien auflisten und als Anforderungen formulieren:

(1) Es ist ein Angebot zu schaffen: Das KJHG verweist in verschiedenen Bestimmungen darauf, daß die Träger der Jugendhilfe – öffentliche wie freie – ein Angebot zur Unterstützung der Familien zu schaffen haben. Angebote der freien Jugendhilfe sind durch öffentliche Träger zu unterstützen. Dies betrifft auch den Bereich der Familienferien und -erholung.

(2) Die Maßnahmen beziehen sich auf Freizeit und Erholung: Freizeit und Erholung grenzen das Spektrum möglicher Einrichtungen wie möglicher Maßnahmen z.B. von Bildung oder Beratung ab. Freizeit schließt unmittelbare pädagogische Absichten des Veranstalters aus. Die Teilnahme von Familien an den Freizeitprogrammen erfolgt selbstverständlich auf freiwilliger Basis. Die Begriffe der Freizeit und der Erholung schließen zudem nicht verplante Tagesabläufe, spontane Entscheidung, ein selbstbestimmtes Mischungsverhältnis von Aktivität und Ruhe, Spiel und Spaß, ein.

(3) Die Maßnahmen wenden sich an Familien: Die Verwendung dieses Begriffs verweist darauf, daß bei aller Unspezifiziertheit des Familienbegriffs nur an Maßnahmen gedacht ist, die nicht auf spezifische Altersgruppen (z.B. Jugenderholung) o.ä. bezogen sind, sondern auf solche, die zumindest Eltern und Kinder umfassen; dies schließt alleinerziehende Eltern ein. Gegebenenfalls ist auch an Mehrgenerationenferien zu denken.

(4) Zielgruppe sind alle Familien, insbesondere jedoch solche in belastenden Familiensituationen: In Maßnahmen der Familienfreizeit und -erholung soll soweit möglich versucht werden, besondere Belastungssituationen von Familien aufzufangen. Dies geschieht durch finanzielle Förderung, durch Bereitstellung einer familienfreundlichen Ferienanlage sowie durch ein Freizeitprogramm in der Ferienstätte oder bei der Maßnahme, gegebenenfalls auch durch eine qualifizierte Begleitung. Die Formulierung »insbesondere« verweist darauf, daß es durchaus möglich ist, in Maßnahmen nur Familien mit besonderen Belastungen aufzunehmen. Sie läßt aber auch die Möglichkeit offen, durch Einbeziehung von Familien aus verschiedensten Lebenssituationen gegenseitiges Lernen, Verständnis und Solidarität zu entwickeln. Beide Möglichkeiten haben, je nach Lebenssituation der Familien, je nach Aktualität und Problemlagen usw. ihre Vor- und Nachteile. Vor der Durchführung einer Maßnahme ist somit eine zielgruppenorientierte Entscheidung des Veranstalters erforderlich.

(5) Familien sind bei der Erziehung ihrer Kinder zu unterstützen: Maßnahmen der Familienerholung und der Familienferien sind so zu konzipieren, daß sie die Familien in ihrer Erziehungsaufgabe stärken. Dabei ist der zentrale Aspekt des KJHG, die Prävention, in das Gesamtkonzept von der Gestaltung der Unterkunft bis hin zu Freizeitangeboten einzubeziehen. Es sind im Urlaub im Regelfall keine gezielten pädagogischen Programme erforderlich, noch weniger gewünscht, sondern vielmehr wird eine familienfreundliche Umfeldgestaltung bis hin zur Animation erwartet.

(6) Bei Bedarf ist eine erzieherische Betreuung der Kinder anzubieten: Das KJHG bietet die Möglichkeit, zur Unterstützung der Maßnahmen eine erzieherische Betreuung der Kinder durchzuführen. Das KJHG läßt aufgrund des

präventiven Ansatzes die Interpretationsmöglichkeit offen, dieses Angebot zu einer Begleitung der Eltern zwecks Förderung ihrer erzieherischen Fähigkeiten zu erweitern.

Vermittlung von Maßnahmen

Sofern kein eigenes Angebot von einem Jugendamt, Verband oder anderen Trägern ausgeschrieben wird, sollten zumindest die vorhandenen Angebote vermittelt werden. Entweder sind regional andere Veranstalter aktiv, über die Familien in Ferienaufenthalte vermittelt werden können, oder es gibt über bundesländerweite oder bundesweite Verteiler Informationen über Angebote an Familienferienmaßnahmen.

Die Arbeitskreise für Familienerholung, also die Zusammenschlüsse von gemeinnützigen Familienferienstätten bzw. Maßnahmeträgern, verfügen über diesbezügliche Informationen; der ADAC gibt alljährlich im Auftrag des Familienministeriums ein Verzeichnis mit familienfreundlichen Ferienangeboten und Ferienorten heraus, an dem auch die gemeinnützigen Träger beteiligt sind. Jugendämter usw. sollten solche Informationen vorhalten und verbreiten.

Inzwischen gibt es sowohl für Maßnahmeträger als auch für einzelbuchende Familien die Möglichkeit, familienfreundliche Ferien in verschiedenen europäischen Ländern über gemeinnützige Träger zu buchen. Diese Auslandsaufenthalte sollen ebenfalls dazu dienen, Familien aus den Ländern Europas einander näher zu bringen.

Helmut Matthey

Beratung in Fragen der Partnerschaft, Trennung und Scheidung

§ 17 KJHG

Im § 17 KJHG werden zunächst Aussagen über die Notwendigkeit der Beratung und Unterstützung formuliert, damit Kinder in ihren Familien partnerschaftliches Zusammenleben erfahren, konstruktiv Konflikte und Krisen bewältigen sowie, falls dies nicht gelingt, auch bei Trennung und Scheidung entsprechende Hilfen bekommen. Laut dem Gesetzestext soll Müttern und Vätern »im Rahmen der Jugendhilfe Beratung in Fragen der Partnerschaft angeboten werden, wenn sie für ein Kind oder einen Jugendlichen zu sorgen haben oder tatsächlich sorgen« (§ 17 Abs. 1 Satz 1 KJHG). Ferner sollen Eltern im Falle der Trennung oder Scheidung »bei der Entwicklung eines einvernehmlichen Konzepts für die Wahrnehmung der elterlichen Sorge unterstützt werden, das als Grundlage für die richterliche Entscheidung über das Sorgerecht nach Trennung oder Scheidung dienen kann« (§ 17 Abs. 2 KJHG).

Beratung in Fragen der Partnerschaft

In weiten Kreisen der Bevölkerung ist das Image des Jugendamtes geprägt von Kontrolle und Eingriff. Auch bei Kooperationspartnern der Jugendhilfe (z.B. Schulen) ist das Jugendamt oft erst dann gefragt, wenn die Angelegenheit so verfahren ist, daß über eine Fremdplazierung zu entscheiden ist. Diese »Feuerwehrfunktion« der Fachkräfte, die erst dann gerufen werden, wenn es schon brennt, trägt ebenfalls zum Selbstverständnis der Mitarbeiter in den Ämtern bei. Wird man viel zu spät mit einem Problem konfrontiert, kommen dazu manchmal kaum zu bewältigende Fallzahlen und zusätzlich die Erfahrung, daß mit den Mitteln traditioneller öffentlicher Erziehung in den Familien kaum etwas zu bewegen ist, bleiben letztendlich nur Resignation und Frustration zurück. In der Vergangenheit war zudem oft zu beobachten, daß motivierte Klienten in Beratungsstellen Hilfe suchten, während unmotivierte Klienten, als Problemfamilien definiert und der Unterschicht zugeordnet, »Kunden« des Jugendamtes waren.

Mit den Anforderungen des KJHG an die Jugendhilfe ist jedoch nunmehr ein anderes Signal gesetzt: Bei Familienproblemen ist es Pflichtaufgabe der Jugendhilfe, Beratung anzubieten. Diese Beratung erschöpft sich jedoch nicht in der Durchführung entsprechender Beratungstermine, sondern beinhaltet – am Einzelfall orientiert – auch die Vermittlung konkreter Hilfen, falls erforderlich. Die im 4. Abschnitt des Gesetzes (§§ 27–35 KJHG) genannten Hilfearten sind deshalb integraler Bestandteil der Arbeit der Jugendämter. Da mit der Vermittlung entsprechender Hilfen auch deren Finanzierung sicherzustellen ist und diese Finanzierung von den Jugendämtern zu übernehmen ist, bietet sich die Kombination von Beratung einerseits und von Vermittlung der Hilfe andererseits geradezu an.

Selbstverständlich bieten auch Erziehungsberatungsstellen oder andere Beratungsstellen von freien und gemeinnützigen Trägern entsprechende Beratungshilfe an. Die Betroffenen haben Wahlfreiheit bezüglich der Institution, in der sie sich beraten lassen wollen. Dabei gibt es weder ein Beratungsmonopol der Jugendhilfe einerseits noch der Beratungsstellen andererseits. Es gibt keine Zwangsberatung.

Ergeben sich jedoch aus der Beratung, die Klienten bei freien Trägern in Anspruch nehmen, die Notwendigkeit der Einleitung von ambulanten, teilstationären oder stationären Maßnahmen, die das Jugendamt finanzieren muß, dann ist eine enge Kooperation der Fachkräfte untereinander notwendig. Nach unseren Erfahrungen sind die Betroffenen in solchen Fällen in aller Regel bereit, den Fachleuten ihre Einwilligung zur Weitergabe der entsprechenden Daten gemäß § 65 Abs. 1 KJHG zu gewähren. In diesem Zusammenhang sei darauf hingewiesen, daß die Zusammenarbeit der Fachleute in der Vergangenheit immer dann unerfreulich war, wenn etwa in einer Beratungsstelle ein Plan entwickelt wurde, der mit erheblichen Kosten verbunden war und in den Jugendämtern der Eindruck entstand, als hätten die dortigen Fachleute lediglich das zu bezahlen, was die Beratungsstellen mit den Klienten erarbeitet hatten.

Trennungs- und Scheidungsberatung

Entschließt sich ein Ehepaar zur Trennung oder zur Scheidung, so muß es Ziel der Beratung sein, für die betroffenen Kinder oder Jugendlichen Regelungen zu entwickeln, die weiterhin eine Übernahme der Elternverantwortung ermöglichen. Ziel der Beratung ist es weiterhin, die Eltern in die Lage zu versetzen, eine einvernehmliche Lösung zur Regelung der elterlichen Sorge herbeizuführen, damit diese als Grundlage für die richterliche Entscheidung bezüglich der Regelung der elterlichen Sorge dienen kann. Der Hinweis des Gesetzgebers, die Eltern hierbei zu unterstützen, verändert die Jugendhilfe erheblich: Konkrete Beratung und Hilfe sind gefragt und nicht die Übernahme der Verantwortung für die Probleme der Betroffenen. Die Verpflichtung des Jugendamtes zur Beratung der Betroffenen macht die Leistungen des Jugendamtes kalkulierbar.

Die Unterstützung der Eltern, einen einvernehmlichen Vorschlag zu erarbeiten, entbindet das Jugendamt von der bewertenden Stellungnahme, wem im Streitfall das Sorgerecht zuzusprechen ist. Eine bewertende Stellungnahme ist in der Regel keine Hilfe für die Eltern, sondern allenfalls für die entscheidenden Familienrichter. Bei einer einseitigen Festlegung des Jugendamtes auf einen Elternteil gibt es im subjektiven Empfinden der Betroffenen Sieger und Verlierer. Der Elternteil, der vom Jugendamt schriftlich bestätigt bekommt, daß er nicht geeignet sei, die elterliche Sorge zu übernehmen, zieht sich erfahrungsgemäß enttäuscht und frustriert zurück. Dies jedoch entspricht unter keinen Umständen dem Wohle des Kindes. Auch bei Scheidung und Trennung hat das Kind ein Anrecht auf den Erhalt beider Elternteile. Eine einseitige Parteinahme für einen Elternteil würde dem Jugendamt in der Regel den Kontakt zu dem »Unterlegenen« verbauen.

Zumeist gelingt es den Scheidungsberatern, die Eltern in die Lage zu versetzen, einen einvernehmlichen Vorschlag zu unterbreiten (bei uns in Kassel in über 80% der Fälle). Anschließend müssen zwar formal die Familienrichter die elterliche Sorge regeln, in der Praxis bestätigen sie aber lediglich – quasi in Form eines Notars – den Beschluß der Eltern. Selbstverständlich sind in den Prozeß der Entwicklung eines einvernehmlichen Konzepts die Kinder – ihrem Entwicklungsstand entsprechend – zu beteiligen.

Die Berichterstattung der Jugendämter zur Regelung der elterlichen Sorge

Das Jugendamt ist Beteiligter bei Scheidungsverfahren. Konkrete Regelungen finden wir in § 50 KJHG, der im Kapitel »Mitwirkung in Verfahren vor den Vormundschafts- und den Familiengerichten« behandelt wird. So muß das Jugendamt über die Beratung der Eltern hinsichtlich der Regelung der elterlichen Sorge schriftlich Bericht erstatten. Es teilt dem Familiengericht mit, daß es Beratung angeboten hat und – mit Genehmigung der Betroffenen – das Ergebnis der Beratung. Unproblematisch ist dabei, wenn es zu einer einvernehmlichen Regelung gekommen ist. Problematischer ist es, wenn die Eltern keinen einvernehmlichen Vorschlag erarbeitet haben oder wenn sie das Beratungsangebot des Jugendamtes überhaupt nicht wahrgenommen haben. In diesen Fällen bleibt dem Jugendamt keine andere Wahl, als dieses Ergebnis dem Gericht mitzuteilen. Dann kommt dem Familiengericht eine besondere Bedeutung zu. Die Regel wird wohl sein, daß die Familienrichter die Ehe nicht scheiden können, da sie sich nicht in der Lage sehen, die elterliche Sorge zu regeln. Sie werden deshalb den Betroffenen empfehlen, erneut oder auch erstmals Beratung in Anspruch zu nehmen. Dabei bleibt den Betroffenen selbstverständlich die Wahlfreiheit erhalten.

In der Praxis wird sich wohl durchsetzen, daß zu solchen mündlichen Verhandlungen das Jugendamt geladen wird, damit es das Familiengericht bei der Suche nach einer Regelung unterstützen kann. Gleichzeitig kann zu diesen Terminen das Jugendamt seine Hilfe erneut anbieten und über weitere Hilfsangebote informieren. Dadurch lernen die Betroffenen die breite Palette der Hilfeformen kennen und können Hilfen bei der Bewältigung der Scheidungsfolgen in Anspruch nehmen.

Ein solches Verfahren bietet zusätzlich die Möglichkeit des Aufzeigens von prozeßhaften Regelungen. So kann aus unserer Sicht die Regelung der elterlichen Sorge und des Umgangsrechts – auch wenn es das Gesetz so vorgibt – nicht endgültig sein. Verschiedene Entwicklungsstände von Kindern und Jugendlichen sowie unterschiedliche Lebenssituationen beider Elternteile können in der Zukunft andere Entscheidungen erforderlich machen.

Insgesamt wird in diesem Zusammenhang künftig noch ein erheblicher Umdenkungsprozeß erforderlich werden. Zukünftig sollte nicht nur ein Umgangsrecht des nichtsorgeberechtigten Elternteils geregelt werden, sondern gemäß der UNO-Charta sollte es – auch im Interesse der Kinder – verbrieftes Recht werden, daß sie auch nach einer Scheidung ein ungeteiltes Recht auf beide Eltern haben.

Zuständigkeitsregelungen

Das Familiengericht informiert das Jugendamt, in dessen Zuständigkeitsbereich Kinder leben, deren Eltern sich für eine Scheidung entschieden haben. Dieses Jugendamt ist grundsätzlich für beide Elternteile zuständig. Es sollte auch von einem nicht in diesem Zuständigkeitsbereich lebenden Elternteil erwartet werden, daß er zur Regelung der elterlichen Sorge zu einem gemeinsamen Gespräch an den Wohnort der Kinder kommt. Erst wo dies – aus welchen Gründen auch immer – nicht möglich ist, schaltet das für die Kinder zuständige Jugendamt das andere Jugendamt im Rahmen der Amtshilfe ein und bittet es, dem dort lebenden Elternteil Beratung anzubieten und zu ermitteln, wie dieser über die Regelung der elterlichen Sorge denkt. Damit hat die Praxis, daß das Familiengericht zwei Jugendämter einschaltet, ein Ende.

Gemeinsame elterliche Sorge

Die gemeinsame elterliche Verantwortung nach der Ehescheidung ist aus meiner Sicht eine wünschenswerte Alternative zur alleinigen Sorge eines Elternteils. Allerdings darf sie nicht zur Ideologie werden; in vielen Fällen ist die gemeinsame Festlegung auf einen Elternteil durchaus auch eine Regelung im Interesse der Betroffenen.

Gemeinsame elterliche Sorge beinhaltet jedenfalls nicht, daß die Eltern die Kinder gemeinsam oder in etwa zu gleichen Teilen versorgen und erziehen. Auch bei der gemeinsamen elterlichen Sorge können die Kinder bei einem Elternteil wohnen – jedoch kooperieren diese Eltern in allen wichtigen Entscheidungen bezüglich ihrer Kinder miteinander und unterlassen alles, was den ehemaligen Ehepartner diskriminiert. Das Kind hat die Möglichkeit, die Lebensgewohnheiten beider Elternteile kennenzulernen und eine vertrauensvolle Beziehung zu ihnen zu pflegen.

Umgangsrechtsregelungen

In aller Regel ist es für die Kinder wünschenswert, daß auch bei einseitiger Festlegung der elterlichen Sorge auf einen Elternteil die Verständigung der Geschiedenen über ein entsprechendes Umgangsrecht erfolgt. Gelingt dies nicht, ist eine stringente Festlegung von Besuchskontakten in der Regel sinnvoller als permanente Auseinandersetzungen darüber. Aus unserer Sicht ist es vor allem wünschenswert, daß die Kinder nicht als Zeugen in diese Auseinandersetzungen einbezogen werden. Nach unserer Erfahrung ist das Umgangsrecht in der Regel dann kein Problem, wenn der sorgeberechtigte Elternteil akzeptiert und fördert, daß Kinder Kontakt zu dem anderen Elternteil halten. Nicht die Ablehnung des anderen Elternteils, sondern die Loyalitätskonflikte zu dem sorgeberechtigten Elternteil verhindern oft wünschenswerte Umgangsrechtsregelungen.

Beratungsprozeß

In unserem Jugendamt hat sich weitgehend durchgesetzt, daß die Regelung der elterlichen Sorge und des Umgangsrechts in gemeinsamen Gesprächen erfolgt (»alle an einem Tisch«). Wir versuchen, den Betroffenen zu verdeutlichen, daß unüberwindliche Schwierigkeiten auf der Paarebene unabhängig von der Elternebene gesehen werden können. Im Interesse der gemeinsamen Kinder sei es erforderlich, auch zukünftig in der Erziehung zu kooperieren. In diesem Beratungsprozeß soll deutlich werden, daß die Eltern die Entscheidung über die Zukunft der Kinder zu treffen haben und dies nicht auf Institutionen delegieren können.

Ziel der Beratung ist es, Problemlösungen herbeizuführen, die von allen beteiligten Familienmitgliedern mitgetragen werden können. Wo dies gelingt, erleben wir sehr oft den Erhalt beider Elternteile. Mit Hilfe des Jugendamtes entstehen zwischen den Eltern neue Kommunikationsmöglichkeiten, die in der Regel auch eine spürbare Entlastung für die betroffenen Kinder und Jugendlichen mit sich bringen. Es ist dann nicht mehr Aufgabe der Kinder zu sagen, wo sie zukünftig leben wollen, sondern dies ist eindeutig eine Entscheidung und eine Aufgabe der Erwachsenen. Diese Praxis hat bei uns unter anderem zur Folge, daß sich in den letzten Jahren in circa 12% der Ehescheidungen die Eltern auf ein gemeinsames Sorgerecht einigen konnten.

Hans Heindl

Beratung und Unterstützung bei der Ausübung der Personensorge

§ 18 KJHG

Die Vorschrift des § 18 KJHG faßt die bisherigen Regelungen der §§ 51 und 52 JWG zusammen, weist ihnen redaktionell aber einen wesentlich günstigeren Platz zu, als dies im bisherigen JWG der Fall gewesen ist. Schon bisher gehörten Beratung und Hilfe für werdende Mütter, Vermittlung von Unterkunft, Pflegestellen und Plätzen in Mutter-Kind-Einrichtungen, Plazierung in Adoptivfamilien, Vorbereitung auf Ehe und Mutterschaft usw. zu den jugendamtlichen Aufgaben, die besonders dann geboten waren, wenn es sich um sehr junge, unverheiratete Mütter oder solche mit behinderten Kindern handelte. Diese Aufgabe hat trotz eines größer werdenden Netzes der sozialen und gesundheitlichen Vorsorge nichts von ihrer Bedeutung verloren, sondern hat durch die nicht zu übersehende stetige Zunahme des Anteils Alleinerziehender an Gewicht gewonnen. Zu den grundsätzlichen Zielvorstellungen des neuen Gesetzes gehört auch die Unterstützung der Erziehung in Familien, wobei der Familienbegriff nicht eng am traditionellen Leitbild der bürgerlichen Familie festgemacht wird, sondern die gesamte Bandbreite familialer Situationen einbezieht; also ebenfalls die nichteheliche Lebensgemeinschaft, alleinerziehende Großeltern, Stiefeltern u.a.

Es ist leider nicht zu übersehen, daß auch diese Vorschrift unter der mangelnden redaktionellen Sorgfalt des Gesetzgebers leidet. Obwohl sich der Titel ausschließlich auf die Personensorge bezieht, unter der gemeinhin der tatsächliche Sorgebereich, wie Erziehung, Aufsicht, Pflege und Aufenthaltsbestimmung, verstanden wird, geht der gesetzliche Auftrag erheblich darüber hinaus, nachdem so umfassende Bereiche wie der Unterhalt oder das Umgangsrecht einbezogen werden, deren Berücksichtigung bei den nachfolgenden Ausführungen der Vollständigkeit wegen geboten ist.

Sachliche und örtliche Zuständigkeit

Ergibt sich die sachliche Zuständigkeit für die Aufgabenerfüllung aus § 2 Abs. 1 Ziffer 2, § 18 Abs. 1–4 in Verbindung mit § 50 Abs. 1–3, §§ 79 und 89 KJHG für den Träger der öffentlichen Jugendhilfe, so können diese Leistungen gemäß § 3 Abs. 2 KJHG auch von Trägern der freien Jugendhilfe erbracht werden – soweit es sich nicht um Aufgaben handelt, die vom Vormundschafts- oder Familiengericht dem Jugendamt zur direkten Erledigung übertragen worden sind. Die Verpflichtung zur Zusammenarbeit zwischen den Trägern der öffentlichen und der freien Jugendhilfe ergibt sich aus § 4 KJHG.

Örtlich zuständig für die Hilfen nach § 18 KJHG ist immer das Jugendamt am gewöhnlichen Aufenthaltsort des Elternteiles, bei dem sich das Kind oder der Jugendliche aufhält oder sich in den letzten drei Monaten vor Inanspruchnahme der Hilfe überwiegend aufgehalten hat. Im Zweifelsfalle ist dasjenige Jugendamt wenigstens zum vorläufigen Tätigwerden verpflichtet, in dessen Bereich sich das Kind oder der Jugendliche tatsächlich aufhält. Für das Tätigwerden des Jugendamtes bei Hilfeleistungen für die unverheiratete Mutter vor und nach der Geburt des Kindes (Abs. 2 und 3 des § 18 KJHG) ist deren gewöhnlicher Aufenthalt ausschlaggebend.

Begehrt dagegen der Vater eines nichtehelichen Kindes Hilfe bei der Gestaltung des Umgangsrechtes, so wird er sich an das für den gewöhnlichen Aufenthalt der Mutter des Kindes zuständige Jugendamt wenden müssen. Gleiches gilt für den geschiedenen nichtsorgeberechtigten Elternteil. Weitere Differenzierungen der Zuständigkeitsregelung ergeben sich aus dem Gesetz (§§ 85–88 KJHG).

Die Klientel

Zielgruppenorientiert zu arbeiten, erleichtert die Erfassung und den Zugang zu den häufig übereinstimmenden Problem- und Bedürfnislagen bestimmter Personengruppen. Eine solche Arbeitsweise hat einerseits den Vorteil größerer Problemnähe, erfordert aber andererseits eine deutliche Abkehr von bisherigen Sicht- und Arbeitsweisen einer ausschließlich nach Symptomen ressortierten Jugendhilfe. Die Gefahr, den Klienten als Einzelpersönlichkeit in seiner individuellen Problematik aus den Augen zu verlieren, muß dabei gesehen werden. Nicht zuletzt deswegen ist die Forderung nach einem ganzheitlichen Hilfeansatz mit Nachdruck zu vertreten.

§ 18 Abs. 1 KJHG (die Vorschrift ersetzt § 51 Abs. 1 JWG): Bei dieser Zielgruppe handelt es sich um Mütter und Väter der noch im Wachsen befindlichen Zahl der Alleinerziehenden, die nach Trennung, Scheidung oder Tod des Ehegatten für ein oder mehrere Kinder aufgrund des ihnen zustehenden Sorgerechts (§ 1626, § 1705 BGB) zu sorgen haben oder tatsächlich, d.h., ohne sorgeberechtigt zu sein, sorgen – wobei die zuletzt genannte Fallgestaltung in der Praxis sicherlich zu den Ausnahmen zählt. Unerheblich ist auch, ob es sich um eheliche oder nichteheliche Elternschaft handelt. Hinzuzunehmen sind wohl auch die Eltern, die nach Scheidung das Sorgerecht weiterhin gemeinsam ausüben, da sie erfahrungsgemäß der Unterstützung bei der Ausübung der Personensorge im besonderen Maße bedürfen.

§ 18 Abs. 2 und 3 KJHG (die Vorschrift ersetzt § 52 Abs. 2 und 3 JWG): Die hier angesprochene Zielgruppe umfaßt ausschließlich die unverheirateten Mütter, denen damit im Vergleich zu anderen Alleinerziehenden eine Sonderstellung eingeräumt wird. Dies ist insofern gerechtfertigt, als sich unverheiratete Mütter trotz aller Liberalisierung noch erheblichen Vorbehalten, wenn nicht Diskriminierungen, ausgesetzt sehen und die größten Benachteiligungen unter den Alleinerziehenden erfahren.

§ 18 Abs. 4 KJHG (neu aufgenommene Vorschrift): Mit dem Auftrag, nichtsorgeberechtigte Mütter und Väter – hier sollte die Reihenfolge eher umgekehrt lauten – bei der Ausübung des Umgangsrechtes zu beraten und zu unterstützen, hat der Gesetzgeber erstmals eine Zielgruppe ins Auge gefaßt, deren Mitglieder in der Vergangenheit wegen ihrer schwach fundierten Rechtsstellung bei der Ausübung von Umgangsrechten nicht selten gescheitert oder resignierend »auf der Strecke geblieben« sind. Dazu zählen neben der großen Anzahl geschiedener Eltern – in der Mehrzahl handelt es sich hier um Väter – auch Väter nichtehelicher Kinder, soweit sie an solchen Kontakten interessiert sind, aber auch Eltern, denen das Sorgerecht entzogen worden ist oder bei denen es aus anderen Gründen ruht.

Handlungsbereiche

Ohne den Anspruch auf einen ganzheitlichen Beratungsansatz aufzugeben, soll die nachstehende systematische Darstellung den Überblick über die einzelnen Aufgabenbereiche des § 18 erleichtern.

Unterhalt (und andere Ansprüche)	Personensorge (Umgangsrecht)
Beratung und Unterstützung bei der Geltendmachung von Unterhalts- oder Unterhaltsersatzansprüchen sowie persönlicher Ansprüche der Mutter eines nichtehelichen Kindes	Beratung und Unterstützung bei der Ausübung der Personensorge und des Umgangsrechtes
– durch die Mitarbeiter des Jugendamtes (funktionale Beratung) oder Träger der freien Jugendhilfe – durch Beratungsstellen (institutionelle Beratung) – durch Selbsthilfegruppen – durch Maßnahmen/Interventionen	

Das Gebot der Zusammenarbeit mit den Trägern der freien Jugendhilfe (§ 4 KJHG) sowie einer angemessenen Beteiligung der betroffenen Kinder und Jugendlichen (§ 8 KJHG) – nicht nur bei rechtlich relevanten Entscheidungen – ist auf jeden Fall zu beachten.

Geltendmachung von Unterhalts- oder Unterhaltsersatzansprüchen

Die Aufgabe, alleinerziehende Eltern bei der Geltendmachung von Unterhaltsansprüchen zu beraten und zu unterstützen, ist nicht neu. Insoweit wird die bisherige Vorschrift des § 51 JWG fast wortgleich in das neue Recht übernommen. Sie hat lediglich eine kleine Ausdehnung erfahren, als neben den familienrechtlichen Unterhaltsansprüchen auch Ersatzansprüche, wie Kindergeld, Unterhaltsvorschuß- und Ausfalleistungen, Renten- und Arbeitslosenzuschläge, Sozialhilfe u.a., mitberücksichtigt worden sind.

Die Unübersichtlichkeit familien- und sozialrechtlicher Leistungen rechtfertigen eine sachkundige Beratung. Ein solcher Auftrag findet sich bereits im § 14 des Sozialgesetzbuches und gilt in besonderem Maße für alleinerziehende Eltern, die sich erfahrungsgemäß mit einer Vielzahl von Problemen konfrontiert sehen. Beratung ist hier als besonders anspruchs- und verantwortungsvolle Tätigkeit zu sehen, mit dem Ziel, den Klienten zu den ihm zustehenden unterhalts- und sozialrechtlichen Leistungen zu verhelfen und vermögensrechtliche Nachteile zu vermeiden. In diesem Zusammenhang ist auch die Haftung des Beratenden zu sehen.

Zu beachten ist ferner, daß sich der gesetzliche Auftrag neben der Beratung auf die Unterstützung bei der Geltendmachung von Ansprüchen beschränkt, die prozessuale Durchsetzung von Unterhaltsansprüchen ehelicher Kinder aber der Vertretungsmacht des Sorgeberechtigten oder eines von ihm beauftragten Rechtsanwaltes vorbehalten ist. Gleiches gilt für persönliche Ansprüche der unverheirateten Mutter. Dagegen sind alle außergerichtlichen Maßnahmen durch den Unterstützungsauftrag gedeckt. Unberührt hiervon bleibt, daß das Jugendamt, wie bisher schon, die Prozeßvertretung der Unterhaltsansprüche nichtehelicher Kinder legitimiert. Handelt es sich um die prozessuale Durchsetzung von Unterhaltsansprüchen ehelicher Kinder, bedarf es weiterhin der Bestellung zum Beistand oder Pfleger (§§ 1685, 1690, 1909 BGB).

Der Handlungsbereich des Jugendamtes kann sich u.a. auf folgende Tätigkeiten erstrecken:
– Beratung, Berechnung zustehenden Unterhalts;

- Ermittlung von Aufenthalt, Arbeitsverhältnis und Leistungsfähigkeit der/des Unterhaltspflichtigen;
- Mitwirkung beim Abschluß außergerichtlicher Vereinbarungen/Vergleiche/Abfindungen;
- Beurkundung von Unterhaltsforderungen und Ansprüchen der unverheirateten Mutter;
- Beglaubigung und Vollstreckbarkeitserklärungen;
- Beratung über Unterhaltsersatzansprüche und deren verfahrensmäßige Geltendmachung.

Ausübung der Personensorge und des Umgangsrechtes

Ohne hier auf die sehr unterschiedlichen Ansätze methodisch geleisteter Beratung eingehen zu können, sei festgestellt, daß Ausmaß und Qualität der Beratung über das Gelingen der Aufgabe entscheiden. Sie ist aufwendig, weil der Hilfeprozeß nur wirksam wird, wenn die entsprechenden Bedingungen erfüllt sind. Beratung ist ein dialogischer Prozeß zwischen den beteiligten Partnern, mit der Absicht, Lern- und Reifungsprozesse auszulösen. Diese Prozesse werden wechselseitig stimuliert, benötigen Zeit und variables Verhalten bei Interaktionen. Die im Verlauf dieses Prozesses entstehenden Beziehungen erleichtern die Aufgabe.

Beratung ist also nicht nur zu sehen als Information und Wissenserweiterung, sondern auch als begleitender Lernprozeß, der Veränderungen von Verhaltensweisen und Einstellungen bewirken kann. Wegen der vielfach übereinstimmenden Problem- und Bedürfnislagen von Alleinerziehenden bietet sich die gruppenorientierte Beratung als geeignetes Instrument an. Methodisch bedeutet dies die Herbeiführung sozialer Lernprozesse auf Gruppenebene, die für den Einzelnen ein Übungsfeld bietet, auf dem soziale Kompetenzen erweitert und alternative Verhaltensweisen angeeignet werden können.

Einen besonderen Problembereich – und deswegen neu als Aufgabe in das Gesetz hineingenommen – stellt die Ausübung des Umgangsrechtes nicht nur für geschiedene, sondern zunehmend auch für die Eltern eines nichtehelichen Kindes dar. Ein Elternteil, dem die persönliche Sorge nicht zusteht, behält die Befugnis zum persönlichen Umgang mit dem Kind! In dieser lapidaren Kürze umschreibt das Gesetz einen Sachverhalt, der – wie die Erfahrung zeigt – als Folge von Trennung und Scheidung zu den Hinterlassenschaften mit einem erheblichen Konfliktpotential gehört. Verhaltensweisen, die für das Scheitern der Ehe mit ursächlich waren, sind es in der Regel auch, welche die Umgangsregelungen problematisch machen. Das läßt sich sowohl für die Ausgestaltung von Umgangsmodellen als auch für deren Umsetzung in die Praxis behaupten. Das Gelingen eines konfliktfreien persönlichen Umganges hängt nicht von dem juristischen Faktum der Beendigung einer Ehe ab, sondern setzt Eltern voraus, die das Zerbrechen ihrer Partnerschaft auch hinreichend überwunden und verarbeitet haben. Schließlich besteht ihre Elternschaft fort. Umgangsprobleme sind in aller Regel keine Probleme des Kindes, auch wenn sie an seiner Person festgemacht werden. Daß die heute üblichen und vom Gericht verfügten Umgangsregelungen oft wenig flexibel sind und den tatsächlichen Bedürfnissen der Beteiligten kaum Rechnung tragen, kann hier nur angemerkt werden.

Seltener wird das Jugendamt bei der Ausübung vormundschaftsgerichtlich angeordneter Umgangsregelungen (§ 1634 Abs. 2 BGB), hingegen aber auf jeden Fall bei familiengerichtlichen Verfahren zur Regelung des Sorge- bzw. Umgangsrechts herangezogen. Die Mitwirkungspflicht des Jugendamtes ergibt sich in diesem Fall aus § 50 KJHG. Das jugendamtliche Gutachten in diesem Verfahren ist deswegen von besonderer Bedeutung, weil die richterliche Entscheidung zukunftsgestaltend wirkt und die hier erfolgte Weichenstellung nicht selten schon den Keim für zukünftige Schwierigkeiten in sich birgt. Stärker wie bisher sind daher möglichst kindgerechte, von einem breiten Konsens aller Beteiligten getragene Entscheidungen mit hohem prospektivem Anteil zu erarbeiten.

Typische Problemlagen bei der Ausübung des Umgangsrechts können sein:
- Manipulation der Kinder als Partnerersatz;
- Verpflichtung des Kindes als Bundesgenossen;
- Befürchtungen, das Kind an den neuen Partner des früheren Gatten zu verlieren;
- Unsicherheit in der Erziehung;
- Ablehnung und Abwertung des anderen Geschlechtes in der Person des verlassenen Elternteils;
- Verweigerung des Umgangsrechts aus »Rache« für das Verlassenwerden.

Die Beratungs- und Unterstützungsangebote können sich in folgenden Bereichen bewegen:
- Persönliche Beratung einzelner oder beider Eltern unter Einbeziehung des Kindes/der Kinder oder weiterer Beteiligter (Großeltern, Verwandte, neue Partner u.a.) – in der Regel sind mehrere Gespräche/Sitzungen erforderlich;
- Informationen über sozialrechtliche Leistungen, insbesondere der Erziehungshilfen nach dem KJHG;

- Vermittlung fachspezifischer Beratungsangebote durch Verweisung an Beratungsstellen, insbesondere solcher mit Schwerpunkt Trennungs- und Scheidungsberatung;
- Durchführung von Gruppenarbeit mit alleinerziehenden Eltern;
- Gruppenarbeit mit Kindern Alleinerziehender;
- Elternseminare in eigener Trägerschaft oder solcher von Familienbildungsstätten;
- Initiierung und Unterstützung von Alleinerziehenden-Treffs;
- Unterstützung (organisatorisch und finanziell) von Selbsthilfegruppen;
- Nachweis von und Vermittlung in Selbsthilfegruppen;
- Vermittlung an niedergelassene Therapeuten/Therapieeinrichtungen oder Rechtsanwälte;
- Erarbeitung von Umgangsregelungen und deren Erprobung;
- Vorbereitung und Durchführung von Besuchsterminen (a) in der Wohnung eines beteiligten Elternteils bzw. Verwandten oder (b) an neutralen Orten (Kindergarten, kirchliche oder kommunale Einrichtungen);
- Durchführung vormundschafts- und familiengerichtlicher Aufträge;
- Erarbeitung und Weitergabe von Informationsmaterial, z.B. von »Eltern bleiben Eltern« (Deutsche Arbeitsgemeinschaft für Jugend- und Eheberatung e.V. und BMJFFG, Bonn), »Der Besuch der Kinder « (Trialog, Münster), »Hilfen für Alleinerziehende« (Informationen aus dem eigenen Bereich).

Forderungen für die Praxis

Die hier zu leistenden Hilfen gehören zu den Aufgaben, die so klientnah wie möglich durchzuführen und daher sach- und klientgerecht in der Zuständigkeit einer einzigen Fachkraft zusammenzufassen sind. Die auf dem historischen Hintergrund zwar verständliche Trennung in Innen- und Außendienst entspricht den heutigen Anforderungen an eine klientgerechte Aufgabenerledigung nicht mehr und ist daher aufzugeben.

Die angemessene Bewältigung dieser Aufgaben setzt eine fachliche Qualifikation voraus, die unter den Mitarbeitern der Jugendämter nur zum Teil anzutreffen ist. Sowohl die rechtliche als auch die psychologische, soziale und pädagogische Beratung setzen ein hohes Maß an Fachwissen und methodischem Können und damit eine Qualifikation voraus, wofür die in der Regel vorhandenen Fachausbildungen nicht ausreichen, so daß eine Zusatzqualifizierung bzw. kontinuierliche Fortbildung erforderlich ist. Von deren Notwendigkeit überzeugt, hat der Gesetzgeber die Träger der Jugendämter angehalten, für entsprechende Aus- und Zusatzausbildungen Sorge zu tragen (§ 72 Abs. 1 KJHG). Die Forderung nach einer Zusatzausbildung gilt für den Beratungsbereich mehr denn je, gleich, ob es sich um Methoden der Gesprächsführung, der systematischen Sicht- und Arbeitsweise, der Familientherapie oder der Arbeit mit Gruppen handelt.

Nachdem die Beratungsprozesse häufig auf Veränderungen im Klientenverhalten angelegt sind und die Mitarbeiter wegen des hohen Anteils an Beziehungsarbeit und emotionaler Betroffenheit einem starken Spannungsverhältnis – insbesondere den unterschiedlichen Erwartungen der geschiedenen und getrennt lebenden Eltern bzw. Partner – ausgesetzt sind, muß die nach wie vor nur vereinzelt ermöglichte Supervision zu einem obligatorischen Bestandteil jugendamtlicher Aufgabenerledigung werden.

Abschließend sei darauf hingewiesen, daß eine dem neuen Kinder- und Jugendhilfegesetz und seinen Zielvorstellungen angemessene Umsetzung der Aufgaben in die Praxis nur möglich sein wird, wenn den Jugendämtern ein ausreichender Stab von qualifizierten Mitarbeitern zur Verfügung steht. Daher bleibt zu hoffen, daß der Auftrag des Gesetzgebers, für eine ausreichende Ausstattung nicht nur im personellen Bereich Sorge zu tragen (§ 79 Abs. 3 KJHG), auch wirklich in die Praxis umgesetzt wird.

Reinhard Götz

Vater-/Mutter-Kind-Einrichtungen

§ 19 KJHG

Mit der Einführung des § 19 KJHG hat der Gesetzgeber die Möglichkeit geschaffen, alleinerziehenden Erwachsenen, die für ein Kind unter sechs Jahren zu sorgen haben, im Rahmen der Jugendhilfe Betreuung und Unterkunft zu gewähren. Dies ist so lange möglich, wie sie diese Hilfeform bei der Pflege und Erziehung des Kindes bedürfen. In diesem Zeitraum »soll darauf hingewirkt werden, daß sie eine schulische oder berufliche Ausbildung aufnehmen oder fortführen und eine Berufstätigkeit aufnehmen können« (§ 19 Satz 2 KJHG). Für diesen Paragraphen wurde eine Novellierung vorgesehen, deren Inkrafttreten jedoch noch ungewiß ist. Die beiden beim § 19 anzufügenden Sätze lauten wie folgt: »Die Hilfe kann in einer geeigneten Wohnform auch vor der Geburt des Kindes angeboten werden, wenn dies für die werdende Mutter notwendig ist. Wird die Hilfe in einem Heim gewährt, umfaßt sie auch den Lebensunterhalt.«

Erkennbare Zielrichtung dieser Vorschrift ist es, Alleinerziehenden die Möglichkeit zu verschaffen, ihr Kind selbst zu betreuen, zu versorgen und zu erziehen. Für die Hilfen nach dem KJHG ist es notwendig, daß es sich um eine Einrichtung (§ 103 Abs. 4 BSHG) handelt, da nur dort Betreuung geboten werden kann. Nicht zu Vater-/Mutter-Kind-Einrichtungen gehören z.B. die meisten Frauenhäuser. Die Kostenübernahme dort wird auch weiterhin über das Bundessozialhilfegesetz (BSHG) erfolgen. Die systematische Einordnung des § 19 zeigt, daß es sich um keine Hilfe zur Erziehung, sondern um eine Förderung der Erziehung in der Familie handelt. Dies ist für die weitere Bearbeitung im Einzelfall wichtig (siehe §§ 40, 85, 86, 91, 92 und 97 KJHG). Die Hilfe nach § 19 KJHG ist auch vorrangig zu Hilfen nach § 72 BSHG.

Bei Mutter-Kind-Heimen handelt es sich um sozialpädagogische Einrichtungen, die stationäre Lebens- und Erziehungshilfen für Mütter mit Kindern in sozialen Schwierigkeiten und Multiproblemsituationen bieten. Zu dieser Zielgruppe gehört begrifflich auch schon die werdende Mutter. Die geplante Novellierung trägt diesem Umstand Rechnung. Geeignet für Unterbringungen in einer solchen Einrichtung sind somit alle Schwangeren und Mütter mit einem oder mehreren Kindern im beliebigen Alter (von denen eins unter sechs Jahren alt sein muß), die jedoch bereit sein müssen, aktiv an der Bewältigung ihrer Notlage mitzuarbeiten. Akute Suchtprobleme (Alkohol oder Drogen) schließen grundsätzlich eine Aufnahme in eine solche sozialpädagogische Einrichtung aus, da dort z.B. die medizinische Versorgung nicht ausreichend gewährleistet werden kann.

Konzeptionelle Vorgaben

Eine Vater-/Mutter-Kind-Einrichtung muß durch Bereitstellung eines soziotherapeutischen Lebensrahmens Schutz und Beistand gewähren. Sie bietet Beratung für Vater/Mutter und Kind; dazu muß eine Beziehung zur Betreuerin aufgebaut werden, die auf Vertrauen beruht. Durch diese Betreuerin erfolgen die sozialpädagogische und psychologisch-therapeutische Betreuung in Zusammenarbeit mit anderen erzieherischen Fachkräften (Psychologen, Psychotherapeuten usw.). Für den Vater/die Mutter muß eine Zukunftsperspektive entwickelt werden. Diese baut auf Ausbildungs- und Berufsperspektiven auf und berücksichtigt die weitere Entwicklung der Kinder wie auch die eigene Lebensgestaltung. In Zusammenarbeit mit der Mutter/dem Vater wird ein Konzept der Verselbständigung sowie der praktischen Lebens- und Erziehungshilfe entwickelt, die diese in die Lage versetzt, nach der Entlassung aus einer solchen Einrichtung selbständig mit ihren Kindern zu leben und die Erziehungsaufgaben wahrzunehmen. Zum Erreichen dieser Ziele muß ausreichend Betreuungs- und Fachpersonal in der Einrichtung vorhanden sein.

Die derzeit vorhandenen Mutter-Kind-Einrichtungen haben völlig verschiedene sozialpädagogische Ansätze. Auch die personelle Ausstattung ist von Einrichtung zu Einrichtung verschieden. Für die Hilfegewährung ist es deshalb für das Jugendamt wichtig zu prüfen, welche Einrichtung im Einzelfalle die richtige für die jeweilige Mutter mit ihren Kindern ist.

In akuten Notsituationen entschließen sich viele Schwangere und Mütter, den Partner, die Familie, den Arbeitsplatz und die gewohnte Umgebung zu verlassen. Oft werden sie hierzu durch die Umstände, die Angehörigen oder Partner gezwungen. Vater-/Mutter-Kind-Einrichtungen bieten einzelnen Elternteilen und ihren Kindern Schutz vor Nachstellungen und Bedrohungen sowie Beistand und Orientierung bei der Bewältigung der Trennungsproblematik. Das Leben in der Solidarität einer Hausgemeinschaft soll den Hilfesuchenden Gelegenheit geben, zum ersten Mal wieder aufzuatmen, sich geborgen zu fühlen, sich wieder auf sich selbst zu besinnen und ohne akute Angst zu leben.

Für viele Klienten läßt sich der Grund für die Unterbringung in einer Einrichtung mit der Unterbringung nicht länger überdecken oder aus der Lebenswirklichkeit verdrängen. So kann mit den Elternteilen erarbeitet werden, was es für sie bedeutet, allein mit ihren Kindern in einer Einrichtung zu leben. Schwangere und alleinerziehende Mütter werden befähigt, ihre gegenwärtige Lebenssituation so zu sehen und zu erleben, wie sie tatsächlich ist. Die Einrichtung bietet den Klienten Hilfestellung sowohl bei der Veränderung ihrer früheren Lebenssituation als auch bei der Klärung der Beziehungen zu den bisherigen Bezugspersonen. Der Weg muß zu einem eigenverantwortlichen Leben und zur selbständigen Sicherstellung des Lebensunterhalts führen.

Die gesamten Lebensverhältnisse sind neu zu regeln. Dies beginnt bereits mit der Klärung melderechtlicher Angelegenheiten, dem Herbeischaffen von Geburtsurkunden, Heiratsurkunden, Arbeitsbestätigungen, des Versicherungsheftes und Personalausweises, mit der Klärung des Sorgerechts sowie der Regulierung von Schulden und Verpflichtungen. Das Anhalten zur Ordnung ist eine Voraussetzung für die selbständige Teilnahme am Leben in der Gemeinschaft. Vor allem Frauen stärken mit dieser neu gewonnenen Eigenständigkeit ihr Selbstbewußtsein und verfallen nicht mehr ständig in neue Abhängigkeiten. Je nach Einzelfall muß die Vater-/Mutter-Kind-Einrichtung auch einen breiten Raum für die Förderung der elterlichen Kompetenz der Klienten abdecken. So wird zumeist angestrebt,

– die Beziehung zwischen Vater/Mutter und Kind zu stabilisieren,
– das körperliche und seelisch-geistige Wohl des Kindes zu sichern, um seine bestmögliche Entfaltung zu ermöglichen.

Die stationäre, gleichzeitige Betreuung von Vater/Mutter und Kind in einer Einrichtung bietet die intensivste Form der erzieherischen Hilfe. Sie ist deshalb von besonderer Bedeutung für Kinder, die unter Beziehungs-, Entwicklungs- und Verhaltensstörungen leiden. Sie ist vor allem auch für unsichere, unerfahrene und beziehungsschwache Schwangere und Elternteile indiziert, um Schädigungen des kindlichen Wohles nach besten Kräften vorzubeugen. Das Hilfeangebot zur Stabilisierung und Förderung der Beziehung zwischen Mutter und Kind orientiert sich an den Grundbedürfnissen sowie an den altersbezogenen und akuten Entwicklungsbedürfnissen des Kindes.

Hilfeplan

Anläßlich der Entscheidung für die Unterbringung hat der Mitarbeiter des Jugendamtes einen Hilfeplan zu erstellen. Darin ist nicht nur das bisherige Leben der Klientin zu schildern, sondern es müssen die bisher aufgetretenen Schwächen und Auffälligkeiten aufgezeigt werden. Darauf aufbauend sind die Erziehungsziele festzulegen, die Vater/Mutter und Kind/Kinder gemeinsam erreichen sollten. Durch das hilfegewährende Jugendamt ist in diesem Zusammenhang auch die voraussichtliche Dauer der Unterbringung vorzugeben. Ausgehend von diesen Basisinformationen erarbeitet die Einrichtung gemeinsam mit Mutter/Vater einen detaillierten Entwicklungsplan – auch für das Kind. Hierbei sind besonders defizitäre und abweichende Entwicklungs- und Verhaltensweisen zu beachten, mit dem Ziel, den Elternteil bei der Entwicklung kompensatorischer Beziehungs- und Verhaltensveränderungen anzuleiten. Dabei kann es zu einem unterschiedlichen Entwicklungstempo bei Mutter/Vater und Kind kommen. Im Einzelfall ist deshalb bereits bei der Unterbringung auf eine mögliche Trennung von Elternteil und Kind hinzuweisen. Gelingt der Mutter/dem Vater in Einzelfällen die erforderliche Verhaltenskorrektur in einem angemessenen Zeitraum nicht, so ist zum Wohle des Kindes eine andere Unterbringung (Pflegestelle) zu prüfen und gegebenenfalls durchzuführen.

Ein wichtiger Teil der Hilfen nach § 19 KJHG ist die Entwicklung einer Ausbildungs- und Berufsperspektive. Bereits bei der Auswahl der Vater-/Mutter-Kind-Einrichtung ist dieser Punkt zu berücksichtigen. So ist zu fragen, wie in der Nähe der Einrichtung die Ausbildungs- und Berufschancen sind. Die wirtschaftliche Unabhängigkeit und persönliche Entfaltung sowie die damit einhergehende Steigerung des Selbstwertgefühles durch eine gelungene berufliche Eingliederung sind für einen großen Teil der Klienten ein langfristig besonders erfolgreichen Weg zur Überwindung der eigenen Lebenskonflikte. Im gleichen Maße bieten sie alleinstehenden Müttern/Vätern individuelle und sozialadäquate Voraussetzungen zur Verselbständigung mit ihrem Kind.

Das Hilfeangebot sollte – über diesen Rahmen hinausgehend – jedoch auch noch die Situation nach der Entlassung aus der Einrichtung berücksichtigen. So stellt sich z.B. die Frage nach den Wohnmöglichkeiten in der Nähe der jetzigen Ausbildungs- oder Berufsstätte sowie nach ambulanten Betreuungsmaßnahmen des Jugendamtes, die Müttern/Vätern und ihren Kindern nach der Entlassung aus der Einrichtung gewährt werden könnten. Diese Fragen sind von besonderer Bedeutung, weil die Unterbringung in einer Vater-/Mutter-Kind-Einrichtung zeitlich eng begrenzt sein sollte. Es gilt zu verhindern, daß die Klienten mit dem Einzug in die Einrichtung den Rest ihrer Selbständigkeit aufgeben und alles nun in die Hände des Betreuungspersonals legen.

Im Gegensatz zum Jugendwohlfahrtsgesetz (JWG) stellt das KJHG nicht mehr so sehr das Kind in den Vordergrund, sondern mehr die Eltern. So ist auch nicht mehr nur das Kind Empfänger erzieherischer Leistungen, sondern auch der Sorgeberechtigte. Aber trotzdem oder gerade deshalb muß das Wohl des Kindes im Mittelpunkt der gesamten Arbeit stehen. In Vater-/Mutter-Kind-Einrichtungen sollen alleinerziehende Eltern befähigt werden, das Leben zusammen mit ihren Kindern zu meistern. Eine Heimunterbringung der Kinder im Rahmen der Hilfe zur Erziehung gilt es zu vermeiden.

Ausblick

Wie bereits die bisherigen Erfahrungen gezeigt haben, sind Vater-/Mutter-Kind-Einrichtungen ein notwendiger Bestandteil erzieherischer Hilfen. Sie scheinen als befristete stationäre Maßnahme am ehesten geeignet zu sein, um die Erziehungsfähigkeit Alleinerziehender zu stärken oder wiederherzustellen und somit eine längerfristige Heimunterbringung ihrer Kinder zu vermeiden. Der Personenkreis der in Frage kommenden alleinerziehenden Mütter oder Väter muß jedoch eingegrenzt werden. Nicht alle sind bereit und in der Lage, den Erziehungsanspruch ihres Kindes zu erfüllen. Dies mag die verschiedensten medizinischen, physischen oder psychischen Ursachen haben. Für andere Alleinerziehende, die in Notlagen geraten, sind Hilfen, wie sie in einem Frauenhaus gewährt werden, durchaus als ausreichend anzusehen. Mit dem KJHG wurde die Hilfe nur auf den Teilbereich der Einrichtungen der Jugendhilfe zugeordnet.

Inwieweit die derzeit vorhandenen Mutter-Kind-Einrichtungen den bestehenden Bedarf abzudecken in der Lage sind, kann nicht abgeschätzt werden, da sich die Einrichtungen durchweg nicht in der Trägerschaft der öffentlichen Hand befinden. Es ist eine enge Zusammenarbeit zwischen Jugendämtern und Trägern dieser Einrichtungen notwendig. Den Jugendämtern sollte über das Landesjugendamt eine Auflistung dieser Einrichtungen mit deren Konzeption übermittelt werden.

Durch die Einführung dieser Hilfeart in das Jugendhilferecht ist für die Jugendämter ein finanzieller Mehraufwand erforderlich. Dieser dürfte sich jedoch innerhalb der einzelnen Länder bei gleichbleibendem Platzangebot kaum auswirken. Es kommt lediglich zu einer Kostenverlagerung von den überörtlichen Trägern der Sozialhilfe zu den örtlichen Trägern der Jugendhilfe.

Vater-/Mutter-Kind-Einrichtungen sind ein weiterer Schritt zur Stärkung der Erziehungsfähigkeit innerhalb der Familie. Die Zuordnung dieser Hilfe zur Jugendhilfe stellt für den sozialen Fachdienst bei den Jugendämtern eine zusätzliche Arbeitsbelastung dar. Auch erfordert die Einführung einer solchen befristeten stationären Maßnahme ein hohes Maß an Vertrauen zwischen Sozialdienst, Klienten und den Einrichtungen. Ein weitaus höheres Maß an Beratungstätigkeit ist für den sozialen Fachdienst gegenüber der Situation vor Verabschiedung des KJHG vorprogrammiert.

Johann Fürst

Betreuung und Versorgung des Kindes in Notsituationen

§ 20 KJHG

Als Reaktion auf möglichst viele Wechselfälle des Lebens gerade in der Familie sieht das Leistungsangebot der Jugendhilfe jetzt neu in § 20 KJHG die Betreuung und Versorgung von Kindern vor, bei denen (1) der Elternteil, der die überwiegende Betreuung des Kindes übernommen hat, aus gesundheitlichen oder anderen zwingenden Gründen ausfällt und wenn der andere Elternteil wegen berufsbedingter Abwesenheit ihn nicht ersetzen kann, die Hilfe zur Gewährleistung des Kindeswohls erforderlich ist und Angebote von Tageseinrichtungen und der Tagespflege nicht ausreichen (§ 20 Abs. 1 KJHG), oder bei denen (2) ein alleinerziehender oder beide Elternteile aus den vorgenannten Gründen ausfallen (§ 20 Abs. 2 KJHG). Im letztgenannten Fall soll das Kind im elterlichen Haushalt versorgt und betreut werden, wenn Angebote von Tageseinrichtungen und der Tagespflege nicht ausreichen und solange es sein Wohl erfordert. Die Übergangsvorschrift des Art. 10 Abs. 1 Ziffer 3 und 4 KJHG läßt bis zum 31.12.1994 anstelle der Soll-Vorschrift des Gesetzestextes die Kann-Regelung mit ihrer weniger zwingenden Ausgestaltung zu.

Den auf den ersten Blick engen Zusammenhang der Bestimmungen des § 20 KJHG mit jenen in § 70 BSHG (Hilfe zur Weiterführung des Haushalts) und in § 38 SGB V (Haushaltshilfe) löst § 10 KJHG mit der Klarstellung des Verhältnisses zu anderen Leistungen und Verpflichtungen. Hiernach sind grundsätzlich vorrangig die Krankenkassenbestimmungen bezüglich der Bereitstellung einer Haushaltshilfe abzuklären.

Im Verhältnis zur Leistung nach § 70 BSHG stellt das Jugendhilfeangebot aber mehr als nur die Fortführung des Haushalts dar, so daß über Vor- oder Nachrang zunächst nicht zu befinden ist. Die leidige Frage, Sozialamt oder Jugendamt, bisher zur Genüge strapaziert bei den Hilfen für Behinderte, sollte künftighin nicht mehr gestellt werden. Die Jugendhilfe soll ihre sozialpädagogische Kompetenz in dieses Hilfsangebot einbringen und unabhängig von Übergangsvorschriften und Leistungsangeboten anderer Sozialleistungsträger den Auftrag dieser familienorientierten Hilfeform mit Leben ausfüllen.

Zielgruppe des § 20 Abs. 1 KJHG ist die vollständige Familie oder Partnergemeinschaft mit Kind/ern, die durch gesundheitliche oder »andere zwingende Gründe« (z.B. Inhaftierung, Todesfall o.ä.) eines Elternteils verständlicherweise oft vor großen Problemen steht. Ganz zuletzt, und dies ist jetzt endlich sanktioniert, sollte in diesen Fällen der Ruf nach der anderweitigen Unterbringung des Kindes beispielsweise in einem Vollzeitheim stehen. Die Betreuung und Versorgung in der gewohnten häuslichen Umgebung in Abstimmung mit dem berufsbedingt abwesenden Elternteil genießt Priorität. Durch ein Netzwerk von Hilfsangeboten kann diesem Anspruch Rechnung getragen werden.

Kindertagesstätten

Krippen, Kindergärten oder -horte sind durchaus für Kinder ein Teil »Heimat«, sind Häuslichkeit und »gewohnte Umgebung.« Steht also der Vater plötzlich ohne Frau und Mutter vor der Frage, »wohin mit dem Kind«, bietet es sich an, zunächst in der bereits besuchten Einrichtung alle Möglichkeiten einer Betreuung, vielleicht auch über den üblichen Rahmen hinaus, zu eruieren. Daß bereits hier die gewachsenen Beziehungen zwischen Einrichtung und Jugendamt wertvolle Dienste leisten können, kann der Sache nur dienlich sein.

Was steht dem gesetzlichen Auftrag des Jugendamtes entgegen, eine sozialpädagogische Fachkraft ganz außerhalb des Personalschlüssels in den Einrichtungen anzustellen und diese sozusagen als »Springerin« immer in jener Kindertagesstätte einzusetzen, die gerade durch »Kinder in familiären Notsituationen« in besonderer Weise gefordert ist?

Sicherlich setzt ein solches Modell viel Kooperationsbereitschaft aller Beteiligten voraus. Es entfernt sich zugegebenermaßen auch etwas vom Charakter der Einzelfallhilfe – aber daß es funktionieren kann, beweist ein seit zwei Jahren laufendes Betreuungsmodell in ähnlicher Konstellation (allerdings in ein und demselben Kindergarten) in unserer Stadt (Passau). Alle Beteiligten erfahren positiv, daß (1) das Kind grundsätzlich zu Hause bleiben kann, (2) der Kindergarten mit einer zusätzlichen Fachkraft Entlastung erfährt und (3) die Heimunterbringung als Alternative mindestens genausoviel kosten würde.

Nachbarschaftshilfen und Initiativen

Nicht hoch genug bewertet werden kann das ungenützte Potential an Nachbarschaftshilfen. In Mitmenschen die Bereitschaft zu wecken, ein Kind aus Nachbarfamilien übergangsweise zu betreuen, erfordert langfristige Strategien in der Sozialplanung einer Kommune. Die anonyme, sozial nicht strukturierte

Neubaukolonie ist kein Nährboden für eine effektive Nachbarschaftshilfe. In Stadtteilen mit einer gesunden Soziokultur dürfte es aber nicht schwierig sein, »Helferfamilien« zu finden. Es ist daher aus der Sicht eines Jugendamtes nicht utopisch, immer und immer wieder Spielplätze, Abenteuerspielplätze, Sportgelegenheiten, Jugendheime, Jugendzentren, Mutter-Kind-Kreise, aber auch Begegnungsmöglichkeiten für Eltern und alte Menschen einzuklagen! Nur aus dem Klima der »guten Begegnung« kann ein Netzwerk entstehen, welches bedürftige Mitglieder der Gemeinschaft auffängt, trägt und schließlich entläßt, wenn sie wieder eigenständig geworden sind.

Auch hier liegen Erfahrungen aus der eigenen Praxis vor: In einer Aktion »Eltern für Eltern« soll der Not jener berufstätigen Frauen und/oder Männer begegnet werden, deren eigener Urlaubsanspruch in Konkurrenz zu den sogenannten »Kindergartenferien« steht. Es ist hinlänglich bekannt, daß die Kindergärten mehr und mehr ihre Öffnungszeiten an den jeweiligen Schulferien orientieren. Wohin also mit Katharina, wenn der eigene Urlaubsanspruch gerade für die »großen Ferien« reicht, sie aber auch Weihnachten, Ostern oder Pfingsten »keinen Kindergarten« hat?

Der Appell an jene Eltern im Kindergarten, die – weil vielleicht nicht berufstätig – ein anderes Kind aus der Gruppe des eigenen Kindes gut mitbetreuen könnten, fiel durchaus auf fruchtbaren Boden. Über ein sehr unbürokratisch ausgestaltetes Angebot der Jugendhilfe (100,– DM pro Woche/pro Kind) konnte hier manche Notsituation der geschilderten Art gelindert werden. Warum nicht auch im Rahmen von § 20 Abs. 1 KJHG?

Institutionalisierte Hilfen

Ein fester Bestandteil des schon im vorausgegangenen Teil mehrmals erwähnten vernetzten Hilfesystems sind die Träger der freien Wohlfahrtsverbände, die Kirchen, die Initiativen mit Satzungscharakter usw. Ehrenamtliches und hauptamtliches Engagement auf dem Sektor der Familienbetreuung gehören zum anerkannten Standard sozialer Organisationen. Die Jugendhilfe sollte sich dieses Hilfspotential zum Partner machen – mit fairer finanzieller Unterstützung und kooperativer Bedarfsplanung. Viel Energie geht nämlich immer noch dadurch verloren, daß »nebeneinander« geholfen wird und nicht »miteinander«. Der Jugendhilfe könnte hier eine durchaus gewichtige Mittlerfunktion zukommen, die dem »Wohl des Kindes« dient.

Eine wesentlich größere Problematik stellt sich ein, wenn ein alleinerziehender Elternteil oder beide Elternteile für die Kinderbetreuung ausfallen. § 20 Abs. 2 KJHG ist hier die einschlägige Hilfsnorm mit dem klar formulierten Auftrag, »das Kind im elterlichen Haushalt zu versorgen und zu betreuen, wenn und solange es für sein Wohl erforderlich ist«. Es ist verständlich, daß für eine solche »Rund-um-die-Uhr«-Betreuung die zuvor genannten Vorschläge und Überlegungen nur noch ganz bedingt Bedeutung haben können. Es ist einfach nicht vertretbar, in einer Art »Staffellauf« den Stab (sprich: das Kind) von einem Helfer an den anderen zu übergeben! Kontinuität und Professionalität sind hier gefordert.

Auch hier erfüllen viele freie Wohlfahrtsverbände selbstredend die geforderte Fachkompetenz, um dem Anspruch aus § 20 Abs. 2 KJHG gerecht werden zu können. Nur dann, wenn unter genauer Beachtung des Grundsatzes des Vorrangs freier Träger (Subsidiarität) ein Handlungsbedarf für den kommunalen Jugendhilfeträger verbleibt, kann überlegt werden, ob nicht direkt dem Jugendamt ein eigener Familiendienst angegliedert werden könnte. Dieser Fachdienst mit sozialpädagogischer, aber wohl auch pflegerischer bzw. hauswirtschaftlicher Ausrichtung könnte im günstigsten Fall sowohl die Intentionen des BSHG, des SGB V als auch des KJHG im Hinblick auf Unterstützung von Familien in Notsituationen abdecken. Priorität genießt jedoch das traditionell gewachsene Hilfsprogramm unserer freien Wohlfahrtsverbände.

Schlußbemerkung

Die jetzt mehr denn je eröffnete Möglichkeit des »Zugehens« auf Familien stellt für die öffentliche Jugendhilfe eine echte Chance dar, das Image der Eingriffsverwaltung abzulegen. Ideenvielfalt bei der Umsetzung des neuen Kinder- und Jugendhilferechts ist erwünscht und gefragt; schon am Beispiel eines einzigen Paragraphen zeigen sich die großen Gestaltungsmöglichkeiten zum Wohle unserer Kinder und Familien.

Peter Motsch

Förderung von Kindern
in Tageseinrichtungen

§ 22 KJHG

In § 22 KJHG werden Grundsätze der Förderung von Kindern in Tageseinrichtungen festgelegt. Abs. 1 bestimmt, daß Kindergärten, Horte und andere Tageseinrichtungen die Entwicklung des Kindes zu einer eigenverantwortlichen und gemeinschaftsfähigen Persönlichkeit fördern sollen. Diese Aufgabe umfaßt nach Abs. 2 die Betreuung, Bildung und Erziehung des Kindes, wobei die Bedürfnisse desselben und seiner Familie zu berücksichtigen sind. Laut Abs. 3 sollen die in Tageseinrichtungen tätigen Fachkräfte mit den Erziehungsberechtigten zum Wohle der Kinder zusammenarbeiten; letztere sind an Entscheidungen in wesentlichen Angelegenheiten zu beteiligen. Nach § 24 KJHG regeln die Bundesländer durch Landesrecht die Ausgestaltung des Förderungsangebots und tragen für einen bedarfsgerechten Ausbau Sorge. Der Landesrechtsvorbehalt wird auch in § 26 KJHG betont. So ist § 22 KJHG immer in Zusammenhang mit dem im jeweiligen Bundesland geltenden Landesrecht (z.B. Bayerisches Kindergartengesetz, Heimrichtlinien) zu sehen.

Bedarfssituation

In den letzten 25 Jahren hat die Betreuung von Kindern in Tageseinrichtungen (Kindergärten, Kinderkrippen und Horte) immer mehr an Bedeutung gewonnen. Ausschlaggebend dafür sind
- die zunehmende Erwerbstätigkeit beider Elternteile: Eltern wollen vermehrt Erwerbstätigkeit und Familie miteinander verbinden und suchen ein auf den Tagesablauf in der Familie abgestimmtes Betreuungsangebot;
- die steigende Zahl von Alleinerziehenden: Wenn Alleinerziehende nicht von Sozialhilfe abhängig sein oder werden wollen, sind sie auf Erwerbsarbeit angewiesen und benötigen für die Zeit ihrer berufsbedingten Abwesenheit kindgerechte Betreuungsformen;
- der Ausfall von Verwandten und Nachbarn, die Betreuungsaufgaben übernehmen konnten: Diese Verwandtschafts- oder Nachbarschaftshilfe ist heu-

te nicht mehr in dem bisherigen Umfang verfügbar oder wird von Eltern und Alleinerziehenden nicht mehr uneingeschränkt in Anspruch genommen;

– schließlich auch die Zunahme von Einzelkindern: Einzelkinder können notwendige soziale Erfahrungen mit Gleichaltrigen nicht mehr innerhalb der Familie und – vor allem in den städtischen Ballungsgebieten – nicht mehr im Wohnumfeld machen.

Der Bedarf an Betreuung in Tageseinrichtungen wird im Hinblick auf die verschiedenen Altersstufen unterschiedlich eingeschätzt.

Bedarf an Kindergärten

Unbestritten ist heute die allgemeine Bedeutung der Kindergartenerziehung für Kinder vom vollendeten dritten Lebensjahr bis zum Schuleintritt. Jedes Kind dieser Altersgruppe sollte die Möglichkeit haben, einen Kindergarten zu besuchen, d.h., jedes Kind sollte je nach seiner individuellen Situation halbtags, am Vormittag und am Nachmittag oder tagsüber an einem qualifizierten Betreuungs-, Bildungs- und Erziehungsangebot teilnehmen können.

Die bedarfsnotwendige Zahl von Kindergartenplätzen läßt sich für eine Gemeinde oder eine Stadt aus den Geburtenzahlen der Gemeinde bzw. des jeweiligen Stadtteils ermitteln – oder noch besser: aus der Einwohnerstatistik, wenn diese ohne größeren Aufwand Aussagen über die Altersgruppe der Drei- bis Sechsjährigen zuläßt. Gewisse Risiken hat die Ermittlung in typischen Altstadt- oder Neubaugebieten, weil dort eine Fluktuation durch den Wegzug bzw. Zuzug von jungen Familien besteht, die eine längerfristige Voraussage erschwert. Neben dieser Unsicherheit aus Wanderungsbewegungen junger Familien kann auch die Tatsache, daß Eltern den Kindergartenplatz frei wählen können (also keine Sprengelbildung wie bei der Schule), es als sinnvoll erscheinen lassen, zusätzlich zur Auswertung von Geburten- und Einwohnerstatistiken konkrete Umfragen vor Ort zur Bedarfsfeststellung durchzuführen.

Bedarf für Kinderkrippen und Tageseinrichtungen für Schüler

Im Gegensatz zum Kindergartenangebot ist ein flächendeckendes, öffentlich organisiertes und finanziertes Betreuungsangebot für alle Kinder unter drei Jahren nicht und auch in Zukunft wohl nicht annähernd erforderlich. Im Hinblick darauf, daß die Betreuung von Kleinkindern in einer Pflegefamilie (Tagespflege) gegenüber Einrichtungen wie z.B. Kinderkrippen zumindest grundsätzlich gleichrangig zu sehen ist, wird der Bedarf für die Kinderkrippe wesentlich davon abhängen, in welcher Qualität und Quantität ein Tagespflegeangebot vor Ort entwickelt worden ist. Auch die Tatsache, daß mehr als 97% aller Eltern, die Erziehungsgeld und Erziehungsurlaub beanspruchen können, dies auch tun, macht deutlich, daß in weiten Kreisen der Bevölkerung der Erziehung des Kindes in der eigenen Familie vorrangige Bedeutung beigemessen wird. Sollten Erziehungsgeld und Erziehungsurlaub bis zum dritten Lebensjahr des Kindes über bundesgesetzliche oder gegebenenfalls auch landesgesetzliche Regelungen ausgedehnt werden, wird dies maßgebliche Bedeutung für den Bedarf an Kinderkrippen haben. Zu berücksichtigen bleibt dabei aber, daß ein Teil der Erziehungsgeldberechtigten auch während des Erziehungsurlaubs teilzeitarbeiten müssen und ohne Verlust des Erziehungsgeldes auch teilzeitarbeiten können. Während dieser Zeit muß die Betreuung des Kindes gesichert sein. Schließlich ist für den Bedarf nicht unerheblich, zu welchen finanziellen Bedingungen Kinderkrippen angeboten werden. Alles in allem wird nur in größeren Gemeinden (ab 10.000 Einwohner) und in den Städten, vor allem in den Großstädten, ein Kinderkrippenangebot bedarfsnotwendig sein. Der Bedarf an Kinderkrippenplätzen dürfte dabei in den nächsten Jahren kaum 15% eines Jahrgangs überschreiten.

Im Vergleich zum Bedarf für Kinderkrippen wird der Bedarf für die Betreuung von Kindern im Schulalter, insbesondere für Formen des Horts, erheblich höher sein. Mit zunehmendem Alter der Kinder steigt auch der Wunsch der Mütter, unterbrochene berufliche Tätigkeit wieder aufzunehmen oder zu erweitern. Der Bedarf läßt sich durch konkrete Umfragen ermitteln, wobei die finanziellen Bedingungen des Betreuungsangebots für Schüler einschlägige Wünsche wesentlich beeinflussen können. Soweit nicht ausnahmsweise Ganztagsschulen oder Tagesheime bei Schulen (insbesondere Volksschulen) vorhanden sind, wird das notwendige Betreuungsangebot über eigenständige Horteinrichtungen oder Horte, die räumlich und organisatorisch eng mit der Schule verbunden sind (»Hort an der Schule«), zu decken sein.

Errichtung und Unterhaltung von Kindergärten

Wenn festgestellt wird, daß weitere Kindergartenplätze bedarfsnotwendig sind, ist es eine gemeindliche Pflichtaufgabe, sicherzustellen, daß diese Plätze errichtet und unterhalten werden. Im Rahmen dieser Sicherstellungspflicht haben freie Träger Vorrang. Unter den freien Trägern sind neben traditionellen Wohlfahrtsorganisationen vor allem Kirchengemeinden sehr an einem Kindergarten interessiert und deshalb bereit, sich personell und finanziell für diese Institutionen zu engagieren. Soweit sich darüber hinaus keine freien Träger finden, ist es durchaus denkbar, unter Beachtung gesetzlicher Anerkennungsvoraussetzungen, daß engagierte Eltern einen Verein als freien Träger gründen. Eine kommunale Trägerschaft sollte zu allerletzt angestrebt werden.

Wer einen Kindergarten baut, muß wissen, daß die reinen Baukosten (ohne die Kosten des Grundstücks einschließlich der Erschließung und ohne die Ausstattung) je Kindergartenplatz 30.000 DM (Stand 1990) betragen. In der Regel wird ein freier Träger mit den gesetzlichen Baukostenzuschüssen, die z.B. in Bayern derzeit nicht über 20.000 DM je Platz reichen, einen Kindergarten selbst nicht bauen können. Deshalb fordern freie Träger in der Regel eine kommunale Finanzbeteiligung an den Baukosten ein, die über das gesetzliche Pflichtmaß weit hinausgeht. Nicht selten stellt deshalb die Gemeinde den Bau eines Kindergartens selbst her und überantwortet den Betrieb einem freien Träger (Betriebsträgerschaft).

Was den Betrieb anbetrifft, so ist in der Regel von zwei pädagogischen Kräften (Erzieherin und Kinderpflegerin) je Gruppe auszugehen, die nicht mehr als 25 und nicht weniger als 15 Kinder haben soll. Da die öffentliche Förderung durch Gemeinde und Land diese Personalkosten in der Regel nicht decken wird, müssen über Elternbeiträge nicht nur die sachlichen Betriebskosten, sondern auch die ungedeckten Personalkosten finanziert werden. Diese Kostenbestandteile bestimmen deshalb häufig auch die Höhe des Elternbeitrags. Kalkulatorische Kosten (wie z.B. Abschreibungen) werden in aller Regel nicht über Elternbeiträge erwirtschaftet. Besonders für Instandhaltung und Erneuerung ist der freie Träger auf Spenden angewiesen. Zunehmend erhält er auch bei größeren Maßnahmen dieser Art »freiwillige« Zuschüsse der Kommune.

Von den berufstätigen Eltern und Müttern wird zunehmend der Ruf nach flexiblen Öffnungszeiten der Kindergärten laut. Darunter versteht man, daß die Öffnungszeiten des Kindergartens stärker den Arbeitszeiten angepaßt werden, insbesondere daß eine Mittagsbetreuung angeboten wird. Mit zwei Kräften je Gruppe läßt sich bei einem dreigruppigen Kindergarten eine tägliche Öffnungszeit von 7.30 bis 16.30 Uhr gerade noch organisieren. Bei kleineren Kindergärten oder weitergehenden Öffnungszeiten ist zusätzliches Personal notwendig. Probleme beim Bringen und Abholen der Kinder lassen sich für berufstätige Mütter auch durch organisierte Nachbarschaftshilfe lösen.

Errichtung und Unterhalt von Kinderkrippen und Kinderhorten

Soweit für Kinderkrippen oder Kinderhorte Plätze benötigt werden, sind es die Landkreise und kreisfreien Städte, die – unbeschadet der Delegationsmöglichkeit nach Landesrecht auf kreisangehörige Gemeinden – als örtliche Träger der öffentlichen Jugendhilfe sicherzustellen haben, daß im bedarfsnotwendigen Umfange Kinderkrippen und Kinderhorte zur Verfügung stehen. Kreisangehörige Gemeinden können allerdings im örtlichen Bereich Aufgaben der Jugendhilfe übernehmen, also ebenfalls eine Kinderkrippe oder einen Kinderhort errichten und unterhalten. Auch für Kinderkrippen und Kinderhorte gilt, wie beim Kindergarten, der Vorrang freier Trägerschaft. Allerdings werden die Träger öffentlicher Jugendhilfe noch im weitaus stärkeren Maße als bei Kindergärten zur finanziellen Unterstützung gefordert sein, wenn sie in größerem Maße freie Träger für die Übernahme der Verantwortung in Kinderkrippen und Kinderhorten gewinnen wollen.

Was die Errichtung von Kinderkrippen und Kinderhorten und deren Kosten angeht, so wird bei der Beachtung der geforderten Raumprogramme schnell erkennbar, daß eigenständige Neubauten Kosten auslösen, die auf den Platz bezogen höher sind als beim Kindergarten. Da darüber hinaus auch staatliche Förderungsmöglichkeiten derzeit für Kinderkrippen und Kinderhorte überhaupt nicht oder nur begrenzt bestehen, ist der öffentliche Träger der Jugendhilfe (der Landkreis, die kreisfreie Stadt und gegebenenfalls die Gemeinde) in ganz besonderer Weise finanziell gefordert. Aus diesem Grund empfiehlt es sich, für Kinderkrippen wie für Kinderhorte räumlich organisatorische Verbindungen zum Kindergarten herzustellen und damit Kosten zu sparen.

Was den laufenden Unterhalt einschließlich Personalkosten angeht, so ist beim Kinderhort eine dem Kindergarten vergleichbare Situation gegeben. Zwei Kräfte sind für eine Gruppe von 20 bis 25 Kindern notwendig. Beispielsweise gibt der Freistaat Bayern einen Personalkostenzuschuß von 40% – vergleichbar einer Förderung im Kindergartenwesen – und erwartet, daß die örtlichen Träger der Jugendhilfe, die Landkreise und kreisfreien Städte, in gleichem Umfang sich an den Betriebskosten freier Träger beteiligen. Auch hinsichtlich des finanziellen Engagements und der Elternbeiträge ist die Situation bei Kinderhorten der bei den Kindergärten durchaus ähnlich.

Eine gänzlich andere Situation besteht hingegen bei Kinderkrippen. Nicht für 25 Kinder, sondern bereits für maximal 12 Kinder sind zwei Kräfte erforderlich. Wenn keine staatliche Förderung (wie z.B. in Bayern) besteht, bedeutet dies, daß ein Aufwand von mehr als 1.000 DM monatlich je Krippenplatz entsteht. Um zu einem gerade noch vertretbaren Elternbeitrag von z.B. 600 DM monatlich zu kommen, müßte durch den örtlichen Träger der Jugendhilfe, unter Berücksichtigung einer gewissen Eigenbeteiligung des Trägers (20%) eine monatliche Subvention von mindestens 200 DM je Krippenplatz gewährt werden. Eine Obergrenze für den Elternbeitrag ergibt sich dabei aus dem auch im neuen Jugendhilferecht geltenden Grundsatz, daß bei grundsätzlich gleichermaßen geeigneten Angeboten (z.B. Tagespflege und Kinderkrippe) das aufwendigere (die Kinderkrippe) als Jugendhilfeleistung nur beansprucht werden darf, wenn dieses nicht mit unverhältnismäßigen Mehrkosten verbunden ist. Für die hohen Elternbeiträge in der Kinderkrippe, wie überhaupt für alle Elternbeiträge bei Tageseinrichtungen, besteht allerdings die Möglichkeit, daß die Jugendhilfe im Einzelfall diese Elternbeiträge ganz oder teilweise übernimmt. Insofern schafft das neue Kinder- und Jugendhilferecht Klarheit, daß nicht nur bei Alleinerziehenden, die berufstätig sind, sondern bei jeglicher Berufstätigkeit der Eltern die Jugendhilfe eintreten muß, wenn dies für das Wohl des Kindes förderlich ist und die Voraussetzungen der Jugendhilfe hinsichtlich Einkommen und Vermögen gegeben sind. Dies wird in nicht wenigen Fällen dazu führen, daß der Elternbeitrag bei Tageseinrichtungen für Kinder, insbesondere bei Kinderkrippen, kein finanzielles Hindernis für die Inanspruchnahme dieses Angebots ist.

Zusammenfassung und Ausblick

Der Bedarf an Tageseinrichtungen, insbesondere für Schulkinder (Kinderhorte) und für Kleinkinder (Kinderkrippen), wird wachsen. Er wird über die Städte hinaus im Umland der Städte entstehen und sich auch auf dem flachen Land in den »Mittelpunktgemeinden« bemerkbar machen. Für die gesetzlich zuständigen Träger der Jugendhilfe wird dieser zunehmende Bedarf zu verstärkten institutionellen Herausforderungen führen, die diese gemeinsam mit freien Trägern einlösen müssen. In der Folge werden erhebliche finanzielle Mehrbelastungen entstehen, die sich in höheren Subventionen und einer folglichen Ausweitung der Einzelfallhilfe in der Jugendhilfe niederschlagen werden. Im Interesse der Kinder und ihrer persönlichen Entwicklung ist dieser Finanzaufwand jedoch zu rechtfertigen.

Brigitte Wolf

Tagespflege

§ 23 KJHG

Nach § 23 Abs. 1 KJHG dient die Tagespflege der Förderung der Entwicklung von Kindern, insbesondere in den ersten Lebensjahren. Die Pflegeperson betreut das Kind für einen Teil des Tages oder ganztags in ihrem Haushalt bzw. in demjenigen, in dem das Kind lebt. Nach § 23 Abs. 2 KJHG sollen Pflegeperson und Personensorgeberechtigte zum Wohl des Kindes zusammenarbeiten. Sie haben Anspruch auf Beratung in allen Fragen der Tagespflege. Ferner sollen laut § 23 Abs. 4 KJHG Zusammenschlüsse von Pflegepersonen beraten und unterstützt werden. Ist die Tagespflege für das Wohl des Kindes geeignet und erforderlich und wird eine geeignete Pflegeperson vermittelt, so sollen dieser laut § 23 Abs. 3 KJHG die entstehenden Aufwendungen einschließlich der Kosten der Erziehung ersetzt werden. Dazu müssen die Eltern nach § 91 Abs. 2 KJHG einen Beitrag leisten, wobei die Beteiligung an den Kosten im Landesrecht entsprechend den Bestimmungen für Tageseinrichtungen (§ 90 Abs. 1, 3 und 4 KJHG) geregelt werden kann. Alle Kinder, für deren Wohl Tagespflege (oder eine Förderung in Tageseinrichtungen) erforderlich ist, sollen laut § 24 KJHG diese Hilfe erhalten. Die Länder sollen diesen Grundsatz durch Landesrecht regeln und einen bedarfsgerechten Ausbau gewährleisten.

Tagespflegeangebote für Kinder

Das Kinder- und Jugendhilfegesetz trennt die bisherigen Aufgabenfelder des Pflegekinderwesens durch eine neue Zuordnung im Rahmen der Angebote der Jugendhilfe. Die Tagespflege wird im Unterabschnitt Förderung von Kindern in Tageseinrichtungen beschrieben. Die Vollzeitpflege, Wochenpflege und Krisenpflege sowie die Tagespflege als Hilfemaßnahme sind dem Unterabschnitt Hilfen zur Erziehung zugeordnet.

Auf dieser rechtlichen Basis kann sich die Tagespflege zu einem Regelangebot entwickeln, das gleichberechtigt neben den institutionellen Einrichtungen von Kindertagesstätten steht. Mit dem Wegfall der Pflegeerlaubnis durch das Jugendamt, außer bei gewerbsmäßiger Tagespflege, setzt der Gesetzgeber zudem einen Schwerpunkt für private, selbst organisierte Tagespflegeverhältnisse. Durch diese Weichenstellung entsteht die Frage nach einer Umorientierung im Pflegekinderwesen. Welche Rolle wird das Jugendamt zukünftig im Rahmen der Tagespflege übernehmen und welche Aufgaben resultieren daraus?

In vielen Jugendämtern wird der Bereich Tagespflege auf eine langjährige Tradition zurückblicken können. Neuere Entwicklungen sehe ich daher im Zusammenhang mit bereits bestehenden Hilfsangeboten – unter Berücksichtigung des veränderten Bedarfs. In unserem vorschulischen Erziehungssystem ist vor allem der Kindergarten ein unbestrittener Bestandteil der Betreuung von drei- bis sechsjährigen Kindern. Die Tagespflege hat sich traditionell überwiegend für die Altersstufe der null- bis dreijährigen Kinder etabliert. Beim derzeitigen geringen Versorgungsgrad in der Tagesbetreuung von Kleinstkindern ist sie als Angebot zu bewerten, das gleichberechtigt mit Krippe und Krabbelstube versucht, den Bedarf zu decken.

In Betracht zu ziehen ist darüber hinaus die Wirkung des Erziehungsgeldes. Laut den Koalitionsbeschlüssen der Bundesregierung soll es für 18 Monate gewährt werden; daran schließt sich in einigen Bundesländern ein Landeserziehungsgeld an. Als Folge dieser Leistung konnten wir z.B. in Erlanger Krippen und Krabbelstuben eine Veränderung der Altersstufe der zu betreuenden Kinder feststellen. Es werden weniger Säuglinge, jedoch vermehrt Kleinkinder ab dem ersten Lebensjahr angemeldet. Eine signifikante Wirkung auf die Tagespflege wurde bisher nicht deutlich. Insbesondere alleinerziehende Frauen scheinen zunehmend darauf angewiesen zu sein, frühzeitig ihre Arbeit wieder aufzunehmen. Die Höhe des Erziehungsgeldes reicht für ihre Lebenshaltungskosten nicht aus.

Anzunehmen ist, daß trotz des Wegfalls der Pflegeerlaubnis die Anfragen von berufstätigen Müttern und Eltern an das Jugendamt um Unterstützung bei der Suche nach einem Pflegeplatz weiter bestehen werden. Wie bisher wird das Jugendamt als Anlaufstelle für hilfesuchende Eltern oder Elternteile zur Unterbringung ihres Kindes gelten. So werden sich voraussichtlich privat organisierte Tagespflegeverhältnisse und durch das Jugendamt vermittelte Tagespflegestellen nebeneinander weiterentwickeln. Bereits heute ist jedoch auch bei privat organisierter Tagespflege die Erwartung erkennbar, beim Jugendamt Beratung in pädagogischen Fragen, bei der Gestaltung des Vertragsverhältnisses, hinsichtlich der Höhe der Kosten oder bei versicherungsrechtlichen Problemen zu erhalten. Auch das Bedürfnis nach Hilfen durch das Jugendamt bei Schwierigkeiten zwischen Eltern und Tagespflegepersonen wird weiter bestehen.

Das Jugendamt sollte somit verstärkt im Bereich der Beratung (§ 23 Abs. 2 KJHG) tätig werden, jedoch auch nach wie vor selbst Tagespflegestellen vermitteln oder dafür Sorge tragen, daß eine Vermittlungsstelle für interessierte Tagespflegepersonen und pflegeplatzsuchende Eltern eingerichtet wird. Um bei einer Vermittlung der Verantwortung den abgebenden Eltern gegenüber gerecht zu werden, halte ich die Überprüfung der häuslichen Situation und der pädagogischen Eignung auch unter den Prämissen des KJHG für erforderlich. Dies kann in Form eines ausführlichen Gespräches oder durch einen Hausbesuch geschehen. Eine umfangreiche Überprüfung der Tagespflegestellen mit polizeilichem Führungszeugnis und Gesundheitszeugnis ist jedoch nicht mehr notwendig.

Neu hinzu kommt der Bereich der Tagespflege im Haushalt der Personensorgeberechtigten. Hier gilt es, neue Konzepte und Finanzierungsmodalitäten zu entwickeln. Aber auch generell stellen die gesetzlichen Grundlagen im KJHG eine Herausforderung zur Entwicklung neuer Tagespflegemodelle dar. Sie beinhalten die Chance, auf Probleme zu reagieren, die aus den veränderten familiären Lebensbedingungen in unserer Gesellschaft entstehen. Ein zentrales Problem unserer Zeit stellt die Vereinbarkeit von Familie und Beruf dar.

Konzeptentwicklung »Tagespflegenester«

Die Tagespflege bietet die familienähnlichste Form der Betreuung von Kleinstkindern. Sie hat jedoch mit verschiedenen Problemen zu kämpfen, die aus den individuellen Rahmenbedingungen resultieren, unter denen Tagespflege geleistet wird. Die Vorteile der Tagespflege liegen u.a. bei den individuell gestalteten Betreuungszeiten und der intensiven Zuwendung für das Kind. Schwierigkeiten entstehen häufig bei Krankheits- und Urlaubszeiten, hinsichtlich eines regelmäßigen Entgelts, bei sehr unterschiedlichem Erziehungsverhalten oder aus mangelhafter Absicherung der Tagespflegeperson.

Mit der Lösung dieser Fragen beschäftigten sich Mitarbeiter des Jugendamtes Erlangen bei der Suche nach einer besseren Ausgestaltung des Angebotes der Tagespflege. Ausgangspunkt unserer Überlegungen war die Situation einer unserer Tagesmütter, die nach der Trennung von ihrem Mann aufgrund der mangelnden finanziellen und sozialversicherungsrechtlichen Absicherung ihre Tagespflegetätigkeit aufgeben und in ihren erlernten Beruf zurückkehren mußte. Als Mitarbeiter des Jugendamtes hatten wir uns zwar um die Lösung der anstehenden Fragen bemüht, mußten aber sehr schnell erkennen, daß wir im Bereich der Tagespflege im Grunde genommen immer noch an der gleichen Stelle stehen, an der das Modellprojekt des Bundesfamilienministeriums »Tagesmütter« 1977 beendet wurde.

Obwohl das Modellprojekt damals gute pädagogische Ergebnisse vorweisen konnte, »es ist also festzustellen, daß die Kinder im Modellprojekt sich besser entwickelt haben, als vergleichbare Kinder berufstätiger Mütter außerhalb des Modellprojekts« (Deutsches Jugendinstitut 1976, S. 12), wurden für die arbeitsrechtlichen und sozialrechtlichen Forderungen aus dem Modellprojekt bis heute keine Antworten gefunden. Neben der gezielten Beratung von Tagespflegemüttern bezogen sich die Forderungen vor allem auf die Spannbreite von einem angemessenen Entgelt für die Erziehungsleistung der Tagespflegemütter bis hin zur Klärung des Arbeitsstatus und der Forderungen nach einem eigenen Berufsprofil »Tagespflegemutter«. Die verschiedenen Formen der möglichen sozialversicherungsrechtlichen Teilabsicherungen reichten von einem arbeitnehmerähnlichen Dienstvertrag bis hin zum Werkvertrag.

Erklärbar sind die unterschiedlichen Ansätze aus der Situation der jeweiligen Pflegemütter heraus. Tendenziell lassen sich zwei Grundsituationen unterscheiden: Die Tagesmutter, die diese Aufgabe als vorübergehende Tätigkeit sieht, häufig verbunden mit der Erziehung eines eigenen Kindes, und das Ziel hat, später in das frühere Berufsleben zurückzukehren, und die Gruppe der Tagesmütter, die diese Tätigkeit auf Dauer ausüben wollen.

Mehr als 10 Jahre nach Beendigung des Modellprojekts sahen wir uns in Erlangen vor die gleichen Fragen gestellt. Einerseits standen wir vor dem Problem, ein relativ schnell realisierbares Konzept der Tagespflege zu entwickeln, um dem hohen Bedarf gerecht zu werden, andererseits beschäftigte uns die Frage, wie die Tagespflege rechtlich abgesichert werden kann. Es fügten sich in dieser Ausgangslage noch verschiedene andere Aspekte zu einem Bild. Ein Aspekt war z.B. die Begegnung mit Erzieherinnen und anderen in Sozialberufen tätigen Mitarbeiterinnen, die gerne für einen vorübergehenden Zeitraum aus der institutionellen Erziehungsarbeit aussteigen wollten und trotzdem Interesse hatten, sich im kleineren Rahmen zu engagieren. Ein weiterer Gesichtspunkt war die Erkenntnis, daß die Veränderungen im Familienbild unserer Gesellschaft auch nicht vor dem Angebot der Tagespflege haltgemacht haben. Die klassische Form der Tagespflege in einer Familie, in der der Ehemann die finanzielle und soziale Absicherung von Frau und Kindern gewährleistet, geht zurück. Es gibt jedoch auch inzwischen alleinerziehende Frauen, die bereits sind, neben ihrem eigenen Kind Tagespflegekinder zu betreuen. Unabhängig davon suchen Mitarbeiter des allgemeinen Sozialdienstes immer wieder nach Möglichkeiten, Kinder vorbeugend mit einer qualifizierten Tagespflege vor einer Heimeinweisung zu bewahren. Vor diesem Hintergrund wurde das Konzept der »Tagespflegenester« im Jugendamt Erlangen entwickelt.

Tagespflegenester zur Kleinstkinderversorgung

Durch die begleitende Qualifizierung der Tagespflegepersonen unterscheidet sich unser Konzept von der herkömmlichen Tagespflege, die jedoch weiterhin ein wichtiges Standbein bleibt. Die nachstehenden Aussagen wurden unserer Konzeption entnommen:

Begriff Tagespflegenest: Das hier vorgestellte Betreuungsangebot »Tagespflegenester« bedeutet eine Fortentwicklung der Tagespflegestellen. Die Pflegenester bieten eine intensive Beziehung zur Tagespflegeperson, ein zeitlich flexibles Angebot in den Betreuungszeiten und die Möglichkeit, im Bedarfsfall auch schwierige Kinder oder schwer vermittelbare Kinder unterzubringen. In einem Tagespflegenest betreut eine pädagogisch qualifizierte Kraft oder zur pädagogischen Fortbildung bereite Kraft im Rahmen eines Vertrages Kinder im Alter bis zu drei Jahren. Im Einzelfall kann in Absprache mit den abgebenden Elternteilen, der Tagespflegeperson sowie der Koordinationsstelle die Betreuung bis zum Angebot einer am Wohle des Kindes orientierten anderen Betreuungsleistung fortgesetzt werden.

Betreuungsort: Die Betreuung erfolgt in der Wohnung der Tagespflegeperson (Pflegenest). Bei der Auswahl der Pflegestelle wird versucht, eine räumliche Nähe zum Wohnort des Kindes zu erreichen, um Fahrzeiten zu reduzieren und das Wohnumfeld einbeziehen zu können. Die Betreuung findet im Regelfall ganztags statt, im Einzelfall können auch Kinder halbtags betreut werden.

Betreuungszeiten: Die Betreuungszeiten liegen im Regelfall zwischen 7.00 Uhr und 17.00 Uhr. Abweichungen sind nach Absprache zwischen den abgebenden Eltern, der Betreuungskraft und der Koordinationsstelle möglich.

Qualifikation der Tagespflegepersonen: Die Tagespflegeperson ist eine pädagogisch qualifizierte Kraft oder zur Teilnahme an pädagogischen Qualifizierungskursen bereite Kraft. Um in der bisherigen Pflegebetreuung auftretende Mängel beseitigen zu können, ist die pädagogische Vorqualifikation bzw. die Bereitschaft zur arbeitsbegleitenden Weiterqualifizierung Voraussetzung für die Übernahme in ein Vertragsverhältnis.

Besondere Aufgaben: Ein in der bestehenden Pflegekinderbetreuung häufig zu beobachtendes Problem stellen latente oder akute Konkurrenzsituationen zu den leiblichen Eltern dar bzw. das Problem »der Synchronisation« von Erziehungsstilen. Häufig führen diese Schwierigkeiten zum Abbruch der Inpflegenahme bzw. zu einem das Kind belastenden Pflegestellenwechsel. Bei den Tagespflegepersonen muß deshalb die Bereitschaft zu einer der Entwicklung des Kindes förderlichen Zusammenarbeit mit den leiblichen Eltern gegeben sein bzw. durch geeignete Beratung gefördert werden. Die ausreichende pädagogische Qualifikation ist zudem Voraussetzung für die Betreuung von

Kleinstkindern mit ersten Symptomen von Verhaltensauffälligkeiten bzw. Entwicklungsverzögerungen (aggressives Verhalten, Rückstände im Bereich der Entwicklung der Motorik, der Sprachentwicklung usw.).

Vertrag: Die Tagespflegeperson geht über einen Vertrag mit der Stadt Erlangen ein rechtsverbindliches Vertragsverhältnis ein. Im Rahmen des Vertrages wird neben der Vergütung für die Erziehungsleistung eine monatliche Pauschale von 300 DM zur sozialversicherungsrechtlichen Absicherung gewährt. Das Vertragsverhältnis kann mit einer Sechs-Wochenfrist von beiden Seiten aufgelöst werden.

Entgelt: Das Stadtjugendamt zahlt ab Vertragsbeginn die monatliche Pauschale in Höhe von 500 DM pro Kind.

Beratung: Das Jugendamt bietet über eine geeignete Fachkraft (Sozialpädagogin) den Tagespflegepersonen Beratung an. Hierbei sind insbesondere die Bereiche Erziehungsfragen, Zusammenarbeit mit Eltern, Organisation des Tagesablaufs, Einsatz der Honorarkräfte sowie steuerliche und versicherungsrechtliche Probleme von Bedeutung.

Qualifizierungskurse: Seitens der Koordinationsstelle werden in Zusammenarbeit mit der als Springerin eingesetzten Erzieherin fortlaufende Qualifizierungskurse für die Tagespflegepersonen durchgeführt. Die Teilnahme an diesen Kursen ist für die Betreuungskräfte der Pflegenester verbindlich.

Gruppentreffen: In regelmäßigen Abständen kommen die Tagespflegepersonen der Pflegenester zu den von der Koordinationsstelle/Fachberatung angebotenen Treffen, die primär dem Erfahrungsaustausch, der gemeinsamen Besprechung von Problemen im Pflegenesteralltag und damit auch der Hilfe zur Problembewältigung dienen. Isolation im Zusammenhang mit Erziehungsproblemen, die sich bisher als erhebliche Schwierigkeit im Bereich der Pflegevermittlung erwiesen hat, kann auf diese Weise reduziert werden.

Eine Erzieherin als Springerkraft: Um längere Krankheitszeiten der Tagespflegepersonen vertreten zu können, wird als festangestellte Kraft eine Erzieherin zur Krankheits- und Urlaubsvertretung eingesetzt. Ein regelmäßiger Kontakt zwischen der Erzieherin und den zu betreuenden Kindern ist zu ermöglichen, da sonst massive Umgewöhnungsschwierigkeiten der Kinder im Vertretungsfall zu erwarten sind. Die Erzieherin führt daher in regelmäßigen Abständen innerhalb der Koordinationsstelle themenzentrierte Betreuungsangebote durch. Darüber hinaus besteht die Möglichkeit für die Tagespflegepersonen, die Kinder auch während der Woche kurzzeitig in der Koordinationsstelle unterzubringen, um notwendige Besorgungen, wie z.B. Arztbesuche usw., erledigen zu können. Zu den Aufgaben der Erzieherin gehört weiterhin die Mitarbeit bei Elterngesprächen und Qualifizierungskursen.

Gebühren: Für das Betreuungsangebot »Tagespflegenester« werden nach

§ 91 Abs. 1 Gebühren erhoben. Die Höchstgebühr beträgt monatlich 400 DM einschließlich 50 DM Verpflegungsanteil. Gebührenbefreiung bzw. -ermäßigung kann nach § 90 Abs. 3 Ziffer 4 gewährt werden.

Schlußbemerkung

Abschließend möchte ich noch auf einige Probleme eingehen, deren Klärung für die Weiterentwicklung der Tagespflege von entscheidender Bedeutung sind. Die steuerliche Würdigung der Tagespflege durch das Finanzamt liegt derzeit bei einer fünf- bis sechsstündigen Betreuung eines Kindes bei 360 DM und bei einer Ganztagsbetreuung bei 480 DM. Der Anteil für die Erziehungsleistung ist mit 100 DM relativ niedrig bewertet. In der Diskussion ist derzeit die Anhebung des Erziehungsanteils im Pflegesatz. Um eine tatsächliche Verbesserung der Vergütung für Tagespflege zu erreichen, müßte der steuerliche Freibetrag des Erziehungsanteils sichergestellt werden.

Für diejenige Gruppe unter den Tagespflegepersonen, die diese Aufgabe auf Dauer wahrnehmen wollen, ist es notwendig, in Zusammenarbeit mit dem Wohnungsamt ausreichenden Wohnraum zur Verfügung zu stellen und hier zu neuen Formen der Zusammenarbeit zu kommen.

Die Fragen der sozialrechtlichen Absicherung sind grundsätzlich zu klären. Voraussetzung dafür ist die Anerkennung der Tagespflege als gesellschaftlich notwendige und sinnvolle Betreuungsform für Kleinstkinder.

Für den Vollzug der kostenrechtlichen Abwicklung nach § 23 Abs. 3 KJHG können landesrechtliche Regelungen ergehen (§ 24 Satz 2 KJHG). Soweit diese fehlen, bleibt im Einzelfall die Beurteilung dem öffentlichen Jugendhilfeträger überlassen. Es sind Kriterien zu entwickeln, nach denen die Voraussetzungen »Wohl des Kindes« sowie »geeignet und erforderlich« für die Kostenregelung überprüft werden können.

Brigitte Wolf

Unterstützung selbstorganisierter Förderung von Kindern

§ 25 KJHG

In § 25 KJHG wird geregelt, daß Eltern und andere Erziehungsberechtigte, welche die Förderung von Kindern selbst organisieren wollen, beraten und unterstützt werden sollen. In diesem Zusammenhang sind noch die §§ 45–47 KJHG von Bedeutung, in denen u.a. geregelt wird, daß für den Betrieb einer Einrichtung eine Erlaubnis notwendig ist, unter welchen Bedingungen sie erteilt, versagt oder widerrufen werden kann, daß örtliche Überprüfungen durchzuführen sind und welche Meldepflichten der Träger hat. Auch wird in § 73 KJHG die Förderung ehrenamtlicher Tätigkeit bestimmt.

Selbstorganisierte Formen der Kinderbetreuung gehen in unserer Gesellschaft auf die Kinderladenbewegung der 60er und 70er Jahre zurück. Zu den wichtigsten Zielen der damals aktiven Eltern gehörte der Wunsch, eigene Erziehungsvorstellungen in die Betreuung ihrer Kinder einbringen zu können.

»Sich selbst zu helfen«, da öffentliche Einrichtungen fehlen, dürfte heute das wichtigste Motiv für das Engagement der Betroffenen sein. Viele Mütter und Väter stehen in unserer Zeit vor dem Problem, Beruf oder Studium mit der Erziehung ihres oder ihrer Kinder vereinbaren zu müssen (und auch zu wollen). Darüber hinaus spielen eigene pädagogische Vorstellungen immer noch eine große Rolle. Vor allem Einzelkinder sollen frühzeitig in Kontakt mit Spielkameraden kommen. Zahlreiche Frauen arbeiten in diesen Kindergruppen mit, um der Isolation des Erziehungsalltags etwas entgegenzusetzen. Aus ihrer unmittelbaren Betroffenheit heraus suchen sie aktiv nach Lösungen für ihre Probleme.

Väter und Mütter, die sich für selbstorganisierte Kinderbetreuung einsetzen, gehören meist einer bestimmten Bevölkerungsgruppe an. Kennzeichnend ist für sie ein höherer Bildungsgrad, der Mut, sich den organisatorischen und finanziellen Problemen dieser Einrichtungen zu stellen, und die Bereitschaft, hier Zeit und Kraft zu investieren. Von ihnen wird Zeit für pädagogische Dienste, Putz- und Kochdienste, Elternarbeit, Verwaltungstätigkeiten usw. erwartet.

Mit oder ohne festangestelltes Fachpersonal sind die Eltern-Kind-Gruppen in ihrer Tendenz der Bewegung der Selbsthilfegruppen zuzuordnen. Durch ihr Engagement in der Kinderbetreuung tragen sie dazu bei, Lücken im öffentlichen Betreuungssystem zu füllen. Im Bewußtsein, daß ihre Selbsthilfe zugleich Fremdhilfe für andere ist (sie schaffen zusätzliche neue Betreuungsplätze), fordern sie für diese Aufgabe, die dem Gemeinwohl dient, Unterstützung vom Staat.

Bevor ich auf mögliche Formen der Unterstützung selbstorganisierter Kinderbetreuung eingehe, erscheint es mir notwendig zu sein, die sehr unterschiedliche »Landschaft« von Gruppen, Initiativen und Einrichtungen aufzuzeigen und kurz zu beschreiben, auf welche »Realitäten« Mitarbeiter von Initiativgruppen und Behörden treffen. Generell lassen sich die Gruppen unterscheiden nach der personellen Besetzung, den Öffnungszeiten, der Ausstattung, dem rechtlichen Zusammenschluß und den Zielvorstellungen. Im folgenden möchte ich einige wesentliche Ansätze darstellen.

Privat organisierte Eltern-Kind- oder Mutter-Kind-Gruppen

Hier handelt es sich in der Regel um einen Zusammenschluß gleichgesinnter oder befreundeter Eltern bzw. Mütter mit einem relativ niedrigen organisatorischen Aufwand. Meist treffen sich diese Gruppen ein bis mehrere Male in der Woche für einige Stunden. Die Treffen finden häufig in Räumen der Kommune, z.B. Stadtteilzentren, oder der Kirchen statt. Die Kinder sind überwiegend der Altersstufe der Null- bis Vierjährigen zuzurechnen. Die Mütter nützen die Treffen zum Erfahrungsaustausch und zur Kontaktpflege. Daraus entwickeln sich in vielen Fällen Freundschaften und Nachbarschaftshilfen, die über die Gruppentreffen hinausgehen.

Krabbelstuben

Bei den Krabbelstuben unterscheiden wir von der Heimaufsicht her anerkannte oder (noch) nicht anerkannte Formen. Auf die Frage der Anerkennung der Einrichtung durch die Heimaufsicht, also die Erlaubnis für den Betrieb einer Einrichtung, werde ich später eingehen.

Krabbelstuben entwickeln sich in der Regel aus einer Eltern-/Mutter-Kind-Gruppe heraus oder werden von einer Gruppe interessierter Eltern getragen. Sie betreuen Kinder in der Altersstufe von null bis drei Jahren. Von der Gruppengröße her gesehen, umfassen sie zwischen sechs und 12 Kindern. Am Anfang ihrer Geschichte stehen zumeist Initiativgruppen ohne rechtlichen Status.

Im Laufe ihrer Entwicklung unterscheiden sie sich durch den Grad ihrer Stabilisierung: Manche Gruppen behalten den Initiativcharakter bei, mit der Folge, daß sie sich in der Regel auflösen, wenn die Kinder in den Kindergarten kommen. Andere gehen den Weg der Vereinsgründung, erwerben die Gemeinnützigkeit und etablieren sich als eine Einrichtung. Diese Einrichtungen bestehen auch weiter, wenn ihnen die Kinder der »ersten Generation« entwachsen sind. Ein hohes Maß an Eigenbeteiligung wird bei beiden Formen erwartet. Krabbelstuben, die den Weg der Institutionalisierung beschreiten, entscheiden sich für fest angestelltes Personal, eigene Räumlichkeiten, regelmäßige Betreuungszeiten und -gebühren.

Das Konzept von Krabbelstuben mit dem rechtlichen Status eines Vereins wird neuerdings auch von etablierten Organisationen aufgegriffen oder unterstützt. Ein Beispiel sind studentische Krabbelstuben, die vom Studentenwerk gefördert werden.

Mütterzentren

Die Mütterzentren sind Zusammenschlüsse von überwiegend nicht berufstätigen Müttern, deren Kinder im Kleinkindalter sind. Sie erreichen ein relativ hohes Organisationsniveau durch die Gewinnung von eigenen Räumen und die Bildung von Strukturen. Eine Gruppe engagierter Mütter übernimmt die Verantwortung für den Ablauf, die Finanzen und das Programm. Andere interessierte Mütter können einzelne Angebote wahrnehmen, z.B. Kurse, die Betreuung ihrer Kinder oder die Beratung in Erziehungsfragen. Für die Teilnahme werden Kursgebühren erhoben.

Selbstorganisierte Tagesbetreuung (ohne Tagespflege)

Die Selbsthilfegruppen in der Kinderbetreuung konzentrieren sich überwiegend auf die Altersstufe vor Eintritt in den Kindergarten. Eine Ausnahme bilden die Kinderläden. Daneben gibt es selbstorganisierte Hausaufgabenbetreuungen. Derzeit wird vielerorts auch eine Kurzzeitbetreuung nach der Schule gefordert. Inbesondere für teilzeitbeschäftigte Frauen mit Kindern im Grundschulalter ist die Überbrückung von ein bis drei Stunden nach der Schule ein Problem. Ungeklärt sind die Anbindung an die Schule oder an die Jugendhilfe, die Konzeption und Ausstattung.

Selbstorganisierte Tagesbetreuung von Kindern kann also in sehr unterschiedlichen Formen und Ausprägungen stattfinden. Zur Bewältigung ihrer

Aufgaben erwarten die Initiatoren fachliche und finanzielle Unterstützung. Ihre unmittelbaren Ansprechpartner sind die Mitarbeiter des Jugendamtes vor Ort. Um geeignete Unterstützungsmöglichkeiten entwickeln zu können, möchte ich zuerst auf immer wiederkehrende Probleme der Zusammenarbeit zwischen Selbsthilfegruppen und Behörden eingehen.

Probleme der Kooperation

Die auftretenden Schwierigkeiten bewegen sich auf der strukturellen Ebene und der zwischenmenschlichen Ebene. Strukturell gesehen, begegnen sich in der Selbsthilfegruppe und der Behörde zwei Organisationsformen mit sehr unterschiedlichem hierarchischem Aufbau. Ihre Arbeitsabläufe und Entscheidungswege unterscheiden sich in hohem Maße. Aus der Unkenntnis der Organisationsform »der anderen Seite« können Verständigungsprobleme entstehen, die von den einzelnen beteiligten Menschen vorschnell als »Unwilligkeit« oder »Unfähigkeit« interpretiert werden.

Am Beispiel der Entscheidungsstrukturen läßt sich dieses strukturelle Problem verdeutlichen. Entscheidungsstrukturen in Verwaltungen richten sich nach den Kompetenzen in den Hierarchiestufen und dem politischen Willen in Fachausschuß und Stadtrat. Entscheidungsprozesse ziehen sich aufgrund der vorgegebenen Strukturen oft über Wochen und Monate hin. Von in politischen Prozessen, in Bürokratie und Verwaltungshandeln unerfahrenen Selbsthilfegruppen wird das Verhalten der Behörde als »Verzögerungstaktik« oder Desinteresse erlebt. Demgegenüber verbinden Mitglieder von Selbsthilfegruppen mit ihrem ehrenamtlichen Engagement den Gedanken an Mitbestimmung aller an Entscheidungen, an eine möglichst breite Übereinstimmung, an die Delegation von Aufgaben ohne Festschreibung von Kompetenzen und Hierarchieverhältnissen. So kann es geschehen, daß Sachbearbeiter von Behörden mit wechselnden Ansprechpartnern der Gruppe zu tun haben. In Unkenntnis der Arbeitsweise von Selbsthilfegruppen empfinden sie diese leicht als »zu chaotisch« und beklagen das Fehlen eines Hauptverantwortlichen.

Auf der zwischenmenschlichen Ebene begegnen sich Vertreter von Behörden und Selbsthilfegruppen häufig mit einer vorgefaßten Meinung von der Arbeitsweise und dem Verhalten des Gegenübers. Man spricht hier von der »vorurteilenden Wahrnehmung«. Durch eigene Erfahrungen in anderen Zusammenhängen und übernommene Werturteile ist die eigene Meinung über den anderen schon vor dem ersten Kontakt geprägt. Während Mitglieder von Selbsthilfegruppen leicht als spontan, unzuverlässig im Einhalten von Terminen und als unfähig eingestuft werden, Anträge, Finanzierungspläne oder Abrechnungen »verwaltungsgerecht« zu erstellen, werden Sachbearbeiter in Verwaltungen schnell als unflexibel, verständnislos, starr oder kleinlich wahrgenommen. Daraus resultierende Verständigungsschwierigkeiten und ein Mißtrauen gegenüber den Absichten des anderen können die Zusammenarbeit belasten. Verstärkt werden die Verständigungsprobleme durch den als fremdartig erlebten unterschiedlichen Gebrauch von Schrift und Sprache (Beispiel Behördendeutsch).

Ein weiteres Problem ist die für Selbsthilfegruppen existentielle Frage der finanziellen Absicherung. Selbstorganisierte Kinderbetreuungseinrichtungen, die den Weg der Institutionalisierung gehen, übernehmen hohe finanzielle Verpflichtungen und große Verantwortung gegenüber Eltern, Kindern und dem angestellten Personal. Sie bewegen sich ständig am Existenzminimum und können auf keine Rücklagen zurückgreifen. Die Haushaltssystematik der öffentlichen Hand sowie die langwierigen Entscheidungsprozesse der Haushaltsberatungen lassen sie immer wieder in Ungewißheit, wie es nächstes Jahr weitergehen wird. Da berufstätige Eltern, die ihre Kinder in diese Einrichtungen geben, die Sicherheit eines bezahlbaren Betreuungsplatzes brauchen, ist dies einer der Punkte, für die praktikable Lösungswege gefunden werden müssen.

Beratungsbedarf und Beratungsansatz

Die Grundüberlegung – wie Beratung und Unterstützung von seiten des Jugendamtes aussehen kann – muß sich am Bedarf der jeweiligen Gruppe und am Wohl der dort betreuten Kinder orientieren, soweit dieses in der Verantwortung der Jugendhilfe liegt.

Im Rahmen der selbstorganisierten Tagesbetreuung von Kindern begegnen wir verschiedenen Formen mit einem unterschiedlichen Beratungsbedarf. Bei losen Zusammenschlüssen wie Eltern-/Mutter-Kind-Gruppen wird sich der Beratungsbedarf auf Fragen des Kontaktes untereinander, auf gemeinsame Veranstaltungen, eventuell auf Konfliktlösungen, auf die Raumsuche und die Abrechnung von Förderbeiträgen beschränken.

Differenziertere Ansätze für die Beratung und Unterstützung müssen für Initiativgruppen und selbstorganisierte Einrichtungen entwickelt werden. So werden diese mit einer Vielfalt von rechtlichen Vorschriften und Grundlagen konfrontiert und müssen lernen, damit umzugehen. Auch ist der Weg von der Idee bis zur Verwirklichung einer Einrichtung häufig weit und steinig.

Die im ersten Teil geschilderten Schwierigkeiten in der Zusammenarbeit zwischen Selbsthilfegruppe und Behörde erfordern einen Beratungsansatz, der die Charakteristika beider Seiten berücksichtigt und die Vermittlung zwischen beiden Seiten ermöglicht. Die Einrichtung einer Beratungsstelle innerhalb des Jugendamtes, angegliedert an den Bereich der Kindertagesstätten, halte ich daher für sinnvoll. Für den Erfolg ist die Qualifikation der Beraterin oder des Beraters von entscheidender Bedeutung. Es sollten sowohl pädagogische als auch verwaltungstechnische Kenntnisse vorhanden sein. Zur Aufgabe der Beratung gehört es, den Initiativgruppen gesetzliche, rechtliche und verwaltungsmäßige Grundsätze deutlich zu machen. Mit Hilfe der Vermittlungsstelle sollten in der Verwaltung klare und leicht verständliche Handlungsanweisungen entwickelt werden. Hilfestellung ist zu leisten bei der Antragstellung, dem Finanzierungskonzept, der Raumsuche, der Erstellung der pädagogischen Konzeption und bei betriebstechnischen Fragen.

Erlaubnis zum Betrieb einer Einrichtung

Entscheidend in diesem Zusammenhang ist die Frage der rechtlichen Anerkennung durch die Fachaufsicht. Nach § 45 KJHG muß eine Erlaubnis zum Betrieb einer Einrichtung erteilt werden, wobei nach Abs. 3 andere bestehende Rechtsvorschriften herangezogen werden müssen. Im Bereich der Kleinstkinderbetreuung sind dies z.B. in Bayern die Richtlinien für Heime und andere Einrichtungen. Die sachliche Zuständigkeit liegt nach § 89 Abs. 2 KJHG bei den Landesjugendämtern, in Bayern delegiert an die Fachaufsicht bei den Regierungen.

Für Krabbelstuben bedeutet dies, daß sie die Erlaubnis zum Betrieb einer Einrichtung erwerben müssen. Nicht notwendig ist die Anerkennung nach § 75 KJHG als Träger der Jugendhilfe. Die Erlaubnis muß vor Inbetriebnahme der Einrichtung erteilt werden. Dies ist kein Problem bei Einrichtungen, die von Anfang an die Institutionalisierung angestrebt haben. Schwieriger wird es, den Prozeß bei einer Entwicklung aus einer Eltern-Kind-Gruppe oder Initiativgruppe heraus zu begleiten und hier zum richtigen Zeitpunkt beratend auf die Notwendigkeit und die Folgen einer Institutionalisierung hinzuweisen.

Die Fachaufsicht kontrolliert die fachliche Eignung der Leiterinnen und Mitarbeiterinnen, die sachlichen Voraussetzungen bei den Räumlichkeiten und den Außenanlagen, die wirtschaftliche Potenz des Trägers sowie konzeptionelle Fragen, wie Öffnungszeiten, Elternarbeit usw. Die Erlaubnis zum Betrieb einer Einrichtung kann mit Auflagen verbunden werden und beinhaltet die Meldepflicht nach § 47 KJHG.

Finanzielle Unterstützung

Verbunden mit dem Beratungsauftrag ist der Auftrag zur Unterstützung. Und hier sehe ich vor allem die Notwendigkeit der finanziellen Förderung. Um es vorwegzuschicken, eine rechtlich abgesicherte finanzielle Unterstützung gibt es in den Bundesländern noch nicht. Es wird also den jeweiligen Kommunen und Landratsämtern obliegen, Richtlinien für die finanzielle Förderung zu erarbeiten und die Haushaltsmittel durch ihre örtlichen Gremien sicherzustellen.

Beispielsweise liegen in Erlangen der finanziellen Förderung von privat organisierten Eltern-/Mutter-Kind-Gruppen, von Mütterzentren, von Elterninitiativen für Kleinstkinder sowie von anerkannten Krabbelstuben und Kinderkrippen jeweils Beschlüsse des Jugendwohlfahrtsausschusses (jetzt Jugendhilfeausschuß), des Haupt- und Finanzausschusses und des Stadtrates zugrunde. Privat organisierte Eltern-/Mutter-Kind-Gruppen erhalten z.B. einen Förderbetrag von 500 DM jährlich für Spiel- und Sachmaterialien, Ausflüge usw. und können die ihnen zur Verfügung gestellten Räumlichkeiten kostenlos nutzen. Und für Initiativen gilt: »Zur Existenzsicherung der betroffenen Initiativen zur Kinderbetreuung beträgt der Betriebskostenzuschuß bis zu 50% der nachgewiesenen und sachlich erforderlichen Betriebsaufwendungen, bei Ganztagsgruppen höchstens 40.000,– DM und bei Halbtagsgruppen höchstens 20.000,– DM jährlich. Die in den einzelnen Gruppen anfallenden Betriebskosten sind zu mindestens 50% durch die Initiative mit Einnahmen zu decken. Ein Überschuß darf nicht entstehen. Die aufgeführten Richtlinien sind für die Gewährung der Zuschüsse bindend« (aus dem JWA-Beschluß vom 24.04.1989). Bei Anwendung dieses Förderungsmodus hat sich gezeigt, daß die Gebühren für die Teilnahme in diesen Gruppen relativ hoch sein müssen, um die anfallenden Kosten abzudecken. Eine Gebührenübernahme durch das Jugendamt gab es bisher in diesen Kindergruppen nicht. Als zusätzliche Leistung gewährt die Stadt jetzt einen Mietzuschuß.

Von der Fachaufsicht der Regierung anerkannte Krabbelstuben werden durch die Stadt Erlangen mit 66,6% der Personalkosten gefördert. Damit verbunden ist die Leistung der Gebührenübernahme nach § 90 KJHG. Die Betreuungsplätze stehen damit auch finanziell schwächeren Eltern oder Müttern offen. Trotzdem ist die finanzielle Lage der Krabbelstuben sehr gespannt. Durch das festangestellte Fachpersonal sind sie verpflichtet, alle Kosten der Arbeitgeberanteile, der Haftpflichtversicherung für die Einrichtung, des Spielgeldes usw. selbst zu tragen. Nach wie vor sind ehrenamtliche Putz- und Kochdienste, Verwaltungsarbeiten usw. notwendig. Zu überlegen wäre ein zusätzlicher Mietkostenzuschuß.

Schlußbemerkung

Grundsätzlich sind die selbstorganisierten Formen der Kinderbetreuung eine wichtige Ergänzung der familialen und institutionalisierten Tagesbetreuung von Kindern. Durch ihr ehrenamtliches Engagement übernehmen die Väter und Mütter Verantwortung für die Betreuung ihrer Kinder. Die ehrenamtliche Mitarbeit kann jedoch weder von ihrem Umfang noch von ihren Kompetenzen her überfordert werden. Gerade Initiativen, die sich der gemeinsamen Betreuung von Kindern widmen, machen deutlich, daß sie Hilfen in fachlicher und in finanzieller Hinsicht benötigen, um Kontinuität gewährleisten zu können. Wichtig ist für sie die Kalkulierbarkeit der öffentlichen Zuschüsse. Sie erwarten die Anerkennung ihrer Leistungen und fordern, daß finanzielle Hilfen auch aus Landesmitteln erfolgen sollten. Neben der materiellen Förderung sollten auf örtlicher Ebene Fachberatung im Jugendamt und Fortbildungsmöglichkeiten für die Mitarbeiter von Initiativgruppen angeboten werden.

Inge Töbel-Häusing

Erziehungsberatung

§ 28 KJHG

Die Erziehungsberatungsstellen sowie andere Beratungsdienste und -einrichtungen sollen nach § 28 KJHG »Kinder, Jugendliche, Eltern und andere Erziehungsberechtigte bei der Klärung und Bewältigung individueller und familienbezogener Probleme und der zugrundeliegenden Faktoren«, bei der Beantwortung »von Erziehungsfragen sowie bei Trennung und Scheidung unterstützen«. Dabei sollen Fachkräfte verschiedener Disziplinen zusammenarbeiten, die mit unterschiedlichen methodischen Ansätzen vertraut sind.

Die herkömmliche institutionelle »Erziehungsberatung« in der Praxis der Jugendhilfe, weitgehend als Beratungsstelle für Kinder, Jugendliche und Eltern bekannt, erhält in § 28 KJHG eine eigene Rechtsgrundlage. Die Beratungsangebote werden durch die neuen Regelungen Pflichtleistungen. Das bisherige Jugendwohlfahrtsgesetz sah in § 5 Abs. 1 Satz 1 Beratung in Fragen der Erziehung nur als bedingte Pflichtaufgabe an.

Das veränderte Verständnis von Beratung

Zur Verwirklichung dieses Anspruches sieht das KJHG ein differenziertes Beratungsangebot vor, das einerseits die veränderten Lebenswirklichkeiten in Familien und die veränderten gesellschaftlichen Rahmenbedingungen berücksichtigt, andererseits aber auch die bisherigen Beratungsansätze erweitert. Nicht nur Beratung in besonders schwierigen Lebenslagen wird intendiert, sondern auch eine präventive, familienbegleitende Beratung.

Die vorgesehene multidisziplinäre personelle Besetzung soll einen differenzierteren Zugang zur Situation des Klienten ermöglichen sowie bei der Auswahl der Beratungsstellen und der Beratungs- bzw. Therapieangebote mehr Flexibilität erlauben.

Konsequenzen für die Praxis

Eine Richtlinie der UNESCO sieht für 50.000 Einwohner ein Fachteam, bestehend aus mindestens einer sozialpädagogischen Fachkraft, einem Psychologen und einer Verwaltungskraft, als Mindestausstattung vor. Unsere Praxis geht inzwischen da und dort von erweiterten Annahmen aus, teilweise sind aber noch nicht die Mindestempfehlungen erfüllt. Sollen »individuelle und familienbezogene Probleme geklärt und bewältigt werden«, wie es der Gesetzgeber fordert – was nach meinem Verständnis Diagnose, Beratung und Therapie beinhaltet – so scheinen selbst 25.000 Einwohner, die inzwischen genannt werden, für ein derartiges Team ein kaum zu bewältigender Einzugsbereich zu sein.

Die multidisziplinäre personelle Besetzung, die ebenfalls im KJHG genannt wird, stellt m.E. das Dreierteam auch grundsätzlich in Frage. Eine Mindestausstattung von fünf Personen verschiedener Fachrichtungen entspricht zudem einem Praxisbedürfnis, weil Veränderungen nicht nur durch Diagnose und Beratung, sondern oft nur durch therapeutische Hilfen möglich sind. Auch der Gesetzgeber scheint den Aufgabenkatalog der Beratungsstellen nicht auf Diagnose und Beratung beschränken zu wollen, sondern ausdrücklich Therapiemöglichkeiten vorzusehen.

Das Verständnis von Beratung im KJHG impliziert m.E. eine grundlegende Veränderung des Selbstverständnisses der Beratungsstellen. Ihre personelle Besetzung war Mitursache einer quantitätsmäßigen Überforderung (lange Wartezeiten), die eine offensivere Jugendhilfe, die unter Umständen auch »vor Ort« (in der Familie) arbeiten soll, nahezu unmöglich machte. Die teilweise dadurch bedingte, fast ausschließliche »Komm-Struktur« vieler Beratungsstellen ist zu einer »Auch-Geh-Struktur« zu verändern, weil z.B. in unserer Gesellschaft Familien in der Regel nur abends bzw. am Wochenende erreichbar sind und oft nur dann Hilfen vor Ort angeboten werden können. Das gleiche gilt in den ländlichen Flächenkreisen, in denen der Weg zu den Beratungsstellen für Familien mit Kindern kaum bzw. gar nicht zu bewältigen ist.

Das Aufgeben des »Nur-Angebotscharakters« der Beratungsstellen soll nicht ein Aufzwingen der Hilfe oder ein Handeln gegen den Willen des Klienten bedeuten, sondern das Einleiten eines Hilfeprozesses trotz anfänglicher Verweigerung und spürbarer Widerstände erleichtern.

Verstärkte Vernetzung

Aus der Sicht der Jugendhilfe ist eine Konsequenz des § 28 KJHG die zwingende stärkere Vernetzung der verschiedenen Beratungsangebote. Die Schweigepflicht nach § 203 Strafgesetzbuch (StGB) und die Geheimhaltungsvorschriften des Sozialgesetzbuches (SGB) sollten dabei Beachtung finden, aber keine unüberwindbaren Hindernisse für eine vernetzende Zusammenarbeit sein.

Die durch das KJHG veränderten Sichtweisen einer Zusammenarbeit machen es erforderlich, Arbeitsweisen, Hilfemöglichkeiten und sonstige Ressourcen der jeweils anderen Beratungsstelle zu kennen.

Besprechungen zur gemeinsamen Erstellung von Hilfeplänen sind künftig verstärkt durchzuführen, und es ist verbindlich abzuklären, welche Anteile der Hilfe von welcher Stelle zu leisten sind. Diese veränderte Arbeitsweise ist auch gegenüber dem Klienten deutlich und einsichtig zu machen.

Neben der einzelfallbezogenen Zusammenarbeit sollte künftig auch verstärkt eine einzelfallübergreifende Arbeit erfolgen. In regelmäßigen Konferenzen könnten Informationen über Arbeitsansätze und Beratungskonzepte gegeben sowie besondere Themenschwerpunkte und Problemlagen (z.b. junge Menschen in Schwierigkeiten) auf regionaler Ebene erörtert werden. Denkbar wäre auch, die Entwicklung von Projekten (z.b. Angebote für benachteiligte Jugendliche) anzugehen und auf den Weg zu bringen.

Wer sollte die Federführung für dieses verstärkte vernetzte Handeln übernehmen? Meines Erachtens müßte in der Regel diejenige Stelle diese Aufgabe übernehmen, die von dem Gesetzgeber mit der Gesamtverantwortung für die Erfüllung der Aufgaben nach dem KJHG bedacht wurde: das jeweilige Jugendamt.

Ausblick

Nach §§ 79 ff KJHG hat der öffentliche Träger der Jugendhilfe (Verwaltung des Jugendamtes und der Jugendhilfeausschuß) die Gesamtverantwortung für die bedarfsgerechte Erfüllung der Jugendhilfeaufgaben und deren Planung übertragen bekommen. Die positiven Impulse, die von einer durch das KJHG gestärkten Planungsverantwortung für die Jugendhilfepolitik in den jeweiligen Kreisen und Städten ausgehen könnten, sollten von den Jugendhilfeausschüssen genutzt werden, um die neuen Chancen für Kinder, Jugendliche und Familien ins öffentliche Bewußtsein zu bringen. Denn die veränderte gesetzliche Regelung der Erziehungsberatung wird nur dann in die Praxis umgesetzt werden können, wenn auch der politische Wille zur finanziellen und fachlichen Absicherung vorhanden ist.

Hans-Wilhelm Friske

Soziale Gruppenarbeit

§ 29 KJHG

Soziale Gruppenarbeit (§ 29 KJHG) richtet sich an ältere Kinder und Jugendliche, die Hilfe bei der Überwindung von Entwicklungsschwierigkeiten und Verhaltensproblemen benötigen. Auf der Grundlage eines gruppenpädagogischen Konzepts soll ihre Entwicklung zu einer eigenverantwortlichen und zugleich gemeinschaftsfähigen Persönlichkeit (vgl. § 1 Abs. 1 KJHG) durch das soziale Lernen in der Gruppe gefördert werden. Den Anspruch auf Gewährung dieser Hilfe zur Erziehung haben gemäß § 27 Abs. 1 KJHG unter den dort genannten Voraussetzungen die Personensorgeberechtigten, doch sind neben ihnen Kinder und Jugendliche gemäß § 36 Abs. 1 KJHG (bzw. § 8 Abs. 1 KJHG) bei der Auswahl und Gestaltung der Hilfe zu beteiligen. Dabei muß sich zeigen, ob insbesondere die Minderjährigen selbst bereit sind, die vorgesehene Form der Hilfe anzunehmen, oder ob ihnen andere Hilfen anzubieten sind.

Zielgruppen

Als »Erziehungskurs«, »Übungs- und Erfahrungskurs« oder »sozialer Trainingskurs« haben modellhafte Erprobungen den fördernden Einfluß erzieherisch gestalteter Gruppenarbeit auf die Entwicklung junger Menschen bewiesen. Diese Maßnahmen erfolgen zumeist als Weisung im Rahmen der Erziehungsmaßregeln nach dem Jugendgerichtsgesetz (§ 10 JGG). Aber auch für nichtdelinquente Kinder und Jugendliche hat sich soziale Gruppenarbeit durchaus bewährt, insbesondere bei Problemlagen
– im persönlichen Bereich (z.B. Freizeitgestaltung, Durchhaltevermögen, Beziehungsaufbau),
– im familiären Bereich (z.B. Kommunikation mit Eltern und Geschwistern, gestörte Eltern-Kind-Beziehung, erzieherisches »April«-Klima),
– im Freundschaftsbereich (z.B. Eingehen von Bindungen, Partnersuche, Zuverlässigkeit),
– im Schul- und Arbeitsbereich (z.B. Unlust, Über- oder Unterforderung, Konzentration, Kontaktprobleme).

Nicht geeignet ist soziale Gruppenarbeit nach den bisherigen Erfahrungen bei einer Kumulierung mehrerer krisenhafter Problemlagen und bei einem Ausfall des das Lern- und Unterstützungsangebot mittragenden sozialen (familiären) Milieus.

Die Fülle der skizzierten Problemlagen, die mannigfaltigen Persönlichkeitsstrukturen der Kinder und Jugendlichen, unterschiedliches Alter und verschiedenartige familiäre und soziale Hintergründe erfordern ein vielfältiges und flexibles Angebot sozialer Gruppenarbeit, denn gemäß § 27 Abs. 2 Satz 2 KJHG haben sich Art und Umfang der Hilfe nach dem erzieherischen Bedarf im Einzelfall auszurichten.

Formen

Eine erste Differenzierung stellt die Art der Gruppenarbeit dar: Sie wird entweder als Kursus (mit einer von vornherein festgelegten Dauer) oder als fortlaufende Gruppe (ohne konkrete zeitliche Befristung) durchgeführt. Beide Formen haben ihre spezifischen Vor- und Nachteile: Ein Kursus beginnt erst, wenn eine bestimmte Teilnehmerzahl erreicht ist. Dauer und Intensität des Kursus sind dabei Variablen, die je nach Zielgruppe festzulegen sind, in der Regel aber eine Dauer von drei Monaten (bei zwei- bis dreistündigen Gruppentreffen pro Woche und ein bis zwei »Intensiv-Wochenenden«) nicht überschreiten sollten. Alternativ ist auch ein Wochenkursus denkbar, sofern Schul- und Arbeitsverhältnisse der Teilnehmer dies zulassen. Während des Kursus verändert sich die Zusammensetzung der Teilnehmer nicht; alle beginnen zum gleichen Zeitpunkt und hören zu einem vorher festgelegten Zeitpunkt auf, unabhängig davon, ob ein bestimmtes Ziel erreicht ist oder nicht. Effiziente Programmelemente können in jedem Kursus erneut eingesetzt werden. Sach- und Personalkosten können von vornherein ermittelt werden.

Eine fortlaufende Gruppe muß dagegen mit stärkerer Fluktuation rechnen. Es können jederzeit neue Mitglieder eintreten (unter Umständen ohne jede Wartezeit), aber auch ebenso Mitglieder ausscheiden, wenn sie eine erteilte Auflage erfüllt oder ein pädagogisches Ziel erreicht haben. Wegen der unterschiedlichen Dauer der Zugehörigkeit zur Gruppe lassen sich bestimmte Programmelemente nicht wiederholt einsetzen. Statt dessen ist ein ständiger Programmwechsel erforderlich, der den Vorteil bietet, daß die Gruppe auch für die Mitglieder, die ihr länger angehören, nicht langweilig wird, sondern neue oder vertiefte Lernprozesse ermöglicht. Die Kosten einer fluktuierenden Gruppenarbeit sind nur im begrenzten Maße schon im Planungsstadium zu erfassen.

Wenngleich es naheliegt, für die im Rahmen des Jugendgerichtsgesetzes als

Weisung auferlegte Teilnahme an sozialer Gruppenarbeit vorwiegend Kurse anzubieten (wegen ihrer zeitlichen und inhaltlichen Bestimmbarkeit) und für andere Interessenten eher ein fortlaufendes Gruppenangebot zu entwickeln, ist dies nicht zwingend – setzt aber voraus, daß sich das Jugendgericht mit der Weisung an sich begnügt sowie Anzahl und Gestaltung dem Träger der Jugendhilfe überläßt. Noch besser ist es, wenn die Jugendgerichtshilfe bereits vor Eröffnung des Hauptverfahrens den straffällig gewordenen Jugendlichen eine Teilnahme an einem Kursus oder einer fortlaufenden Gruppe als Hilfe zur Erziehung anbietet und so eventuell ein förmliches Strafverfahren (bzw. Urteil) überflüssig machen kann.

Über die Akzeptanz des Angebotes sozialer Gruppenarbeit durch die Zielgruppen entscheiden vor allem Inhalte und Attraktivität der Programme, die jedoch die »pädagogischen Zielvorstellungen« (z.b. Sozialkompetenz, Gruppenfähigkeit, Arbeitsreife, Konfliktfähigkeit) erkennbar lassen müssen.

Programme

Die Programme sind, entsprechend den Bedürfnissen der Teilnehmer und der sich daraus ergebenden Zielsetzung der sozialen Gruppenarbeit, in ihrem Schwerpunkt entweder handlungs-, erlebnis- oder themenorientiert, zum Teil auch Mischformen.

In der handlungsorientierten Gruppenarbeit sollen sich die Jugendlichen mit Aufgaben auseinandersetzen, die sich über einen längeren Zeitraum erstrecken und vorwiegend handwerklich-praktische Tätigkeiten umfassen. Die Arbeit beginnt meist mit der Planung eines bestimmten Projektes und führt über die praktische Ausführung bis zu einer eventuellen Nutzung. Beispiele für diesen Ansatz sind unter anderem Bootsbau, Kochen, Holzbearbeitung, Spielgerätebau, Fahrradwerkstatt, Spielplatzinstandsetzung, Landschaftspflege und Videoprojekte.

Bei der erlebnisorientierten Gruppenarbeit steht das Bedürfnis nach Abenteuer, Geselligkeit und Spaß sowie seine sozial adäquate Befriedigung im Vordergrund. Der damit verbundene hohe Freizeitwert der Angebote soll gleichzeitig soziales Lernen ermöglichen und überschüssige Energien in positiv zu bewertende Aktivitäten kanalisieren. Zu den Angeboten zählen unter anderem Wanderung, Zeltlager, Rallyefahrten, Grillabende, mehrtägige Wanderfahrten mit Boot oder Fahrrad, Tauchen und Schwimmen.

Die Inhalte der themenorientierten Gruppenarbeit werden ebenfalls stark vom Interesse der Teilnehmer bestimmt. Neben der in Gesprächen möglichen Aufarbeitung sehr unterschiedlicher Sachthemen gibt es auch hier differenzierte Informationen zu alltäglichen Fragen und Problemen. Beispiele sind Gespräche mit Vertretern der Justiz, des Jugendamtes, des Sozialamtes, eventuell anderer Behörden, aber auch Film- und Veranstaltungsbesuche zu relevanten Problemstellungen (z.B. Rechtsradikalismus unter Jugendlichen, Drogen- und Suchtfragen, Gewalt als Mittel der Konfliktlösung, sexuelle Probleme) und Verkehrserziehungskurse.

Entsprechend den individuellen Bedürfnissen der jungen Menschen werden die genannten Angebote durch Einzelhilfe ergänzt. Sie bietet Unterstützung bei Problemen

- in der Schule,
- in der beruflichen Ausbildung,
- im Elternhaus,
- im Freundeskreis,
- bei der Arbeitsplatzsuche,
- im Umgang mit Behörden und Ämtern,
- im finanziellen Bereich.

Unbefriedigende Wohnsituationen und Arbeitslosigkeit stellen Schwerpunkte dar, aber auch durch die Straftaten oder aus der Anschaffung nicht lebensnotwendiger Konsumgüter entstandene Schulden.

Um eine zeitgleiche Betreuung der jungen Menschen durch andere Institutionen und eine damit eventuell verbundene Überbetreuung zu vermeiden, die das Ziel einer Hilfe zur Selbsthilfe in Frage stellen würde, sind entsprechende Absprachen zu tätigen.

Alle vorgenannten Angebote sozialer Gruppenarbeit müssen durch Veranstaltungen mit geselligem Charakter ergänzt werden, durch welche die Isolation der Gruppenarbeit aufgebrochen und die Jugendlichen an Angebote im öffentlichen Freizeitbereich herangeführt werden können. Dies kann ein Theaterbesuch, aber auch ein Kegel- oder Fußballturnier sein.

Um dem Vorwurf einer ungerechtfertigten Privilegierung sozialer Gruppenarbeit gegenüber anderen Bereichen der Kinder- und Jugendhilfe zu begegnen, müssen Konzeption und Verlauf der Gruppenarbeit deutlich machen, daß es nicht um eine weitere Variante der in § 11 KJHG geregelten Jugendarbeit geht, die delinquentes Verhalten als Eintrittsgeld für traumhafte Angebote der Freizeitgestaltung voraussetzt, sondern um eine zielgerichtete sozialpädagogische Intervention zur Überwindung von Entwicklungsschwierigkeiten und Verhaltensproblemen. Der Gesetzgeber hat dies dadurch unterstrichen, daß im Gegensatz zu Angeboten der Jugendarbeit für die soziale Gruppenarbeit keine Teilnehmerbeiträge vorgesehen sind (vgl. § 90 KJHG).

Da die Jugendlichen in der Regel in ihrer sozialen Umgebung, insbesondere in ihrer Familie, verbleiben, gehören Information der Eltern, Gespräche mit ihnen und Einladungen zu gemeinsamen Veranstaltungen mit ihren Kindern zum integrativen Bestandteil sozialer Gruppenarbeit.

Qualifikation

Erfolg oder Mißerfolg sozialer Gruppenarbeit werden wesentlich beeinflußt durch die persönliche und fachliche Kompetenz der Mitarbeiter. Sie müssen sensibel sein für die individuellen Bedürfnisse der Gruppenmitglieder wie für die der ganzen Gruppe und gleichzeitig die methodischen Fähigkeiten besitzen, unter Beachtung dieser Bedürfnisse den Gruppenprozeß in Richtung des Gruppenziels zu steuern. Ferner müssen sie in der Lage sein, die Vielzahl von das Leben der Kinder und Jugendlichen beeinflussenden Faktoren zu erkennen und gegebenenfalls zu beeinflussen; sie müssen Distanz bei größtmöglicher Nähe wahren, um den Hilfecharakter der sozialen Gruppenarbeit zu gewährleisten.

Wer in diesem Bereich mitarbeiten will, sollte über praktische Erfahrungen im Umgang mit gefährdeten Minderjährigen in anderen Arbeitsbereichen verfügen und zudem in der Lage sein, anderweitig verfügbare Ressourcen in die eigene Arbeit zu integrieren. Organisatorische Fähigkeiten und die Bereitschaft, die Arbeitszeit an den Bedürfnissen der Kinder und Jugendlichen auszurichten, ergänzen das Anforderungsprofil der Mitarbeiter.

Eine der Bedeutung der Aufgabe angemessene Bezahlung (mindestens BAT IV b) gehört zu den Rahmenbedingungen, die es Sozialarbeitern und Sozialpädagogen interessant erscheinen läßt, sich diesem Arbeitsfeld zuzuwenden. Hinzu kommen müssen Honorarkräfte, die zumindest teilweise die Gestaltung der Gruppenprozesse übernehmen, und eine bei Krankheit oder Urlaub, aber auch als allgemeine Ergänzung zur Verfügung stehende zweite (und eventuell dritte) hauptberufliche Kraft.

Daß auch entsprechende Räumlichkeiten und Materialien sowie ein finanzieller Verfügungsfonds zur Mindestausstattung gehören, wird bei der Planung häufig übersehen, ist aber dennoch keine zu vergessende Marginalie. Dies gilt auch für die Kosten der unerläßlichen Praxisbegleitung und Supervision.

Organisation, Bedarf und Finanzierung

Soziale Gruppenarbeit kann sowohl bei Trägern der freien Jugendhilfe als auch bei Trägern der öffentlichen Jugendhilfe angesiedelt sein. Bestehende Vorurteile gegen die eine oder andere Trägerschaft erweisen sich in der Praxis als ungerechtfertigt, denn die Rahmenbedingungen sind weitgehend angeglichen und engagierte Mitarbeiter finden sich nicht nur bei einem Träger. Da Problemlagen und Bedürfnisse der Teilnehmer die Einrichtung mehrerer, unter Umständen auch thematisch und methodisch unterschiedlicher Kurse und Gruppen erfordern, können durchaus mehrere Träger an dem Gesamtangebot beteiligt werden. In diesem Fall empfiehlt sich zur gegenseitigen Orientierung, zum Erfahrungsaustausch und für notwendige Absprachen die Einrichtung einer Arbeitsgemeinschaft gemäß § 78 KJHG (möglichst schon im Planungsstadium).

Während in den kreisfreien Städten der Bedarf nach unterschiedlichen Angeboten sozialer Gruppenarbeit regelmäßig vorhanden sein dürfte, ist dies unter Umständen in ländlich strukturierten Gegenden und Landkreisen nicht gegeben. Hier bietet sich die Bildung von Arbeitsgemeinschaften analog den Zweckverbänden in anderen Bereichen der kommunalen Verwaltung an. Langfristiges Ziel muß ein flächendeckendes Angebot qualitativ vergleichbarer sozialer Gruppenarbeit sein, so daß jedes Kind und jeder Jugendliche in zumutbarer Entfernung von der Wohnung bei Bedarf Zugang zu diesem Angebot der Kinder- und Jugendhilfe hat.

Die Finanzierung dieser Arbeit ist durch eine eigene, dem Bedarf entsprechend ausgestattete Haushaltsstelle im Etat des öffentlichen Trägers abzusichern. Freien Trägern sind unter Berücksichtigung eines ihrer Finanzkraft entsprechenden Eigenanteils die ihnen entstehenden Kosten zu erstatten, sofern sie ihre Angebote in die Planung der Jugendhilfe (vgl. § 80 KJHG) eingebracht haben. Darüber sind möglichst schriftliche und vom Jugendhilfeausschuß gebilligte Absprachen zu treffen. Über zusätzliche Angebote ist im Einzelfall (möglichst im Rahmen einer Arbeitsgemeinschaft nach § 78 KJHG) zu entscheiden. Sofern in der Anfangsphase kommunale Mittel nicht ausreichend zur Verfügung stehen, sind Mittel des Landesjugendamtes oder der obersten Landesjugendbehörde als zeitlich begrenzte Starthilfen vorzusehen.

Angesichts der Finanzlage von Kreisen und Kommunen wird es nicht möglich sein, sofort ein umfassendes und flächendeckendes Angebot sozialer Gruppenarbeit zu etablieren. Aber jeder öffentliche Träger ist gefordert, mit der Entwicklung des Arbeitsbereiches zu beginnen oder fortzufahren. Erst aufgrund von Erfahrungen kann sich soziale Gruppenarbeit im Kontext der anderen Leistungen der Hilfe zur Erziehung in der Familie definieren und darstellen, unter welchen Voraussetzungen und mit welchen Mitteln sie einen effektiven Beitrag zur Entwicklung junger (gefährdeter) Menschen leisten kann.

Klaus Behnies, Ellen Müller, Wolfgang Nöcker, Ralf-Detlev Stender

Erziehungsbeistand, Betreuungshelfer

§ 30 KJHG

Es ist nicht Aufgabe dieses Kapitels, die geschichtliche Entwicklung der Erziehungsbeistandschaft zu beschreiben. Es erscheint aber sinnvoll, diesen Abschnitt mit einem kurzen Rückblick zu beginnen, um das gegenwärtige Profil der Erziehungsbeistandschaft im Kontext der Jugendhilfe einschätzen zu können.

Die Möglichkeit der gerichtlichen Anordnung der Erziehungsbeistandschaft nach dem alten Jugendwohlfahrtsgesetz (JWG) hat dieser Hilfeform mehr geschadet als genutzt. In der pädagogischen Arbeit wurde sehr schnell deutlich, daß Freiwilligkeit eine unabdingbare Voraussetzung für erfolgreiche Beratung ist. Aus diesem Grunde wurde in den letzten Jahren von der gerichtlichen Anordnung nahezu kein Gebrauch mehr gemacht. Die freiwillige Inanspruchnahme der Erziehungsbeistandschaft wurde auch dadurch erleichtert, daß auf die formale Bestellung weitgehend verzichtet wurde.

Eine weitere Schwäche war, daß dieses ambulante Angebot häufig nur im Zusammenhang von stationären Maßnahmen gesehen wurde. Die Erziehungsbeistandschaft wurde von vielen Sozialarbeitern, Vormundschafts- und Jugendrichtern als Maßnahme angesehen, die unbedingt vor einer Heimeinweisung »probiert« werden mußte. Auch unter dem Primat der Heimkosteneinsparung wurde Erziehungsbeistandschaft häufig undifferenziert eingesetzt.

Es ist zu begrüßen, daß das KJHG die Gleichrangigkeit ambulanter und stationärer Hilfen anerkennt. Problematisch ist aber die gemeinsame Nennung von Erziehungsbeistand und Betreuungshelfer in § 30 KJHG. Betreuungshelfer und Erziehungsbeistand arbeiten unter völlig unterschiedlichen Rahmenbedingungen. Es ist unverständlich, daß beide Hilfeformen trotzdem in einem Paragraphen nebeneinander gestellt werden. Die Erwartung der Fachkräfte ist, daß die Ausführungsgesetze der Bundesländer wieder deutlich zwischen Erziehungsbeistand und Betreuungshelfer trennen.

Der Arbeitsauftrag des Betreuungshelfers leitet sich aus § 10 Jugendgerichtsgesetz (JGG) ab. Dort heißt es unter anderem in einer Aufzählung von möglichen Weisungen in Punkt 5: »Der Richter kann dem Jugendlichen insbesondere auferlegen, sich der Betreuung und Aufsicht einer bestimmten Person (Betreuungshelfer) zu unterstellen ...«.

Der Betreuungshelfer ist gegenüber dem Jugendgericht berichtspflichtig. Von seiner Aufgabenzuweisung her nicht als freiwillig angenommene Erziehungshilfe konzipiert, paßt er in den Kontext des JGG als pädagogischer Bestandteil der Jugendstrafrechtspflege. Im leistungsorientierten KJHG nimmt er sich bei näherer Betrachtung als ein Widerspruch zur Systematik der §§ 27–36 aus.

Soweit den Verfassern bekannt ist, wird beispielsweise in Hessen die Betreuungsweisung entweder von der Jugendgerichtshilfe oder von dafür eingestellten Honorarkräften geleistet. In anderen Bundesländern wird diese Aufgabe von freien Trägern wahrgenommen.

Die Erziehungsbeistandschaft hat sich im Laufe der letzten Jahre zu einem sehr qualifizierten und eigenständigen Hilfeangebot entwickelt, das verstärkt in Anspruch genommen wurde. Sie hat in der Vergangenheit bewiesen, daß sie ein auf die Situation der Betroffenen flexibel eingehendes Angebot ist, das den Bedürfnissen und dem Entwicklungstempo der Betroffenen realistisch entgegenkommt. Flexibel ist dieses Angebot der Erziehungshilfe, weil es – unbeobachtet von der Fachöffentlichkeit – im Verlauf der Betreuung häufig zeitlich zwischen einer und fünf bis zehn Wochenstunden Beratungs- und Betreuungszeit pro Fall variieren kann. Es gibt Betreuungsfälle, die bis zu jener Hilfeform gegangen sind, die nun im Kinder- und Jugendhilfegesetz (KJHG) unter §§ 31, 35 genannt werden.

Bis Ende der 60er Jahre wurde Erziehungsbeistandschaft überwiegend ehrenamtlich geleistet. Es erwies sich jedoch, daß diese Hilfeform, soll sie effektiv sein, hauptamtliche und qualifizierte Fachkräfte erfordert. Beispielsweise werden in Hessen seit 1971 hauptamtliche Erziehungsbeistände fünf Jahre lang mit 50% der Personalkosten finanziert. An der Förderung beteiligt sich auch der Landeswohlfahrtsverband Hessen mit 30% der Kosten, ohne zeitliche Begrenzung. Mit dieser Finanzierungshilfe wurden in den letzten 20 Jahren bei nahezu allen Jugendämtern in Hessen ca. 60 Planstellen geschaffen. Viele Bundesländer haben auch Richtlinien für die Erziehungsbeistandschaft erarbeitet. Neben der Fortbildung und Supervision durch die örtlichen Jugendämter bieten viele Landesjugendämter den Erziehungsbeiständen Arbeitstagungen und Tagesveranstaltungen an.

Stadt-Land-Unterschiede

Es gibt z.B. in Hessen große regionale Unterschiede in den Arbeitsbedingungen der Erziehungsbeistände. In den Städten Frankfurt/Main, Kassel und Offenbach verfügt die Erziehungsbeistandschaft über Räume, die vielfältige Aktivitäten mit den Kindern und Jugendlichen ermöglichen und auch Gruppenarbeit zulassen. Eigene Haushaltsmittel für Arbeits- und Beschäftigungsmaterial sowie für Freizeiten und Ferienaktivitäten sind ebenfalls Standard. Die größere Mitarbeiterzahl (z.B. in Frankfurt 24) fördert den fachlichen Austausch und auch das Selbstbewußtsein. Die zum Teil hohe Spezialisierung durch Zusatzausbildungen engt zwar den Adressatenkreis zunächst ein; dies wird aber durch die hohe Mitarbeiterzahl und den dadurch möglichen differenzierten Personaleinsatz wieder relativiert.

Anders ist die Situation in den Landkreisen. Hier gibt es zum Teil nur einen Erziehungsbeistand im Jugendamt. Kollegialen Austausch hat er fast ausschließlich mit Sozialarbeitern des Allgemeinen Sozialdienstes. Er hat in der Regel außer einem Büro keine Betreuungsräume für Kinder oder Jugendliche und in einzelnen Fällen auch keinen eigenen Haushaltstitel für Arbeits- und Beschäftigungsmaterial. Die betreuten Familien wohnen über den ganzen Landkreis verstreut. Dies hat zwangsläufig Konsequenzen für die Arbeitsweise: Aufsuchende Sozialarbeit, Familienberatung und Einzelfallhilfe kennzeichnen die Arbeit des Erziehungsbeistandes im Landkreis. Als »Einzelkämpfer« muß er sich mit der Erwartung des Allgemeinen Sozialdienstes auseinandersetzen, gelegentlich auch Fälle zu übernehmen, die keine »lupenreinen« Erziehungsbeistandschaften sind.

Zur beispielhaften Darstellung wird im folgenden die Erziehungsbeistandschaft des Landkreises Darmstadt-Dieburg beschrieben, der 23 hessische Kommunen mit ca. 250.000 Einwohnern umfaßt. Die Erziehungsbeistandschaft besteht im Landkreis seit 1979; sie ist ein Sachgebiet des Jugendamtes und mit einer Ganztagskraft und zwei Halbtagskräften besetzt. Zwei Mitarbeiterinnen haben eine Zusatzausbildung in klientenzentrierter Gesprächsführung; eine Mitarbeiterin hat eine Weiterbildung in systemischer Familienberatung begonnen.

In der Vergangenheit bestand ein wesentlicher Schwerpunkt der Arbeit in der sozialen Gruppenarbeit mit den betreuten Kindern und Jugendlichen. In einem Landkreis bedeutete dies unangemessen lange Fahrzeiten; nicht vorhandene Gruppenräume und Materialien mußten durch Improvisieren ausgeglichen werden. Die Kinder mußten zu Hause abgeholt werden. Da sie meistens aus verschiedenen Gemeinden kamen, entstand eine künstlich geschaffene Gruppensituation. Wenn es auch sinnvoll war, die Kinder in ihrem Gruppenverhalten zu erleben, erwies sich jedoch der Zeitaufwand für die Organisation der Gruppen als unverhältnismäßig hoch. Gleichzeitig hatte dieser Arbeitsansatz zur Folge, daß die Sonderrolle, die das »verhaltensauffällige Kind« innerhalb des Familienverbandes einnimmt, verstärkt bzw. aus der Sicht der übrigen

Familienmitglieder belohnt wurde. Dadurch bestand außerdem die Gefahr, die Familienbeziehungen festzuschreiben.

Methodischer Ansatz

Dieser methodische Ansatz hat sich seit etwa fünf Jahren dahingehend verändert, daß die Minderjährigen nicht mehr außerhalb der Familien betreut werden, um sie dann in das unveränderte Familiensystem zurückzubringen. Dies bedeutet, daß heute bei den Eltern eine größere Bereitschaft zur Zusammenarbeit vorhanden sein muß, als noch vor wenigen Jahren. Regelmäßige Gespräche mit der gesamten Familie und Einzelkontakte sowohl mit den Eltern als auch mit Kindern stehen im Vordergrund. Eine Vielzahl der betreuten Kinder und Jugendlichen leben in unvollständigen Familien. Um dem alleinerziehenden Elternteil, in der Regel der Mutter, Unterstützung in seinem Erziehungsverhalten zu geben und seine Isolierung aufzuheben, wurde in den letzten Jahren verstärkt mit diesem Personenkreis gearbeitet.

Für die Erziehungsbeistände ist es unbedingt notwendig, den Inhalt ihrer Arbeit nicht generell festzuschreiben. Nach den Erfordernissen des Einzelfalles muß es möglich sein, den Schwerpunkt der Beratung zwischen Eltern-, Familien- und/oder Einzelarbeit flexibel zu gestalten. Daraus resultiert die Notwendigkeit einer flexiblen Arbeitszeit (nach 17.30 Uhr, an Wochenenden). Auch sollten dem Sachgebiet Erziehungsbeistandschaft finanzielle Mittel für freizeit- und erlebnispädagogische Angebote, Materialien, Handgelder usw. zur Verfügung stehen und möglichst in einem eigenen Haushaltstitel verankert werden. Als pädagogische Intensivangebote können Freizeiten durchgeführt werden.

Das Beratungsteam

Eine sorgfältige Einleitung, Planung und Durchführung der Erziehungsbeistandschaft wird z.B. im Kreisjugendamt Darmstadt-Dieburg durch das Beratungsteam gewährleistet. Das in § 36 KJHG geforderte »Zusammenwirken mehrerer Fachkräfte« zur Erstellung eines Hilfeplans wird bereits seit 1989 realisiert. Die Sozialarbeiter der Bereiche Hilfe zur Erziehung und Erziehungsbeistandschaft haben beschlossen, wichtige Entscheidungen und Problemlösungen nicht mehr alleine zu treffen, sondern sie in ein Teamkonzept einzubetten. Dieses Konzept wurde in einem längeren Prozeß, begleitet durch Supervision, so erarbeitet, daß alle beteiligten Personen ihm zustimmen konnten. Schließlich wurde es mit der Behördenleitung abgestimmt.

154

Das Beratungsteam hat die Beratung und Unterstützung der einzelnen Sozialarbeiter in fallbezogenen Fragen zur Aufgabe. Jeder einzelne Sozialarbeiter kann auf eigenen Wunsch hin das Beratungsteam einberufen. Für folgende Aufgabengebiete ist die Einberufung des Beratungsteams jedoch verpflichtend: (1) Hilfe zur Erziehung nach §§ 27–35 KJHG; (2) Mißbrauch und Mißhandlung von Kindern und Jugendlichen/sexuelle Ausbeutung; (3) Sorgerechtsentzüge. In diesen Fällen verpflichtet sich das Beratungsteam, verantwortlich einen Vorschlag zur Lösung auszuarbeiten, die Durchführung der Maßnahme zu besprechen und konkrete Handlungsschritte aufzuzeigen. Hierbei ist es wichtig festzuhalten, daß es im Beratungsteam keine Entscheidung gegen die Vorstellung der ausführenden Sozialarbeiter geben kann. Das Ergebnis der Beratung wird in einem schriftlichen Protokoll festgehalten.

Das Beratungsteam wird von jeweils drei Sozialarbeitern aus dem Bereich Erziehungshilfe – Allgemeiner Sozialer Dienst und Erziehungsbeistandschaft gebildet. Zwei Kollegen erfüllen jeweils direkte Beratungsfunktionen, der dritte beobachtet den Beratungsprozeß und achtet darauf, daß das Beratungsteam beim Thema und der Fragestellung des Beratenden bleibt (Supervision). Die Besetzung des Beratungsteams erfolgt gemäß einem rotierenden System. Danach erfüllen alle Sozialarbeiter im Jahr ca. drei Monate Beratertätigkeit. Damit soll gewährleistet werden, daß einerseits alle Sozialarbeiter regelmäßig Beraterfunktionen ausüben, andererseits ein kontinuierlicher Beratungsprozeß möglich ist. Im begleitenden Supervisionsprozeß können Fragen aus der Beratungssituation fachlich aufgearbeitet und methodische Hilfen gegeben werden.

Das Beratungsteam arbeitet zu festgelegten regelmäßigen Terminen. Alle Sozialarbeiter tragen ihre Fälle in eine aushängende Terminliste ein. Nach unseren Erfahrungen ist das Beratungsteam für die Ratsuchenden zu einer wichtigen und unverzichtbaren Form der Unterstützung geworden. Diese Form der kollegialen Beratung unterstützt individuelle Ansätze und Lösungsmuster sowie schärft bei allen Beteiligten das Bewußtsein für die Situation der Klienten, den spezifischen Auftrag des Jugendamtes und die möglichen Hilfsangebote.

Die einer fachlichen Entscheidung zugrundeliegenden Situationsanalysen und die daraus folgenden Lösungsmöglichkeiten und Hilfsangebote sind nicht objektiv evident, sondern unterliegen subjektiven Betrachtungsweisen, d.h., es gibt nie nur die eine richtige Lösung, jede Situation muß auch in ihrer Einzigartigkeit gesehen werden. Dies gilt für die Klientel ebenso wie für den Helfer. Das Beratungsteam unterstützt und erweitert diese individuelle Sichtweise, indem es unterschiedliche fachliche und persönliche Ansätze zuläßt und so zu sehr differenzierten Betrachtungen und Lösungsmustern kommen kann. Eine besonders wichtige Voraussetzung waren dabei die Erkenntnis und Festschreibung, daß es in dieser Beratungssituation keine hierarchischen Entscheidungsstrukturen geben darf. Daß es bisher immer zu angemessenen Lösungen auch in einer angemessenen Zeit im Beratungsteam gekommen ist, spricht nicht nur für die Disziplin und das fachliche Knowhow der Beteiligten, sondern auch für ein hohes Maß an Kooperationsbereitschaft. Hier hat der sogenannte Beobachter eine sehr wichtige Rolle übernommen.

In diesem Zusammenhang erfüllt die den Entwicklungsprozeß des Betreuungsteams begleitende Supervision eine außerordentlich wichtige Funktion. In der Supervision findet nicht nur eine fachliche und reflektorische Aufarbeitung des Beratungsprozesses statt, sondern es besteht auch die Möglichkeit, in exemplarischer Form besonders schwierige Situationen, Problemstellungen oder Konflikte anzugehen. Ohne die begleitende Supervision wäre die Entwicklung dieser Konzeption eines Beratungsteams und des hohen Maßes an fachlicher Kompetenz und Kooperationsbereitschaft so nicht möglich gewesen. Sie bleibt von daher für die Zukunft ein unverzichtbarer Bestandteil unserer Arbeit.

Die Arbeit des Beratungsteams führt zu Ergebnissen, die die einzelnen Sozialarbeiter in ihrer Verantwortung ernst nehmen; gleichzeitig wird aber ein zu hohes Maß an Verantwortung und persönlicher Belastung auf eine fachliche (nicht personengebundene) Ebene verlagert. Dies führt für alle Beteiligten zu mehr Durchsichtigkeit und Klarheit; individuelle Lösungen werden unterstützt, gleichzeitig aber auch als nachvollziehbare konkrete Schritte sichtbar. Hilfsangebote und Maßnahmen des Jugendamtes werden konkreter und durchschaubarer; objektive Bedingungen und die gesetzlichen Möglichkeiten werden in ihren Auswirkungen einbezogen; die Gefahr von sogenannten »Fehlentscheidungen« oder »falschen Hilfsangeboten« wird verringert.

Peter Lang

Sozialpädagogische Familienhilfe

§ 31 KJHG

Auch ohne ausdrückliche Erwähnung in dem bis zum 31.12.90 geltenden JWG hat sich die sozialpädagogische Familienhilfe längst zu einem festen Bestandteil der ambulanten Hilfeangebote der Jugendämter entwickelt. In § 31 KJHG hat der Gesetzgeber lediglich nachvollzogen, daß die sozialpädagogische Familienhilfe schon seit vielen Jahren einen entscheidenden Beitrag zu der Entwicklung weg von familienersetzenden und hin zu familienunterstützenden Maßnahmen mit gutem Erfolg geleistet hat.

Überwiegend wurden bis zum 31.12.90 Familienhelfer nach den §§ 5 und 6 JWG eingesetzt. Die rechtliche Verpflichtung für diese Hilfeform ließ sich auch aus dem § 1666 a BGB ableiten. Nun aber wird Erziehungsberechtigten in § 31 KJHG ein eigenständiger Anspruch auf Hilfe zur Erziehung in der Form der sozialpädagogischen Familienhilfe eingeräumt. Leider gilt dieser Anspruch nicht auch für die Kinder und Jugendlichen selbst, denen ebenfalls ein Recht auf Hilfe zur Erziehung gesetzlich garantiert werden müßte.

Nach § 31 KJHG soll sozialpädagogische Familienhilfe »durch intensive Betreuung und Begleitung Familien in ihren Erziehungsaufgaben bei der Bewältigung von Alltagsproblemen, der Lösung von Konflikten und Krisen, im Kontakt mit Ämtern und Institutionen unterstützen und Hilfe zur Selbsthilfe geben«. In der Regel ist sie langfristig angelegt und setzt die Bereitschaft der Familie zur Mitarbeit voraus. Die differenzierte Beschreibung der sozialpädagogischen Familienhilfe in § 31 KJHG stellt einen sicheren Rahmen dar, um bereits Praktiziertes und Bewährtes zu erhalten und um weitere Verbesserungen dieser Hilfeform zu konzipieren.

Zielgruppe

Familien aus den unteren sozialen Schichten unserer Gesellschaft sind die hauptsächliche Zielgruppe sozialpädagogischer Familienhilfe. Das Verhältnis dieser Familien gegenüber Behörden und anderen Institutionen ist stark durch eine hohe Hemmschwelle geprägt. Dies beruht auf den bisherigen Erfahrungen dieser Familien mit dem »eingreifenden Charakter« der Ämter (»das böse Jugendamt«) und der für diese Familien undurchschaubaren Arbeitsweise und Struktur amtlicher oder offizieller Institutionen. Ein weiterer wesentlicher Punkt ist das Fehlen des Wissens um Hilfemöglichkeiten, verbunden mit einer auf Mißerfolgserfahrungen gewachsenen Lethargie, die an eine Veränderung zum Besseren nicht glauben läßt.

Werden trotz aller Hemmnisse Hilfeangebote angenommen, so sind diese doch oft zum Scheitern verurteilt. So greifen die klassischen Hilfeangebote kaum verändernd in das Lebensfeld der Familie ein und sind, da auf Beratung ausgerichtet, vor allem auf Sprache fixiert. Familien aus der Unterschicht finden ihre Ausdrucksmöglichkeiten aber weniger in der Sprache, sondern im konkreten Handeln.

Aufgrund der skizzierten Situation werden Sozialarbeiter oft erst auf diese Familien aufmerksam, wenn deren Probleme an die Öffentlichkeit getragen werden, ein unverzügliches Eingreifen notwendig ist und häufig eine Fremdplazierung der Kinder fast unvermeidlich erscheint. Diese ist aber die teuerste und in sehr vielen Fällen auch die für die Familienmitglieder schmerzlichste Hilfeform, wenn auch ihre Berechtigung und Notwendigkeit bei bestimmten Konstellationen nicht strittig sind.

Während früher die Möglichkeiten des Allgemeinen Sozialdienstes, anderer Dienste des Jugendamtes und der freien Träger in vielen dieser Fälle nicht ausreichten, um eine anhaltende Verbesserung der Situation herbeizuführen und eine Fremdplazierung zu verhindern, können heute sozialpädagogische Familienhelfer eingesetzt werden. Sie greifen in Multiproblemfamilien ein, deren Schwierigkeiten zumeist in mehreren der nachfolgend genannten Bereiche liegen:

– Haushalt, Ernährung, Gesundheit,
– Finanzen,
– Alleinerzieherschaft,
– Erziehung der Kinder,
– Verhaltensauffälligkeiten der Kinder,
– Beziehung zum Partner,
– Familiäre Gesamtstruktur,
– Beziehung zur Umwelt (Nachbarn, Verwandtschaft, Vereine, Behörden) sowie
– Arbeit.

Schon diese Aufstellung verdeutlicht die Vielschichtigkeit des Handlungsfeldes, in dem Familienhelfer tätig sind.

Voraussetzung für ihren Einsatz ist zunächst die Freiwilligkeit auf seiten der Familie. Von ihr muß letztlich der Wunsch nach Unterstützung und Hilfe ausgehen sowie die Bereitschaft, selbst auf mögliche Veränderungen hinzuarbeiten. Es kommt allerdings auch vor, daß Familien zunächst nur unter äußerem Druck zur Annahme der Maßnahme bereit sind, in der Regel, um eine Herausnahme von Kindern zu vermeiden. Ziel ist es dann, während der Probephase eine Arbeitsbasis herzustellen, die der Familie eigene Handlungs- und Entscheidungskompetenzen zurückgibt. Familienhilfe kann jedenfalls, wenn sie anhaltend wirksam sein soll, auf Dauer nicht erzwungen werden. Weitere Voraussetzungen sind, daß die Familie fortbestehen will (emotionale Bindungen) sowie Fähigkeiten besitzt (auch wenn sie noch so gering sind), auf denen aufgebaut werden kann.

Sozialpädagogische Familienhilfe stößt an ihre Grenzen, wenn therapeutische Maßnahmen angezeigt sind. Dies ist vor allem bei Suchtproblemen und psychischen Erkrankungen der Fall. Vorstellbar ist aber eine Mischform von Therapie und Familienhilfe.

Ziele und Grundsätze der Arbeit

Die in § 31 KJHG geforderte Hilfe zur Selbsthilfe ist oberstes und wichtigstes Ziel der sozialpädagogischen Familienhilfe. Hilfe zur Selbsthilfe heißt zu allererst das vorsichtige Öffnen neuer Handlungsfelder für die Familie und deren Mitglieder, das Ermöglichen von Erfolgserlebnissen in diesen Handlungsfeldern und das Umsetzen dieser Erfahrungen in neue eigenständige Handlungsmuster der Familie.

Sozialpädagogische Familienhilfe wird zeitlich begrenzt eingesetzt. Die Fachkräfte sollten zwischen 10 und 15 Stunden wöchentlich für einen Zeitraum von mindestens sechs Monaten den Familien zur Verfügung stehen. Dabei sollten sie die Familien auf den Weg zu diesen Zielen bringen und sich Schritt für Schritt zurückziehen, sobald ersichtlich wird, daß die Klienten den Weg allein gehen können. Ihre Arbeitsgrundsätze sind:

(1) Orientierung auf den Alltag und das Lebensfeld der Klienten: Diese Orientierung des Helfers ist der offensichtlichste Unterschied zu anderen Hilfeformen. Er handelt dort, wo die Probleme entstehen. Damit ist er in der Lage, Probleme zu erkennen und der Familie Handlungsalternativen anzubieten. Mit einbezogen bei dieser Arbeit ist das gesamte Lebensumfeld der Familie (Nachbarschaft, soziale und ökonomische Lage, Wohnumwelt).

(2) Orientierung auf die Familie: Der zweite augenfällige Unterschied ist die Orientierung auf die gesamte Familie und nicht nur auf einzelne Mitglieder hin. Probleme, die sich bei einzelnen Mitgliedern von Familien äußern, sind zumeist Ausfluß einer Gesamtproblematik der Familie. Die Aufarbeitung die-

ser Gesamtproblematik ist notwendig, um Änderungen herbeiführen zu können, die nicht nur kurzfristig wirken.

(3) Handlungsorientierung: Die Handlungsorientierung zeigt in zwei Richtungen. Durch den primären Alltags- und Lebensweltbezug greift der Familienhelfer unmittelbar verändernd in die Lebensbereiche der Familie ein. Er redet mit der Familie nicht nur über das Chaos im Haushalt, sondern er hilft auch mit, dieses Chaos zu lichten. Das Handeln des Familienhelfers provoziert Handlungsweisen der Familienmitglieder, was zu neuen Erfahrungen und mithin auch zu Veränderungen des Handelns führt (Erfahrungslernen).

(4) Problemorientierung: Sozialpädagogische Familienhilfe setzt bei den Problemen der Familie an und erreicht über diese den Zugang zu den komplexeren Ursachen von Erziehungsschwierigkeiten und Verhaltensauffälligkeiten.

Ablauf der sozialpädagogischen Familienhilfe

Wenn Familienhilfe angezeigt ist, erstellt der zuständige Bezirkssozialarbeiter nach Rücksprache und nach vorliegendem Einverständnis mit dem oder den Erziehungsberechtigten einen detaillierten Bericht über die Familiensituation und leitet nach vorheriger Abstimmung mit dem Leiter des Sozialen Dienstes das Verfahren zur Hilfegewährung ein. Die Familie erhält über Art und Umfang der Hilfegewährung einen Leistungsbescheid.

In der Probephase muß geprüft werden, ob Familienhelfer und Familie zusammen eine tragfähige Basis entwickeln können, um notwendige Veränderungen herbeizuführen. Der Familienhelfer wird vor allem auf einer praktischen Ebene (Haushalt, Gesundheit) tätig und versucht, eine Vertrauensbasis zur Familie zu schaffen. Parallel dazu entwickelt er ein Arbeitskonzept und erstellt eine Analyse über die Situation und die Entwicklungsmöglichkeiten der Klienten. Daraus ergeben sich dann die Ziele für die Hauptphase.

Haushalt, Ernährung und Gesundheit sind vor allem zu Beginn des Familienhelfereinsatzes Schwerpunkte der Arbeit. Hier gilt es vor allem, eine gewisse Regelmäßigkeit, Sauberkeit, Körperhygiene und Rücksicht auf den eigenen Körper als selbstverständliches Handlungsmuster durchzusetzen.

Allein schon das Erreichen des Zieles »Regelmäßigkeit« ermöglicht den Familienmitgliedern Halt und Orientierung. Konkret bedeutet dies für den Familienhelfer, das Ziel anzusteuern, daß regelmäßig Mahlzeiten zubereitet werden, überlegt eingekauft wird, Zeiten für Schulaufgaben der Kinder und das Reinigen der Wohnung festgelegt werden, die Wäsche regelmäßig gewaschen und aufgeräumt wird. Ist dieses Ziel in einem gewissen Umfang erreicht, lichtet sich das Chaos für die Familie.

Die finanzielle Lage dieser Familien ist oft katastrophal. Dies ist nicht nur durch die geringen Einkünfte bedingt, sondern auch durch unüberlegtes Handeln wie Ratenkäufe, die das Budget sprengen, Kreditaufnahme, Schulden bei Privatleuten, Mietrückstände. Hier gilt es, Klarheit über die finanzielle Situation zu bekommen und einen Plan auszuarbeiten, wie Einkünfte, Ausgaben und Schuldenabbau in ein vernünftiges Verhältnis gebracht werden können.

Die Erziehung der Kinder und damit die Stärkung der Erziehungskraft der Familie ist das zentrale Anliegen der Familienhilfe. Nur dadurch kann eine Fremdplazierung der Kinder verhindert werden. Nur ein konsequentes Erziehungsverhalten, konsequent im Geben und Fordern, gibt dem Kind genügend emotionale Sicherheit, um sich altersgemäß entwickeln zu können. Auch muß es hinsichtlich schulischer Belange und der Freizeitgestaltung betreut werden. Ein regelmäßiger Besuch von Kindergarten bzw. Schule ist sicherzustellen.

Für ein konsequentes Erziehungsverhalten ist weiter eine befriedigende Partnerbeziehung notwendig. Hier muß gelten, daß auftauchende Probleme und Konflikte gemeinsam bearbeitet werden und das Sich-aufeinander-verlassen-Können zur Selbstverständlichkeit wird. Verläßlichkeit und die Fähigkeit, Probleme sachlich besprechen zu können, gelten auch als Ziele für die Gesamtfamilie.

Aufbauend auf dem zunehmenden Kompetenzzuwachs im innerfamilialen Bereich können dann Schritte in Richtung einer Öffnung auf die soziale Umwelt hin unternommen werden. Die Familie soll in ein soziales Beziehungsgeflecht eingebettet werden, das sie bei Krisen auffängt. Ferner wird auf einen angstfreien Umgang mit Behörden, Beratungsstellen, Arbeitgebern usw. hingearbeitet. Erwachsene Familienmitglieder werden dazu motiviert, ihre Arbeitsplätze zu behalten oder die Arbeitssuche zu intensivieren.

Nach Ablauf des ersten Jahres wird überprüft, welche Ziele erreicht worden sind und ob eine Verlängerung notwendig ist. Hierzu bedarf es einer erneuten ausführlichen Begründung. Wurden die meisten Ziele erreicht, kann sich der Familienhelfer schrittweise zurückziehen; ein plötzlicher Abbruch der Beziehung sollte vermieden werden. Generell sollte die Fachkraft ihre Bereitschaft erkennen lassen, bei später auftretenden größeren Problemen kurzzeitig helfen zu wollen.

Schlußbemerkungen

Wie aus den bisherigen Darstellungen deutlich wurde, bewegt sich der Familienhelfer in sehr vielschichtigen und mitunter auch psychisch belastenden Situationen. So benötigt er fundierte Kenntnisse zur Erfüllung praktischer Alltagsaufgaben. Ferner ist wünschenswert, daß er die einschlägigen örtlichen und regionalen sozialen Einrichtungen und Stellen kennt. Eine theoretische Kompetenz im sozialwissenschaftlichen Bereich ist notwendig, um die Situation und Entwicklungsmöglichkeiten von Familien objektiv einschätzen zu können. Neben einschlägigen Rechtskenntnissen im Jugendhilfe- und Sozialhilferecht ist eine anwendungsbezogene Befähigung in den verschiedenen Methoden der Sozialarbeit/Sozialpädagogik notwendig, um Ziele methodisch angehen und Veränderungen herbeiführen zu können. In der Regel erfüllen Sozialarbeiter/Sozialpädagogen am ehesten die skizzierten Anforderungen.

Arbeitstreffen der Familienhelfer untereinander tragen dazu bei, die Familienhelfer davor zu bewahren, in den Sog des Alltags der zu betreuenden Familie hineingezogen zu werden. Beispielsweise bietet das Kreisjugendamt Reutlingen ihnen die Möglichkeit zur Teilnahme an solchen Treffen, die von erfahrenen, nicht beim Kreisjugendamt tätigen Sozialarbeiterinnen geleitet werden. Generell sollte auch ein regelmäßiger Austausch zwischen Familienhelfern und Bezirkssozialarbeitern über die von ihnen betreuten Familien ermöglicht werden.

Familienhelfer können fest angestellt oder als freie Mitarbeiter beschäftigt werden. Das Honorarmodell wird immer wieder kritisiert. Die in Reutlingen gemachten Erfahrungen können aber als durchaus positiv bezeichnet werden. Die immer wieder beschworene Kollision zwischen fachlicher Aufgabe und persönlichem Interesse an der Beibehaltung des ursprünglichen Arbeitsverhältnisses können wir nicht bestätigen; auch ist die personelle Fluktuation unserer Honorarkräfte nicht höher als bei den fest angestellten. Obwohl wir zukünftig am Nebeneinander von Honorarkräften und fest angestellten (bei freien Trägern) festhalten werden, so wollen wir doch die Festanstellung mit den sich daraus ergebenden Möglichkeiten der Arbeit in einem festen Team, verbunden mit unabhängiger Supervision und Möglichkeiten zur Fort- und Weiterbildung, noch stärker ausbauen.

Albert Müßig

Erziehung in einer Tagesgruppe

§ 32 KJHG

Die grundlegende Neuordnung der erzieherischen Hilfen im Kinder- und Jugendhilfegesetz ist auf eine stärkere Differenzierung der Hilfeangebote und die Gleichrangigkeit der ambulanten, teilstationären und stationären Hilfen (einschließlich der Erziehung in einer Pflegefamilie) ausgerichtet. An der Schnittstelle von ambulanten und stationären Hilfen liegt die Erziehung in einer Tagesgruppe. § 32 KJHG regelt: »Hilfe zur Erziehung in einer Tagesgruppe soll die Entwicklung des Kindes oder des Jugendlichen durch soziales Lernen in der Gruppe, Begleitung der schulischen Förderung und Elternarbeit unterstützen und dadurch den Verbleib des Kindes oder des Jugendlichen in seiner Familie sichern. Die Hilfe kann auch in geeigneten Formen der Familienpflege geleistet werden.«

Der Begründung der Bundesregierung zum Entwurf eines Gesetzes zur Neuordnung des Kinder- und Jugendhilferechts ist zu entnehmen, daß die Erziehungshilfe in teilstationären Gruppen eines Heimes sich in der Praxis bewährt hat und die bisherigen Erfahrungen es geboten erscheinen lassen, diese Art der Hilfe als neuen Hilfetypus gesetzlich zu verankern. In ähnlicher Weise haben sich – ausgehend von spezialisierten Formen der Familienpflege (heilpädagogische Pflegestellen, Erziehungsstellen) – besondere Formen familialer Tagesbetreuung entwickelt, die sich an dieselbe Zielgruppe von Kindern und Jugendlichen wenden, die ansonsten in teilstationärer Heimerziehung untergebracht sind. Satz 2 trägt dieser Entwicklung Rechnung.

Auf die Hilfe zur Erziehung in einer Tagesgruppe besteht unter der Voraussetzung des § 27 Abs. 1 KJHG ein Rechtsanspruch. Die Abgrenzung zur Förderung von Kindern in Tageseinrichtungen (§ 22 KJHG) ergibt sich im Einzelfall durch den erzieherischen Bedarf, denn die Erziehung in einer Tagesgruppe setzt voraus, daß eine dem Wohl des Kindes oder des Jugendlichen entsprechende Erziehung nicht gewährleistet und diese Hilfe für seine Entwicklung geeignet und notwendig ist. Während die Förderung von Kindern in Tageseinrichtungen mit dem 14. Lebensjahr endet (§§ 22 und 24 i.V. mit § 7 Abs. 1 Nr. 1 KJHG), kann Erziehung in einer Tagesgruppe auch Jugendlichen gewährt werden. § 41 Abs. 3 KJHG sieht die Erziehung in einer Tagesgruppe für junge Erwachsene nicht ausdrücklich vor – aus § 41 Abs. 1 KJHG folgt jedoch, daß diese Hilfeart für junge Volljährige nicht generell ausgeschlossen werden kann. Die Erziehung in einer Tagesgruppe schließt den notwendigen Lebensunterhalt des Kindes oder des Jugendlichen außerhalb des Elternhauses ein (§ 39 Abs. 1 KJHG). Die »wirtschaftliche Hilfe« des Jugendamtes knüpft damit an die Leistung der Hilfe zur Erziehung an (Annex-Anspruch).

Jugendhilfe muß sich als Partner der Familie und ihres sozialen Netzwerkes verstehen. Besondere Bedeutung hat dies bei der Erziehung in einer Tagesgruppe. Wesentliche Regelungen der Mitwirkung und Mitgestaltung sowie der Zusammenarbeit zwischen Jugendamt und Eltern im Sinne einer »gemeinsamen Zielsetzung zwischen den Eltern und Pflegeeltern bzw. den verantwortlichen Personen in der Einrichtung« enthalten die §§ 36 und 37 KJHG. Daß das Kind entsprechend seinem Entwicklungsstand bei der Entscheidung über die Hilfegewährung zu beteiligen ist, ergibt sich aus § 8 Abs. 1 KJHG. Der Erfolg der Erziehung in einer Tagesgruppe ist entscheidend davon abhängig, ob es gelingt, die in den §§ 36 und 37 KJHG enthaltenen Formen der Beteiligung und der Zusammenarbeit sowie die fachlichen Anforderungen zum Wohle des Kindes oder des Jugendlichen nutzbar zu machen.

Die Erziehung in einer Tagesgruppe nach § 32 KJHG hebt sich nicht nur hinsichtlich der Voraussetzungen, sondern auch bezüglich der Kostenregelung von der Förderung von Kindern in Tageseinrichtungen und Tagespflege ab. Nach § 91 Abs. 1 Nr. 5 a) KJHG haben das Kind oder der Jugendliche und dessen Eltern zu den Kosten der Hilfe zur Erziehung einschließlich der Leistungen nach den §§ 39 und 40 KJHG beizutragen. Der Träger der öffentlichen Jugendhilfe (Jugendamt) hat die Leistung zu erbringen (§ 92 Abs. 3 KJHG), zum Umfang des Kostenbeitrags ist auf § 93 KJHG zu verweisen. Der Kostenbeitrag wird durch Leistungsbescheid festgesetzt (§ 92 Abs. 4 KJHG).

Bis zum 31.12.1994 folgt aus Art. 10 Abs. 2 der Überleitungsvorschriften des KJHG, daß Hilfe zur Erziehung in einer Tagesgruppe vorrangig Kindern und Jugendlichen geleistet werden soll, denen sonst Hilfe in vollstationärer Form (nach §§ 33 oder 34) gewährt werden müßte, wenn und soweit sozialpädagogische Familienhilfe und Erziehung in einer Tagesgruppe nicht bedarfsgerecht zur Verfügung stehen.

Gründe und Motive für Tagesgruppen

Heimerziehung hat sich in den zurückliegenden 20 Jahren erheblich gewandelt. Neben den gesellschaftlichen Veränderungen, die sich auf die Erziehung innerhalb und außerhalb der Familie auswirken, haben die fachliche Diskussion und rechtliche Maßnahmen zur Heimdifferenzierung und Regionalisierung geführt. Auf Länderebene wurden Differenzierungsprogramme für Heime verabschiedet. § 1666 a BGB verbietet seit 1981 eine Trennung von den Eltern, wenn den Problemen auch auf andere Weise, z.b. mit ambulanten oder teilstationären Hilfen, begegnet werden kann. Dies hat wesentlich zur Schaffung von Tagesgruppen beigetragen. Heimdifferenzierung ist in den zurückliegenden Jahren aber nicht nur als gesetzlicher Auftrag erkannt worden. Sie wurde von den Heimträgern auch als Chance gesehen, den unterschiedlichsten Erwartungen an außerfamiliärer Erziehung gerecht zu werden. Die Ergebnisse der 1989 vom Institut für soziale und kulturelle Arbeit (ISKA) durchgeführten »Bestandsaufnahme der aktuellen Aufgabenwahrnehmung der Jugendämter in der Bundesrepublik Deutschland und in Berlin (West)« zeigen zwar, daß rund 60% der Jugendämter bei der Hilfe zur Erziehung Veränderungen benennen und als einen Grund dafür auch den Ausbau und die Verfügbarkeit teilstationärer Angebote angeben, die Zunahme von Unterbringungen in teilstationären Einrichtungen aber nicht erheblich ist (siehe Nr. 5.3.8 Teilendbericht II).

Die Anlässe und Motivationen, die zur Gründung von Tages(heim)gruppen führen, sind unterschiedlich. Sie reichen von den Überlegungen, im Vorfeld vollstationärer Hilfen eine Unterbringungsmöglichkeit für verhaltensauffällige Kinder zur Verfügung zu stellen, bis hin zur Umwidmung von personellen, räumlichen und fachspezifischen Möglichkeiten des Heimes, die sonst wegen Belegungsrückgang ungenutzt wären. In anderen Fällen sind Jugendamt, Erziehungsberatungsstelle oder Schule an den Heimträger mit dem Vorschlag herangetreten, das Hilfeangebot in dieser Richtung zu erweitern, um einerseits die Möglichkeiten der vorhandenen Institution unter regionalen Gesichtspunkten besser nutzbar zu machen und andererseits vollstationäre Heim- einweisungen mit weitgehender Trennung vom Elternhaus zu vermeiden.

Die Einrichtung von Tagesgruppen in Heimen war häufig begleitet von der Erfahrung, daß viele der ganz im Heim lebenden Kinder und Jugendlichen in ihren Familien bleiben könnten, wenn sie selbst und ihre Familienangehörigen eine qualifizierte flankierende Entlastung, Beratung und Hilfestellung erhalten würden. Je mehr sich die Mitarbeiter in den Heimen den Eltern der von ihnen betreuten jungen Menschen zuwenden, sich mit ihnen beschäftigen und auseinandersetzen, desto deutlicher wird, daß diese Eltern nur in den wenigsten Fällen gänzlich erziehungsunfähig oder erziehungsunwillig sind. Sie fühlen sich häufig durch die Erziehung ihrer Kinder überfordert und alleingelassen, können mit den Ratschlägen und Erklärungen der professionellen Erziehungsberater nichts anfangen und müssen deshalb mangels anderer Hilfsangebote ihre Kinder ins Heim geben. Die wenigsten Kinder und Jugendlichen, die im Heim leben, wollen von sich aus von ihren Eltern getrennt werden. Nicht wenige junge Menschen leben hauptsächlich deshalb im Heim, weil es in ihrer früheren Schule erhebliche Schwierigkeiten gab.

Ziele und Probleme

Unter Berücksichtigung der Ziele des § 32 KJHG hat die Erziehung in einer Tagesgruppe nicht nur die dort betreuten jungen Menschen einzubeziehen, sondern auch deren Familie und das soziale Umfeld einschließlich der Schule. Die Tagesgruppe bietet zum einen ein eigenständiges pädagogisches Angebot für die betreuten Kinder und Jugendlichen sowie für ihre Familienangehörigen, zum anderen besteht eine wichtige Aufgabe darin, eine Vermittlerfunktion zwischen den verschiedenen Lebensfeldern und Bezugspersonen der Kinder und Jugendlichen zu übernehmen. Die Betreuung in der Tagesgruppe, ob sie von den Kindern und Jugendlichen subjektiv als angenehm empfunden wird oder nicht, hat zwangsläufig eine gewisse Ausgrenzung zur Folge. Die Kinder und Jugendlichen wechseln vom »Normalen« ins »Besondere«.

Das tägliche Pendeln zwischen Familie, Schule und Tagesgruppe sowie ihre Nähe zueinander eröffnen Chancen, schaffen zugleich aber auch Gefahren, die sich für den einzelnen unterschiedlich auswirken und auch unterschiedlich wahrgenommen werden. Statt einen pädagogischen Schonraum zu schaffen, muß es Ziel der Tagesgruppenarbeit sein, durch das Angebot eines zeitlich befristeten sozialen Lern- und Erfahrungsortes sowie durch solidarisches und partnerschaftliches Einmischen ein Verbleiben der von Ausgrenzung bedrohten Kinder und Jugendlichen in den Bezugsfeldern Familie, Schule und Peergroup zu ermöglichen.

Wichtige Grundlage für Tagesgruppen enthalten die AFET-Richtlinien für die heilpädagogische Arbeit in Tageseinrichtungen der Jugendhilfe vom März 1982. Es ist sowohl die eigenständige, in der Regel heilpädagogische Tageseinrichtung gemeint, als auch die Tagesgruppe in einem Heim oder in einer anderen sozialpädagogischen Einrichtung.

Zusammensetzung und Aufnahmekriterien

Bei allen vorhandenen Unterschiedlichkeiten in Details stellt sich das Bild einer Tagesgruppe (auch unter der Bezeichnung heilpädagogische oder therapeutische Tagesgruppe) übereinstimmend etwa so dar: Aufgenommen werden Kinder im schulpflichtigen Alter (in der Regel zwischen sieben und 15 Jahren), die auf Grund neurotischer Störungen, aktueller Erziehungskonflikte, psychischer, sozialer und situativer Deprivation oder leichter frühkindlicher Hirnschäden in der Familie, Schule und Umgebung auffällig geworden sind, bei denen die allgemeinen Erziehungs- und Bildungseinrichtungen neben dem Elternhaus (wie z.B. Kindergarten, Schule, Hort) zu ihrer Förderung ebenso wenig ausreichen wie familienunterstützende Maßnahmen, z.B. durch die Erziehungsberatungsstelle. Eine vollstationäre Unterbringung ist nicht angezeigt, weil die Eltern bereit und in der Lage sind, die Erziehungsbemühungen der Tagesgruppe auf Dauer mitzutragen und die Erziehung später wieder allein zu übernehmen.

Es werden auch Kinder aufgenommen, bei denen erst nach gezielter Beobachtung darüber entschieden werden kann, ob eine befristete Fremdunterbringung notwendig ist. Ferner können Eltern, die einer Fremdunterbringung abneigend gegenüberstehen, über die Tagesheimgruppe mit einem Heim auf einer weniger angstbesetzten Ebene vertraut werden und so Ängste und Skepsis abbauen. Die Zustimmung zu einer an sich notwendigen Heimunterbringung kann damit erleichtert werden. Umgekehrt kann die Tagesgruppe als Übergangsmöglichkeit von Kindern besucht werden, für die eine Entlassung aus dem Heim in die Familie vorgesehen ist.

In einer Gruppe werden in der Regel, je nach Differenzierung der Einrichtung, acht bis zehn (höchstens zwölf) Kinder bzw. Jugendliche aufgenommen. Die Gruppen werden alters- und geschlechtsgemischt geführt. An Personal sind je nach Betreuungszeit und den Aufnahmevoraussetzungen drei bis vier pädagogische Mitarbeiter erforderlich.

Aus § 79 Abs. 2 KJHG folgt, daß die Jugendämter in Zusammenarbeit mit den freien Trägern – unter Berücksichtigung des Bedarfs und der schon bestehenden Angebote der Jugendhilfe – im Rahmen eines Verbundsystems der Hilfen auf die ausreichende Bereitstellung von Plätzen in Tagesgruppen hinzuwirken haben. Tagesplätze sind als heilpädagogisch orientiertes Angebot, aber auch mit einem heilpädagogischen Konzept erforderlich. Die andere Aufgabenstellung und der sich von der vollstationären Gruppe unterscheidende Tagesablauf erfordern nicht nur eine organisatorische, sondern auch eine räumliche Eigenständigkeit. Die Öffnungszeiten der Tagesgruppe müssen nicht nur den Notwendigkeiten der Herkunftsfamilie angepaßt sein, sondern auch den erzieherischen Zielen Rechnung tragen. Dabei wird es im Einzelfall notwendig sein, auch noch das Abendessen in der Tagesgruppe anzubieten. Von dem Personal der Tagesgruppe organisierte Außenkontakte und Ferienfreizeiten sind ein wesentlicher Bestandteil des pädagogischen Konzepts. Die Kooperation mit Sozialen Diensten und anderen Einrichtungen der Jugendhilfe ist unerläßlich.

Bedarf und Finanzierung

Bedingt durch den weiteren Verbleib des Kindes oder des Jugendlichen im Elternhaus und die enge Zusammenarbeit mit den Erziehungsberechtigten ist der Bedarf von Tagesgruppenplätzen von der räumlichen Nähe zur Wohnung der

Eltern abhängig. In einem flächenmäßig größeren Landkreis mit einer eingeschränkten Erschließung durch öffentliche Verkehrsmittel wird der Bedarf geringer sein. In den Städten bzw. in den Ballungsgebieten dürfte die absehbare Entwicklung dazu führen, daß Tagesheimgruppen im gleichen Umfange zur Verfügung stehen werden wie vollstationäre Heimplätze. Neben dem fachlich und gesetzlich gewollten Vorrang der ambulanten und teilstationären Hilfen vor stationären Maßnahmen wird die Personalsituation das Entstehen von Tagesgruppen begünstigen.

Die Tagesgruppe ist eine familienergänzende und -unterstützende Maßnahme, die bei entsprechender Bedarfsprüfung und mit einer überzeugenden fachlichen Konzeption auf breite Zustimmung stoßen wird. Beispielsweise verfügt das Stadtjugendamt Regensburg seit dem Schuljahr 1983/84 über intensive Erfahrungen mit der Gewährung von Hilfe zur Erziehung in einer Tagesgruppe. In enger Zusammenarbeit mit den Heimträgern konnten diese Gruppen in Regensburg zwischenzeitlich erheblich ausgeweitet werden. Sie werden sowohl mit einem heilpädagogisch orientierten Konzept als auch in einem heilpädagogischen Heim angeboten. Die qualifizierte Arbeit in diesen Gruppen und die Akzeptanz durch die Eltern tragen dazu bei, daß die Gruppen voll ausgelastet sind und ein weiterer Bedarf erkennbar ist.

Hilfe zur Erziehung muß sich am erzieherischen Bedarf im Einzelfall und am Wohl des Kindes oder des Jugendlichen orientieren. Es wäre allerdings realitätsfremd, finanzielle Argumente völlig außer Acht zu lassen. Eine qualifizierte pädagogische Betreuung durch hauptamtliches Fachpersonal ist auch bei einem Tagesangebot nicht »billig« zu haben. Die über einen kostendeckenden Pflegesatz finanzierten Gesamtaufwendungen sind zwar in der Regel höher als für ambulante Maßnahmen, im Vergleich zu vollstationären Hilfen aber günstiger. Der Eintritt in die heilpädagogische Tagesgruppe ist angezeigt für Kinder, die eine intensivere und umfassendere Betreuung brauchen, als sie von ambulanten Beratungsstellen und sozialpädagogischen Diensten oder von den mit weniger Förderungsmöglichkeiten ausgestatteten Kinderhorten geleistet werden kann. Dies wirkt sich zwangsläufig auch bei den Kosten aus. Hinzu kommt, daß die intensive Form der Elternarbeit sowie die Kooperation mit anderen Sozialen Diensten und Einrichtungen nicht zum Nulltarif zu haben sind. Der Verbleib im Elternhaus und die Zusammenarbeit mit den Eltern mit dem Ziel, deren Erziehungsfähigkeit zu stärken, macht es wahrscheinlich, daß die Hilfe zur Erziehung in einer Tagesgruppe vor Eintritt der Volljährigkeit beendet werden kann. Dies kann im Einzelfall ein nicht unbedeutender Kostenaspekt sein.

Otto-Karl Bothe

Vollzeitpflege

§ 33 KJHG

Das KJHG definiert in § 33 die Vollzeitpflege als eine zeitlich befristete Erziehungshilfe oder eine auf Dauer angelegte Lebensform für Kinder und Jugendliche. Dabei sollen das Alter, der Entwicklungsstand und die persönlichen Bindungen des Kindes oder Jugendlichen berücksichtigt werden. Für besonders entwicklungsbeeinträchtigte Kinder – und sicherlich nicht nur für diese – sind besondere Formen der Familienpflege zu schaffen und auszubauen. Die Vollzeitpflege ist eine Hilfe zur Erziehung, auf die ein Personensorgeberechtigter Anspruch hat, wenn eine dem Wohl des Kindes oder Jugendlichen entsprechende Erziehung durch ihn nicht mehr gewährleistet sowie die Hilfe für die Erziehung des Kindes oder Jugendlichen geeignet und notwendig ist (§ 27 Abs. 1 KJHG). Der Umfang der Hilfe in Vollzeitpflege richtet sich nach dem erzieherischen Bedarf im Einzelfall. Sie umfaßt die Gewährung pädagogischer und damit verbundener therapeutischer Leistungen (§ 27 Abs. 2 und 3 KJHG).

Vor der Pflegestellenunterbringung prüft das örtlich zuständige Jugendamt (§ 88 Abs. 1 KJHG) an Ort und Stelle, ob das Wohl des Kindes oder Jugendlichen in der Pflegestelle gewährleistet ist (§ 44 Abs. 2 und 3, § 37 Abs. 3 KJHG), auch wenn aufgrund der Ausnahmetatbestände des § 44 Abs. 1 KJHG keine Erlaubnis erforderlich ist. Nur in wenigen Ausnahmefällen bedarf die »Pflegeperson«, die ein Kind oder einen Jugendlichen regelmäßig betreuen oder ihm Unterkunft gewähren will, einer Erlaubnis (§ 44 Abs. 1 KJHG). Pflegeerlaubnis in den Fällen von Vollzeitpflege wird nur noch erteilt, wenn eine Vermittlung durch das Jugendamt nicht stattgefunden hat oder wenn ein örtlich unzuständiges Jugendamt eine Vermittlung vornimmt.

Bereits vor der Aufnahme eines Kindes oder Jugendlichen in Vollzeitpflege ergeben sich für die Mitarbeiter des zuständigen Jugendamtes Beratungs- und Prüfungsverpflichtungen aus §§ 36, 37 und 38 KJHG, die im folgenden in anderem Sachzusammenhang beschrieben werden sollen.

Über das 18. Lebensjahr hinaus sind Hilfen für die Persönlichkeitsentwicklung und zu einer eigenverantwortlichen Lebensführung unter Umständen auch in Form der Weiterführung der Vollzeitpflege für junge Volljährige angezeigt (§ 41 Abs. 1 KJHG).

Eine Definition des Begriffs »Pflegekind« sucht man im KJHG vergebens. Man findet sie im § 56 Abs. 2 Nr. 2 des Ersten Buches des SGB in völlig anderem Sachzusammenhang. Wie man aus den vorstehenden Ausführungen bereits erkennen kann, führt diese an anderen als den pädagogischen Betreuungszusammenhängen orientierte Gesetzesstruktur zu einer Zersplitterung. Diese wiederum trägt mit dazu bei, daß die Arbeit mit den Vorschriften des KJHG in besonderem Maße gewöhnungsbedürftig ist.

Vermittlungsvoraussetzungen

Voraussetzung für eine erfolgreiche Vermittlung in Vollzeitpflege ist eine größtmögliche Übereinstimmung der Wünsche der Pflegeeltern mit den Erfordernissen des Kindes oder Jugendlichen bzw. mit den Ansprüchen der Herkunftseltern an diese Unterbringungsform. Dazu ist eine umfassende Informationssammlung erforderlich, wie sie z.B. eine psychosoziale Diagnose (PSD) darstellt (Runderlaß des Niedersächsischen Kultusministeriums vom 26.08.1976; Arbeitshilfe PSD der Bezirksregierung Braunschweig von 1979).

Bei der Datensammlung und ihrer Bewertung kann man sich nicht nur auf das verlassen, was der Betroffene erzählt, weil diese Informationen zwangsläufig sehr subjektiv sind. Man muß darüber hinaus Informationen anderer Beteiligter (z.B. Kindertagesstätte, Schule, Verwandte) einbeziehen, um ein möglichst objektives Bild über den Hilfebedarf zu erlangen. Die Vorschriften der §§ 61ff. KJHG sind dabei zu beachten.

In diese PSD sind auch die Motivationen der Pflegefamilie und die dort vorhandenen Rahmenbedingungen einzubeziehen. Auf der Basis der vorliegenden Informationen kann und soll der für die Vermittlung von Pflegekindern zuständige Fachdienst gemeinsam mit den Personensorgeberechtigten, dem Kind oder Jugendlichen sowie den beteiligten Pflegeeltern einen Hilfeplan erstellen (§ 36 Abs. 2 KJHG).

Begleitende Beratung

Mit der Vermittlung des Pflegekindes und Aufstellung des Hilfeplanes allein ist die Aufgabe des Jugendamtes aber nicht beendet. Während der Unterbringung sind die Herkunftseltern durch begleitende Beratung und Unterstützung zu fördern und ihre Fähigkeit, die Erziehung der Kinder oder Jugendlichen wieder in die eigenen Hände zu nehmen, zu verbessern (§ 37 Abs. 1 KJHG). Ob dies in vielen Fällen eine realistische Aussicht ist, muß angesichts der differenzierten Hilfen im Vorfeld einer Unterbringung – die letztlich erfolglos waren – bezweifelt werden. Gelingt dies in einem vertretbaren Zeitraum nicht, ist gemeinsam mit allen Beteiligten für das Kind/den Jugendlichen eine auf Dauer angelegte Lebensperspektive zu erarbeiten. Außerdem haben auch alle Pflegepersonen Anspruch auf Beratung und Unterstützung (§ 37 Abs. 2 KJHG).

Für die praktische Arbeit mit den Pflegefamilien hat sich der sogenannte systemische Ansatz (z.B. Minuchin 1984) in dem von 1979 bis 1984 vom Deutschen Jugendinstitut München in Verbindung mit vielen Jugendämtern durchgeführten Modellversuch »Beratung im Pflegekinderbereich« als besonders hilfreich erwiesen.

Die in einer Familie geltenden Verhaltensmuster und Regeln ermöglichen es, den Alltag zu bewältigen. Sie stellen sicher, daß diese Familie mit den selbst gegebenen Regeln ihr »System« ausgewogen gestaltet. Durch Veränderungen, z.B. dem Auszug oder Neuzugang eines Familienmitgliedes, kann das bestehende Gleichgewicht gestört werden (Krise).

In dieser Umstrukturierungsphase müssen neue Regeln gefunden werden. Dem die Familie begleitenden Sozialarbeiter/Sozialpädagogen bietet sich die Möglichkeit, der Familie bei der Bewältigung solcher Krisen zu helfen und ihre positiven Kräfte zu aktivieren. Es ist seine Aufgabe, mit der Familie Regeln zu erarbeiten, die eine ausgewogene Bedürfnisbefriedigung aller ermöglichen.

Die Beratungstätigkeit des Pflegekinderdienstes sollte Einzelgespräche genauso vorsehen wie die Beratung von Gruppen (z.B. ganze Pflegefamilie, Herkunftsfamilie, beide Familien gemeinsam). Gruppenarbeit, die über die Einzelfamilie und ihre unmittelbaren Bezüge hinausgeht, hat ihre besondere Bedeutung, weil sie Beteiligten – seien sie Herkunftseltern oder Pflegeeltern – die Möglichkeit bietet, sich mit Personen in gleicher Situation auszutauschen.

Organisation

Die vorstehenden Aufgaben bei der Auswahl der Pflegeeltern, der Vermittlung der Kinder, der Beratung und Betreuung der Herkunftsfamilie sowie der Pflegefamilie lassen sich nur dann sachgerecht erledigen, wenn der Pflegekinderdienst die dafür geeignete Organisationsform hat. Die Vielfalt der Aufgaben erfordert – bis auf wenige Ausnahmefälle, weil die Fallzahlen dies nicht zulassen – die Organisation des Pflegekinderdienstes als besonderen sozialen Dienst. Dabei übernimmt der Sozialarbeiter/Sozialpädagoge die Mittlerfunktion zwischen Herkunftsfamilie, Kind bzw. Jugendlichen, Pflegefamilie, anderen sozialen Diensten, Familien- bzw. Vormundschaftsgerichten und den Trägern wirtschaftlicher Leistungen.

Die Übertragung der Aufgabe auf einen besonderen sozialen Dienst ist erforderlich, um die mit der Pflegestellenunterbringung anfallenden Aufgaben zielgerichtet zu koordinieren und Reibungsverluste zu vermeiden, die bei der Wahrnehmung zusammenhängender Aufgaben durch verschiedene Fachkräfte zwangsläufig entstehen.

Die Mitarbeiter eines Spezialdienstes können sich auf einem breiteren Erfahrungshintergrund bewegen, sich für die spezifischen Probleme qualifizieren und – unbelastet von anderen Aufgaben – gezielt das Wohlergehen und die kontinuierliche Weiterentwicklung der Persönlichkeit des Pflegekindes in den Mittelpunkt ihrer Arbeit stellen. Zu ihren Aufgaben sollte auch die in bezug auf die untergebrachten Kinder erforderliche Betreuung der Herkunftsfamilie gehören. Es bedarf einer engen Kooperation zwischen allen beteiligten sozialen Diensten, wenn außer Betreuung eines Pflegekindes noch weitere Hilfen in der Herkunftsfamilie zu leisten sind.

Die innere Organisation des Pflegekinderdienstes sollte die Nähe zum Betreuten dokumentieren, indem regionale Zuständigkeiten geschaffen werden. Ziel eines Mitarbeiters im Pflegekinderdienst sollte es sein, einen stützenswerten Kontakt zwischen Herkunftseltern und Kind zu ermöglichen. Das erfordert, die Kinder möglichst bei Pflegeeltern unterzubringen, die in der Nähe der Ursprungsfamilie wohnen. Diese Regelung sichert auch den Anspruch des KJHG, die Eltern nicht aus der Verantwortung für ihre Kinder zu entlassen.

Für die Mitarbeiter des Pflegekinderdienstes ist es wichtig, daß ihnen der Zugang zum differenzierten Fachwissen eines Psychologen eröffnet wird. Dies kann dadurch geschehen, daß die Mitarbeiter die Möglichkeit haben, problematische Familien dem psychologischen Dienst des Jugendamtes vorzustellen. Wichtig ist es dabei, daß diese psychologischen Dienste ihre Komm-Struktur aufgeben und bereit sind, in die Familien zu gehen, um dort vor Ort Beratung anzubieten. Als besonders positiv ist es einzuschätzen, wenn Psychologen dem Team des Pflegekinderdienstes angehören und neben der Übernahme der Diagnose und Beratung in den Herkunfts- und Pflegefamilien auch an der Fallberatung im Pflegekinderdienst beteiligt werden können.

Die Mitarbeiter des Pflegekinderdienstes müssen ferner die Möglichkeit haben, unabhängige Beratung in Anspruch zu nehmen. Diese Supervision befähigt sie, die emotionale Belastung aus Konflikten mit den Klienten aufzuarbeiten. Der Supervisor sollte kein Bediensteter der Anstellungsbehörde sein.

Im Interesse einer ganzheitlichen Arbeit ist es sinnvoll, dem Pflegekinderdienst, der die laufende Betreuung durchführt, auch die Entscheidungsbefugnisse über notwendige wirtschaftliche Leistungen einzuräumen. Da die Pflegegelder landeseinheitlich festgelegt werden, gehört dazu die Entscheidung über Beginn und Ende der Pflegegeldzahlung und die Höhe der einmaligen

Leistungen und sonstigen Betreuungskosten, wie z.B. der Kosten des Nachhilfeunterrichts. Die Ausführung dieser Entscheidungen sollte zweckmäßigerweise einem Sachgebiet »wirtschaftliche Jugendhilfe« zugeordnet werden.

Im Kontext der vorstehend beschriebenen Strukturen und unter Berücksichtigung der Probleme von Kindern, die in Pflegefamilien untergebracht werden, ist von einer deutlich unter 45 Kindern liegenden Fallbelastung je Mitarbeiter des Pflegekinderdienstes auszugehen, da nur so der Gesetzesauftrag erfüllt werden kann.

Fazit

Das KJHG bringt für den Bereich der Vollzeitpflege eine Vielzahl von – im Gesetz verstreut angeordneten – Bestimmungen, die hier nur angerissen werden konnten. Die Betonung des Elternrechts und die Vorstellungen des Gesetzgebers von den Fähigkeiten der leiblichen Eltern entsprechen in den meisten Fällen einer Unterbringung in Vollzeitpflege nicht der Realität. Die aus diesen Grundannahmen resultierenden Vorschriften zur kooperativen Zusammenarbeit zwischen Herkunftseltern und Pflegeeltern werden daher häufig Makulatur bleiben. Für die Mitarbeiter in den Pflegekinderdiensten stellen sie aber Arbeits- und Zielvorgaben dar, die angestrebt werden müssen und auch entsprechende Erwartungen bei den Beteiligten auslösen.

Diese Ansprüche zusammen mit den im Gesetz eingebauten Hemmnissen – insbesondere durch die Vorschriften des Datenschutzes – werden leider die Umsetzung der positiven Ansätze des KJHG erschweren. Insgesamt wird eine sinnvolle Umsetzung auch im Bereich der Vollzeitpflege nur möglich sein, wenn der politische Wille des Bundesgesetzgebers dort wirksam wird, wo die Aufgabenerfüllung erfolgen soll. Die Länder und Kommunen werden die Ressourcen im Bereich der Personal- und Sachmittel zur Verfügung stellen müssen, wenn die Vision vom »Recht jedes jungen Menschen auf Förderung seiner Entwicklung« (§ 1 KJHG) auch bei der Unterbringung in Vollzeitpflege optimal erfüllt werden soll.

Hubert Betz

Heimerziehung, sonstige betreute Wohnform

§ 34 KJHG

Die Sorge um die gesunde Entwicklung eines Kindes oder Jugendlichen kann eine vorübergehende, zeitlich befristete, in manchen Fällen aber auch eine dauernde Trennung von der eigenen Familie als dem sozialen Primärsystem erfordern.

Heimerziehung oder eine sonstige betreute Wohnform wird insbesondere in den Fällen in Frage kommen, in denen das Familienmilieu so störend ist, daß das Kind gefährdet wird, oder umgekehrt das Verhalten des Kindes so gestört ist, daß es die Erziehungskraft der Eltern übersteigt, wenn gleichwohl die Wiederherstellung oder die Aufrechterhaltung der Eltern-Kind-Beziehung pädagogisch sinnvoll erscheint (Dietl 1980, S. 147).

Eltern haben das Recht, dieses Förderungsangebot für ihre Kinder in Anspruch zu nehmen, wenn eine dem Wohl des Kindes oder des Jugendlichen entsprechende Erziehung nicht gewährleistet ist und diese Form der Hilfe für seine Entwicklung geeignet und notwendig ist (§ 27 KJHG).

Zur Abwendung einer dringenden Gefahr bzw. Gefährdung von Leben und Gesundheit für das Kind bzw. den Jugendlichen kann das Jugendamt die unverzügliche Unterbringung in einem Heim vornehmen (Inobhutnahme entsprechend § 42 KJHG). In diesen Fällen muß das zuständige Jugendamt in Abstimmung mit den Personensorge- und Erziehungsberechtigten über eventuell notwendige weitere Hilfen zur Erziehung entscheiden. Gegebenenfalls muß unverzüglich eine Entscheidung des Vormundschaftsgerichts zur Sicherung des Wohles des Kindes oder des Jugendlichen herbeigeführt werden.

Aufgabe des Heimes ist es, den jungen Menschen eine lebensorientierte grundlegende Erziehung, Bildung und individuelle Förderung zu sichern sowie Defizite in der Persönlichkeitsentwicklung auszugleichen. Durch eine Verbindung von Alltagserleben und pädagogischen bzw. therapeutischen Angeboten sollen Kinder und Jugendliche in ihrer Entwicklung gefördert werden. Die Hilfe ist vor allem darauf zu richten, »1. eine Rückkehr des Kindes oder Jugendlichen in die Familie zu erreichen versuchen oder 2. die Erziehung in einer anderen Familie oder familienähnlichen Lebensform vorzubereiten«

(§ 34 Satz 1 KJHG). Als weiteren Auftrag der Heimerziehung nennt der Gesetzgeber in § 34 KJHG, daß die Verselbständigung der Jugendlichen gefördert, sie auf ein selbständiges Leben vorbereitet und in Fragen der Lebensführung, Ausbildung und Beschäftigung beraten und unterstützt werden sollen.

Die Aufnahme eines Kindes oder eines Jugendlichen in ein Heim oder eine sonstige betreute Wohnform ist durch das zuständige Jugendamt vorzubereiten (§ 89 KJHG in Verbindung mit § 2 KJHG). Es soll das Kind oder den Jugendlichen – vor der Entscheidung über die Inanspruchnahme der Unterbringung – über Art und Umfang der Hilfe beraten und ihn in die Entscheidungsfindung einbeziehen. Diese Einbeziehung sollte auch erfolgen, wenn Heimerziehung gerichtlich angeordnet wird.

Das Jugendamt analysiert die Lebens- und Erziehungssituation in der Familie und im sozialen Umfeld und weist die Ergebnisse in einem psychosozialen Gutachten aus. Erforderlichenfalls können auch Gutachten verschiedener Fachkräfte (z.B. Psychologen, Lehrer, Ärzte) einbezogen werden. Darüber hinaus sollen Hinweise und Empfehlungen für die Planung und Gestaltung der sozialpädagogischen Arbeit sowie für die weiteren Entwicklungsperspektiven des jungen Menschen gegeben werden.

Die Auswahl einer geeigneten Einrichtung ist entscheidend. Auch hierbei sind die Personensorgeberechtigten sowie die Kinder oder Jugendlichen einzubeziehen. Ihren Wünschen soll entsprochen werden, sofern sie nicht mit unverhältnismäßigen Mehrkosten verbunden sind. Als Grundlage für die Ausgestaltung der Heimerziehung ist mit den Erziehungsberechtigten und den Kindern bzw. Jugendlichen ein Hilfeplan aufzustellen (§ 36 KJHG), an dessen Erstellung auch das ausgewählte Heim beteiligt werden soll.

Die Heimträger sind in den zurückliegenden Jahren den unterschiedlichen Erwartungen an die Heimerziehung gerecht geworden. Trägern, Trägerverbänden und den mit dem Schutz der Kinder und Jugendlichen beauftragten Behörden ist es gemeinsam gelungen, ein breites Angebot erzieherischer Hilfen zu entwickeln, insbesondere durch entsprechende Binnendifferenzierung der Heime. Pädagogische und therapeutische Angebote wurden ausgebaut und unterschiedlich strukturiert, so daß Kindern und Jugendlichen auch bei komplexer Symptomatik und bei krisenhaftem Behandlungsverlauf adäquat geholfen werden kann, ohne daß sie die Einrichtung wechseln müssen. Es ist möglich geworden, bei der Auswahl eines Heimes die unterschiedlichen Bedürfnisse und Interessen eines Kindes oder Jugendlichen zu berücksichtigen. Nicht die Größe einer Einrichtung, sondern die einzelne Gruppe, ihre Arbeitsweise und das Angebot an Fachdiensten sind bei einer sorgfältig vorbereiteten Entscheidung über die Unterbringung ausschlaggebend.

Die Gruppe als Lebensort

Das Zusammenleben der Kinder und Jugendlichen in einer Gruppe macht das Besondere der Heimerziehung aus. Die Familie wird im Heim durch die Wohngruppe ersetzt. Das Gruppenmilieu unterscheidet sich von problembeladenen Familiensituationen, aus denen die Kinder und Jugendlichen kommen. Die Gruppe soll Schutz- und Schonraum sein, in dem sich das Kind geborgen fühlt. Sie soll ihm das Gefühl vermitteln, daß es ungeachtet seiner Schwächen und Fehler von den übrigen Gruppenmitgliedern und vor allem von seinen Erziehern akzeptiert wird (Adams 1986).

Diese Funktion kann nur eine Gruppe erfüllen, in der Mitarbeiter und Kinder nicht nur vorübergehend zusammenleben. Die familienähnliche Atmosphäre in den Gruppen wird häufig durch den Schichtdienst der Erzieher beeinträchtigt, der einer Lebensgemeinschaft nicht entspricht. Allein um einen Gruppenwechsel für die Kinder oder Jugendlichen zu verhindern, ist eine altersgemischte Belegung der Heimgruppen erforderlich. Darüber hinaus entspricht die alters- und geschlechtsheterogene Gruppenbelegung am ehesten der realen Familiensituation. Gerade die heterogen zusammengesetzte Gruppe kann den Kindern und Jugendlichen als soziales Lernfeld dienen.

Die Gruppenkonferenz ist ein wichtiges Medium, durch das Sozialverhalten erlernt und angewendet werden kann. In diesen Besprechungen können sich die Kinder und Jugendlichen an der Gestaltung des Gruppenlebens beteiligen und ihren Fähigkeiten entsprechend eigene Probleme und Konflikte bearbeiten. Gruppenkonferenzen sollten möglichst wöchentlich stattfinden.

Die eher traditionelle Heimgruppe hat auch heute noch ihre Berechtigung. Sie nimmt sechs bis zehn Kinder oder Jugendliche auf, die von drei bis vier pädagogischen Fachkräften betreut werden. Küche, Wäsche und Raumpflege werden im Rahmen der Erziehung zur Selbständigkeit teilweise von der Gruppe wahrgenommen. Diese Versorgungsmöglichkeiten können zentral genutzt werden. Ein gruppenübergreifender Fachdienst (bestehend aus Heilpädagogen, Psychologen oder Beratern) ist verfügbar.

Die Bildung anderer Gruppenformen hängt wesentlich von der Bereitschaft der pädagogischen Mitarbeiter ab, mit den Kindern und Jugendlichen in einer Lebensgemeinschaft zusammenzuwohnen.

Betreutes Wohnen

Betreutes Wohnen wird als letzte Stufe der Verselbständigung, aber auch als Wohnform für nicht gruppenfähige junge Leute angeboten. Der Jugendliche oder junge Erwachsene wohnt auf dem oder in der Nähe des Heimgeländes in

einem Zimmer oder Appartement mit Koch- und Waschgelegenheit. Die Betreuung durch die Mitarbeiter der Einrichtung beschränkt sich auf das im Einzelfall notwendige Maß. Mit dieser Wohnform wird dem jungen Menschen eine befristete sozialpädagogische Unterstützung zur Bewältigung des Über-
gangs aus einer Heimgruppe in die völlige Selbständigkeit angeboten.

Betreutes Wohnen kann auch eine gezielte Maßnahme der institutionellen
Verselbständigungshilfe im Rahmen eines Erziehungsplanes darstellen. Der
junge Mensch ist in der Essensversorgung, der Kleiderbeschaffung und -pfle-
ge, der Wohnraumgestaltung und deren Pflege weitgehend selbständig. Die
notwendigen finanziellen Mittel werden ihm pauschal ausgezahlt; eine Rech-
nungslegung ist nicht notwendig. Dabei wird davon ausgegangen, daß sein
bisheriger Gruppenerzieher oder der von ihm gewählte Erzieher seines Vertrauens die Betreuung übernimmt. Die Beratung durch Heimleitung und Fach-
dienste sowie Hilfen durch die Verwaltung werden sichergestellt.

Eltern- und Familienarbeit

Viel zu lange wurde übersehen oder nicht ernst genug genommen, daß die Herausnahme eines Kindes oder Jugendlichen und seine Unterbringung im Heim
in der Regel das System seiner Familie stark belastet. Heimerziehung kann
sich nicht mehr ausschließlich am Kind oder Jugendlichen und an dessen Defiziten orientieren. Sie muß ihn als einen Teil eines konkreten sozialen Ganzen
sehen. So sollte sie den sozialen Kontext, in dem der einzelne eingebunden ist,
in ihre Überlegung und Praxis einbeziehen und das ihr Mögliche tun, damit
dieser nicht gefährdet erscheint.

Will Heimerziehung ihrer sozialpädagogischen Aufgabe einer bestmögli-
chen sozialen Verankerung und Integration des jungen Menschen in die diver-
sen sozialen Systeme, vor allem aber in das Primärsystem »Familie«, gerecht
werden, muß sie die Eltern- und Familienarbeit noch weiter ausbauen als bisher. Im Einzelfall wird sie die Elternarbeit daran auszurichten haben, ob die
Familie des Kindes bei entsprechender Hilfe von außen in der Lage sein wird,
daß Kind baldmöglichst wieder aufzunehmen bzw. ob eine Ersatzfamilie gefunden werden kann oder nicht (Fenkart 1987).

Johannes Seiser und Johann Schmidhofer-Stieren

Intensive sozialpädagogische Einzelbetreuung

§ 35 KJHG

Intensive sozialpädagogische Einzelbetreuung ist ein Regelangebot der Jugendhilfe. Sie soll in der Regel für längere Zeit »Jugendlichen gewährt werden, die einer intensiven Unterstützung zur sozialen Integration und zu einer eigenverantwortlichen Lebensführung bedürfen« (§ 35 Satz 1 KJHG). Sie ist auch für junge Volljährige gemäß § 41 Satz 3 KJHG in der Regel bis zur Vollendung des 21. Lebensjahres zu gewähren; in begründeten Einzelfällen kann sie für einen begrenzten Zeitraum darüber hinaus fortgesetzt werden (höchstens bis zum 27. Lebensjahr). Als Annexleistung schließt die Gewährung von intensiver sozialpädagogischer Einzelbetreuung nach § 39 KJHG auch den notwendigen Unterhalt außerhalb des Elternhauses sowie nach § 40 KJHG die Krankenhilfe ein.

Im Unterschied zur Hilfe in einem Heim oder in einer sonstigen betreuten Wohnform nach § 34 KJHG stellt die intensive sozialpädagogische Einzelbetreuung auf eine Hilfeart ab, der es weniger um die Rückkehr in die Herkunftsfamilie geht als vielmehr um die eigenverantwortliche Lebensführung. Die dem Jugendalter entsprechende Entwicklung zur Verselbständigung und Eigenverantwortung hat die Gestaltung des Lebens außerhalb der Herkunftsfamilie zum Ziel. Das Bedürfnis nach autonomen und eigenwertvermittelnden Erfahrungen – verbunden mit dem Wunsch nach Sicherheit, Orientierung und Unterstützung – bietet der Jugendhilfe ein reiches Potential für kreative und experimentierfreudige Interventionen.

Die intensive sozialpädagogische Einzelbetreuung ist eher als eine ambulante Maßnahme einzuordnen – wobei sie sich einer stationären Unterbringung nicht von vornherein verschließt, wenn sie für den jungen Menschen als sinnvoll angesehen wird. Grundsätzlich kann davon ausgegangen werden, daß die im zweiten Kapitel des KJHG geregelten Hilfen zur Erziehung im Bedarfsfall auch nebeneinander gewährt werden können und die Gewährung einer Form der Hilfe zur Erziehung nicht die gleichzeitige Gewährung einer anderen Hilfe ausschließt.

Klientel und Habitus

Intensive sozialpädagogische Einzelbetreuung zielt nicht auf eine bestimmte Personengruppe, sondern auf Betroffene, die – aus welchen Gründen auch immer – nicht, noch nicht oder nicht mehr in der Familie oder in (Heim-)Gruppenerziehung leben sollen, wollen oder können. Es sind junge Menschen, die zur sozialen Integration und zur eigenverantwortlichen Lebensführung mittels einer intensiven und auf die individuellen Bedürfnisse des einzelnen abgestimmten Unterstützung geführt werden sollen. Es können demnach junge Menschen angesprochen werden, die z.B.

- mit dem vorhandenen ambulanten und stationären Angebot nicht mehr aufzufangen sind,
- eine schwer gestörte Persönlichkeitsstruktur aufweisen,
- stark abweichende Verhaltensweisen präsentieren,
- zu kriminellen Handlungen neigen,
- kaum eine Ausbildungs- bzw. Arbeitsfähigkeit mitbringen oder
- noch keine Wohnfähigkeit erreicht haben.

Es wird deutlich, daß diese Klientel von instabilen Bezugsfeldern, von Mißbrauch und Gewalt in der Kindheit geprägt ist. Oft umfaßt sie beziehungslose und desintegrierte »Dunkelfeld-Jugendliche«. Nach der Begründung zum Regierungsentwurf des KJHG soll durch intensive sozialpädagogische Einzelbetreuung vor allem jungen Menschen aus dem Punker-, Nichtseßhaften-, Drogen- oder Prostituiertenmilieu Hilfe geleistet werden. In der Regel handelt es sich um mehrfache, gebündelt auftretende Auffälligkeiten, die eine eindeutige Bestimmung der Klientel ausschließen und deshalb ein offenes Betreuungssetting erfordern.

Ansatz und Anspruch

Die Struktur der Maßnahme wird zunächst vom jungen Menschen vorgegeben. Das geflügelte Wort von »Nähe und Distanz« wird hier äußerst feinfühlig zu berücksichtigen sein. Die Betreuer dürfen nie zu nahe und nicht zu weit weg von dem jungen Menschen sein. Zugleich sind sie in der Auseinandersetzung und Konfrontation eine Integrationsfigur für ihn. Sie integrieren in der Betreuung, was er bisher abgespalten und vermieden hat. Somit sind Inhalte der Betreuungsarbeit nicht allein vordergründige und offensichtliche, sondern auch verdeckte und originäre Probleme. Das Intensive an der intensiven sozialpädagogischen Einzelbetreuung ist das »Dranbleiben« an diesen Problemfeldern, auch wenn der junge Mensch sich ihr zu entziehen und unterzutauchen versucht.

Die Betreuung verfolgt aufgrund ihrer professionellen Einstellung keine Beziehungsverflechtung zwischen Betreutem und Betreuern. Die Betreuungsarbeit basiert nicht vorrangig auf der Beziehungsebene, sondern auf einer klar definierten Klienten-Berater-Ebene, die ein »burning-out« der Betreuer aufgrund von persönlichen »Tiefschlägen« reduziert. Die Zielgruppe ist durchwegs von Beziehungsunfähigkeit gekennzeichnet, weshalb Beziehungsfähigkeit bzw. Ansätze hierfür nicht Voraussetzung, sondern Ziel der Betreuung sind. Es wird versucht, Orientierung zu geben, wobei die Entscheidung zu deren Annahme oder Ablehnung immer beim jungen Menschen liegt. Im Extremfall sind auch Illegalität und Delinquenz Entscheidung des Betreuten. Die Betreuer können nur auf deren Konsequenzen hinweisen und Alternativen aufzeigen. Sie sind »Orientierungshelfer« und stecken mit dem jungen Menschen immer wieder (Kleinst-)Ziele ab, die in Teilschritten erreicht werden sollen. Je mehr die Ziele »soziale Integration« und »Stärkung der Eigenverantwortung« konkretisiert werden, desto eher läßt sich eine Beziehung aufbauen. Soziale Integration schließt das Erreichen von Wohn-, Arbeits- und Beziehungsfähigkeit ein. Die Verbesserung der Leistungsmotivation sowie die positive Erfahrung von tragfähigen sozialen Bezügen wird dazu notwendig sein. Damit sind zugleich der Abbau von Fluchtverhalten sowie die Förderung von adäquaten Verhaltensweisen (Konfliktlösungsstrategien, Umgang mit Ängsten und Aggressionen usw.) verbunden.

Verlauf und Umsetzung der Maßnahme

Zu Beginn der Betreuung sollten Perspektiven und Teilziele zusammen mit dem jungen Menschen entwickelt werden, was die Motivation zur Situationsveränderung festigt. Dies setzt genaue Beobachtung voraus: Das bisherige Lebensumfeld ist in seiner Struktur und in seinen Wirkungen zu analysieren. Diese Feldstudie ermöglicht eine annähernd genaue Definition der individuellen Lage des jungen Menschen, nach der die individuellen Hilfen bestimmt werden können.

In der ersten Phase der Betreuung müssen die Betreuer nicht sofort eine Veränderung der Lebensumstände anstreben, sondern können die bisherige Situation belassen, in der sich der junge Mensch befindet. Dann kann der »Leidensdruck« eine Motivation zur Veränderung bewirken. Zugleich wird der junge Mensch in seiner momentanen Befindlichkeit ernst genommen und erfährt so Angenommensein und Akzeptanz. Hier findet somit eine lebenswelt- und betroffenenorientierte Sozialarbeit statt. Das Spektrum der Lebensumstände kann dabei äußerst weit reichen (von der Parkbank bis zur Hotelsuite). Wenn der junge Mensch klar ausdrückt, daß er Veränderungen anstrebt, sowie Ansätze und Bereitschaft zur sozialen Integration zeigt, kann z.b. ein einwöchiges Trainingsprogramm (ähnlich der erlebnispädagogischen Maßnahmen) durchgeführt werden, bei dem er sich selbst in extremen Lagen innerhalb eines schützenden Rahmens erlebt und so seine Möglichkeiten wie Grenzen wahrzunehmen lernt. Jedes Vierteljahr kann er ein Wochenendtraining mit sozialpädagogischer Unterstützung durchlaufen, um sich mit sich selbst auseinanderzusetzen, sich besser kennenzulernen und seine Stärken zu festigen.

Die Methoden und Ansätze sind vielseitig und reichen von Streetwork über Erziehungsbeistandschaft, Jugendgerichtshilfe, Einzelberatung, Gemeinwesenarbeit, sozialpädagogischer Familienhilfe bis hin zu anderen Formen der Sozialarbeit. Intensive sozialpädagogische Einzelbetreuung grenzt sich zu den genannten Hilfeangeboten insofern ab, als daß sie sich nicht auf eine Form der sozialpädagogischen Intervention und Leistung reduzieren läßt. Sie berücksichtigt jede Möglichkeit, die als Hilfe in Frage kommt, und ist im Sinne der Vernetzung offen für verschiedene Angebote und deren Träger. Das Zusammenwirken des Trägers der intensiven sozialpädagogischen Einzelbetreuung mit verschiedenen Institutionen der Sozialarbeit ist unumgänglich, da er der Hilfe anderer bedarf. Die Palette der Interventionstechniken ist dementsprechend groß. Intensive sozialpädagogische Einzelbetreuung bedarf deshalb im Einzelfall einer relativ langen Vorplanung und aufwendigen Organisation.

Das soziale Netzwerk des zu Betreuenden muß in die Maßnahme einbezogen werden – jedoch sind auch Abgrenzungsleistungen notwendig; eventuell müssen neue Netzwerke erschlossen werden. Gemeinwesenangebote machen mit Lösungsstrategien bekannt, die auch nach Beendigung der öffentlichen Erziehung Gültigkeit haben. Für die Betreuer bedeutet diese extensive Inanspruchnahme von »externen« Möglichkeiten eine Notwendigkeit zum Zweck der sozialpädagogischen Integration. Zugleich beinhaltet sie einen entlastenden Ausgleich »interner« Grenzen. Als »Networker« sind die Betreuer gefordert, auch an andere Stellen abgeben zu können und sich nicht für alles zuständig zu erklären. Der handlungsorientierte Ansatz beinhaltet eine aufsuchende und eine beratende Sozialarbeit. Der auf den einzelnen jungen Menschen zugeschnittene »Methodencocktail« basiert auf einem individuellen Erziehungsplan.

Mindestanforderung an den jungen Menschen ist ein zweimaliger Termin pro Woche mit den Betreuern. Dieser Rahmen muß aber nach unten und nach oben hin offen sein, da die individuelle Situation entscheidend ist. Desweiteren ist seitens der Betreuten ein gewisser Grad an Kommunikationsfähigkeit und Informationsoffenheit Voraussetzung. Die Betreuer sind auf Informationen und deren Weitergabe angewiesen, wobei sie subtile und latente Informationen zu entschlüsseln in der Lage sein müssen.

Die Möglichkeit, sich der Maßnahme zu entziehen, soll für den jungen Menschen gegeben sein; nach vier Wochen »Funkstille« endet jedoch die Jugendhilfemaßnahme. Sie muß aber hernach wieder zur Disposition stehen, wenn sich der junge Mensch meldet und für sich etwas tun will. Eine sogenannte »Beurlaubung« von der Maßnahme hätte für ihn den Vorteil der unmittelbaren Abklärung und des direkten Vergleichs der alten mit den neuen Lebensumständen. Die Kosten reduzieren sich dann im Rahmen des Pflegesatzes auf das Freihalten eines Platzes.

Organisation und Arbeitsbedingungen

Die Arbeit ist vielschichtig und differenziert. Von der Fachkraft erfordert sie hohe Flexibilität, die nicht durch feste Arbeitszeiten begrenzt werden kann. Sie muß in der Lage sein, sich völlig auf den zu Betreuenden einzulassen und Verantwortung sowohl zu übernehmen als auch bei ihm zu belassen. Eine ungewöhnliche Breite an Handlungskompetenzen wird ihr abverlangt, die als »Multikompetenz« fachliche, administrative und lebenspraktische Kenntnisse und Fertigkeiten einschließt. Die Arbeitsbedingungen sind extrem, und so sollte möglichst in einem Team gearbeitet werden, da dieses Austausch, Information und Entlastung ermöglicht. Die Teamarbeit beinhaltet zudem Reflexionsmöglichkeiten und weist Regulativa auf. Die scheinbar der intensiven sozialpädagogischen Einzelbetreuung anhaftende »einzelkämpferische« Aura wird somit durchbrochen und aufgelöst. Supervision und begleitende Beratung sind unbedingt als flankierende Hilfen notwendig. Es besteht ein großer Fortbildungsbedarf.

Die hohen Anforderungen an das Leistungsprofil der Sozialpädagogen sowie die erhöhten Streß- und Frustrationsfaktoren rechtfertigen eine überdurchschnittliche Vergütung sowie möglichst optimale Rahmenbedingungen. Die Finanzierung der sehr personalintensiven und damit kostenträchtigen Maßnahme erfordert die Vereinbarung von Sonderpflegesätzen mit den Kostenträgern.

Eine Anlaufstelle, die zugleich Abklärungsstelle ist, sollte möglichst permanent besetzt werden. Sie umfaßt Verwaltung, Besprechungszimmer, Küche, Kaffeetheke, Billardraum oder dergleichen und einen Lagerraum. Zudem werden Notschlafplätze bereitgehalten. Die Wohnungen werden vom Leistungsträger angemietet, die er vorhält und die nach Bedarf belegt werden. Es sind nur Einzelschlafplätze anzubieten, um eine Massierung der Problemfälle zu vermeiden. Bei Belegung der trägereigenen Wohnung wird mit dem jungen Menschen ein Betreuungsvertrag geschlossen, der das Zugangsrecht zur Wohnung sowie die Eckdaten der Betreuung klar definiert. Bei entsprechendem Bedarf und finanzieller Leistungsfähigkeit kann er aber auch die Wohnung nach der Betreuung übernehmen. Der Maßnahmeträger ist auf alle Fälle bei der Wohnraumbeschaffung behilflich – vorausgesetzt eine Wohnfähigkeit wurde seitens des jungen Menschen erreicht. Der junge Mensch muß aber im Rahmen von intensiver sozialpädagogischer Einzelbetreuung nicht in einer Wohnung untergebracht sein. Neben den institutionellen Wohnformen sollen und können durchaus unkonventionelle Formen berücksichtigt werden. Wenn es z.b. der Biographie des jungen Menschen entsprechen würde, in einem Baumhaus zu wohnen, würde im Rahmen der intensiven sozialpädagogischen Einzelbetreuung nach diesem Baumhaus gesucht. Gemeinsam ist diesen Wohnformen eines: Sie werden für den Einzelfall gesucht, sollen auch unabhängig von der öffentlichen Erziehung fortbestehen können und bauen nicht primär auf Gruppenpädagogik auf. Die Wohnformen und damit auch die Betreuungsformen sollen die Eigendynamik des jungen Menschen aufgreifen und ihm nicht als Produkt einer fremdbestimmten Institution entgegentreten.

Dauer und Kosten

Eine Kostenbeteiligung seitens des Jugendlichen, dessen Personensorgeberechtigten oder des jungen Volljährigen sollte nach § 93 Satz 3 KJHG entfallen, da aller Voraussicht nach der zu betreuende Personenkreis sich sonst der Maßnahme nicht unterziehen würde, Ziel und Zweck der Leistung gefährdet würden oder sich aus der Heranziehung eine besondere Härte ergäbe. Erst nach Stabilisierung der persönlichen Verhältnisse sowie der Wohn- und Arbeitsbedingungen ist eine angemessene Kostenbeteiligung sinnvoll und notwendig. Dem jungen Menschen wird wirtschaftliche Hilfe im Rahmen der Sozialhilfesätze nach § 39 KJHG gewährt, wenn ein eigenes Einkommen oder Unterhaltsleistungen Dritter nicht vorhanden sind. Diese materielle Hilfe sowie die Möglichkeit der Benutzung einer Waschmaschine und eines Herdes in der Anlaufstelle sind zudem Ausdruck der Wertschätzung des jungen Menschen.

Intensive sozialpädagogische Einzelbetreuung ist auf längere Zeit angelegt. Eine Überleitung in eine andere Jugendhilfeform (betreutes Wohnen, Wohngruppe usw.) oder in die Eigenständigkeit wird erst dann erfolgen, wenn der junge Mensch hierfür die entsprechenden Voraussetzungen entwickelt hat. Ein Erfolg im Rahmen der intensiven sozialpädagogischen Einzelbetreuung wird nicht vordergründig quantitativ zu messen sein (Dauer eines Arbeitsverhältnisses, Ausbildungsabschluß, Kriminalitätsrate usw.). Vielmehr sind die individuelle Leistbarkeit und Erreichbarkeit des jungen Menschen sowie seine Lebensgeschichte zu berücksichtigen.

Ob die intensive sozialpädagogische Einzelbetreuung auf Dauer zum Erziehungshilfeangebot eines Jugendamtes gehört, wird vor allem an der kommunalpolitischen Unterstützung der Jugendhilfe durch die jeweilige Gemeinde liegen. Das Angebot der Einzelbetreuung wird nicht allein durch sozialpädagogische Hilfe zu gewährleisten sein, da auch kommunale Entscheidungen zur Wohnraumversorgung sowie ein ausreichend differenziertes Ausbildungs- und Arbeitsangebot für sozial und materiell schwächer gestellte junge Menschen gefordert sind. Sonst verkommt dieses neue Angebot der Jugendhilfe zu einer wohlgemeinten, aber nicht umsetzbaren Gesetzesempfehlung.

Norbert Merk

Hilfe für junge Volljährige, Nachbetreuung

§ 41 KJHG

Mit dem neuen Kinder- und Jugendhilfegesetz ändert sich auch die Hilfeleistung für den Personenkreis der über 18jährigen in einer insgesamt positiv zu bewertenden Form. Bisher stand sowohl im Rahmen der Hilfe zur Erziehung nach § 6 Abs. 3 Jugendwohlfahrtsgesetz als auch nach § 75 a JWG eine Verlängerungsmöglichkeit der Hilfeleistung nur dann im Bereich der gesetzlichen Leistungsmöglichkeiten, wenn diese mit der Vollendung einer begonnenen Ausbildung einherging. Insgesamt wurden dabei sehr enge gesetzliche Maßstäbe gezogen: So führte z.b. der Wechsel der Ausbildung in einen anderen Berufszweig oder gar deren Abbruch (was aus pädagogischen Gründen durchaus angezeigt sein kann) zum sofortigen Ende der Maßnahme.

Die neue Bestimmung des § 41 KJHG verlagert einerseits zeitlich die Hilfeleistung, die nun auch nach der Volljährigkeit bis maximal mit Vollendung des 21. Lebensjahres beginnen kann und bis zur Vollendung des 27. Lebensjahres beendet werden muß. Andererseits wird auch ein wesentlich größerer Spielraum für die pädagogische Ausgestaltung der Hilfeleistung geschaffen, deren Ziel nun nicht mehr die alleinige Vollendung oder Ausbildung, sondern die Hilfestellung für die Persönlichkeitsentwicklung zu einer eigenverantwortlichen Lebensführung ist.

Ein besonderes Augenmerk ist darauf zu richten, daß die Hilfeleistung so lange gewährt werden soll, als dies aufgrund der individuellen Situation des jungen Menschen notwendig ist. Mit dieser Bestimmung wird auch den Veränderungen im Bereich der Jugendgerichtshilfe Rechnung getragen und die Bedeutung des Vorrangs der Erziehung im Jugendgerichtsgesetz mit dem Verweis auf die Regelungen der §§ 45 und 47 JGG verdeutlicht. Dies ist eine wirksame Verbesserung für junge Volljährige im Rahmen der Arbeit mit delinquenten Heranwachsenden, da die Jugendgerichtshilfe verpflichtet ist, Leistungen der Jugendhilfe zu prüfen.

Mit dem Verweis auf die §§ 27ff. KJHG wird ferner gesichert, daß das erweiterte Angebot der Hilfen zur Erziehung in seinen wesentlichen Bereichen auch für die jungen Erwachsenen anwendbar ist, was zu einer Diversifizierung des Angebotes führen wird.

Zu beachten ist aber, daß auch bisher der junge Volljährige nach dem Ausscheiden aus Jugendhilfemaßnahmen noch eine Möglichkeit der Hilfeleistung hatte. Im Rahmen der Hilfen in besonderen Lebenslagen nach § 72 Bundessozialhilfegesetz (BSHG) bestand eine (mit dem jetzigen Angebot nicht vergleichbare) Hilfsmöglichkeit. Aufgrund des Nachranges der Sozialhilfe gegenüber Soll-Leistungen fällt dieses Leistungsangebot weg, so daß für den Personenkreis der 18- bis zumindest 21jährigen – außer es handelt sich um körperlich, geistig oder mehrfach (wesentlich) Behinderte – ausschließlich die erweiterten Jugendhilfeleistungen zum Tragen kommen.

Besonders verwiesen werden muß außerdem darauf, daß die Hilfeleistung für junge Volljährige nicht von einem erzieherischen Bedarf im engen Sinne, sondern von einer persönlichen Bedarfslage aufgrund der individuellen Situation des jungen Menschen abhängig ist.

Das ganze Leistungsspektrum nutzen

Eine effiziente Hilfeleistung kann nur verwirklicht werden, wenn man das ganze Leistungsspektrum der Hilfe für junge Volljährige nutzt. Dieses beginnt bei ambulanten Maßnahmen wie Erziehungsberatung, soziale Gruppenarbeit und Einzelbetreuung durch Erziehungsbeistand oder Betreuungshelfer und führt bis zu vollstationären Maßnahmen wie Heimerziehung und intensive sozialpädagogische Einzelbetreuung. Diese Angebote sind im wesentlichen mit denen der Hilfe zur Erziehung für Minderjährige vergleichbar. Während jedoch beim Minderjährigen die Hilfe dem Personensorgeberechtigten zur Abdeckung des bestehenden erzieherischen Bedarfs gewährt wird, steht beim Volljährigen der junge Mensch mit seinen persönlichen Bedürfnissen im Mittelpunkt. Seiner individuellen Lebenssituation sind die Hilfeleistungen anzupassen. Dies bedeutet insbesondere, die für den jeweiligen individuellen Entwicklungsstand entsprechende intensive oder weniger intensive Maßnahme zu finden. Beispielsweise stellt sich bei Heimunterbringungen die Frage, wie weit die Betreuung in einem Heim oder in einer sonstigen Wohnform gehen darf bzw. muß, um im Augenblick die Entwicklung des jungen Menschen verantwortlich zu gestalten, aber wie gleichzeitig die geeigneten Schritte zur Gewinnung einer eigenverantwortlichen Lebensgestaltung getan werden können.

Der Gesetzgeber hat mit dem stufenweisen Aufbau der Hilfen zur Erziehung, die im Bereich der Hilfen für Volljährige ebenfalls Anwendung finden, eine wichtige Grundlage geschaffen. Gerade bei Volljährigen, die im Rahmen ihrer Mitwirkungspflichten an der Maßnahme aktiv teilnehmen sollen, ist die Hilfeleistung auf einer der Problemlage entsprechenden Stufe zu suchen. Allerdings bedeutet dies die Verpflichtung, soweit vertretbar, die gesamte Leistungspalette von ambulant bis intensiv-therapeutischen und stationären Maßnahmen anzubieten, um eine dem Gesetz entsprechende Hilfe zu gewähren. Hier ist eine ganz enge Zusammenarbeit zwischen den freien Trägern der Jugendhilfe, die im wesentlichen die Einrichtungen und Dienste zur Verfügung stellen, und den die Maßnahmen gewährenden öffentlichen Jugendhilfeträgern erforderlich. Auf kommunaler Ebene sollte zwischen Jugendamt und örtlichen Einrichtungen im Rahmen sowohl der kommunalen Jugendhilfeplanung als auch von regelmäßigen Gesprächen eine enge Abstimmung von nachgefragten und angebotenen Hilfeleistungen erreicht werden. Die Anforderungen, die an die Praktiker vor Ort zu stellen sind, um das Leistungsangebot zu realisieren, sind sowohl aus der Sicht der öffentlichen als auch der freigemeinnützigen Träger der Jugendhilfe zu betrachten.

Mit der Erhöhung des Regelalters für Hilfeleistungen von 18 auf 21 Jahre ändert sich die Klientel der Jugendhilfe, öffnet sich diese stärker für den Volljährigkeitsbereich. Dies bedeutet für Einrichtungen, die bisher ausschließlich mit Minderjährigen gearbeitet haben, einen verstärkten Aufnahmedruck durch ältere Hilfesuchende. Auch könnte hierdurch die Tendenz verstärkt werden, daß Heimerziehung nicht zwangsläufig die ultima ratio der Stufenleiter sein darf, um als wirksames Hilfsangebot der Jugendhilfe zu dienen. Von wesentlicher Bedeutung wird sein, inwieweit die bereits dargelegte Zuständigkeitsveränderung der Hilfeleistung von der Sozialhilfe für junge Volljährige zur Jugendhilfe auch pädagogisch und strukturell gelingt. In größeren Einrichtungen bedeutet dies die Umgliederung ganzer Heimgruppen. Ein weiteres Kriterium für die künftige Volljährigenhilfe ergibt sich aus ihrem Hilfszweck. Um eine wirksame Hilfe bei der Persönlichkeitsentwicklung zu bieten, sind neben den beratenden Angeboten wie soziale Gruppenarbeit und Betreuungshelfer insbesondere die Angebote der sonstigen betreuten Wohnformen zu intensivieren und auszubauen.

Geht man davon aus, daß die Jugendhilfeleistungen für junge Volljährige nun ausschließlich am Ort des gewöhnlichen Aufenthalts und Lebensmittelpunktes zu gewähren sind, bedeutet dies, daß vor Ort Wohn- und Betreuungsmöglichkeiten anzubieten sind. Da der Mittelpunkt der Lebensbezüge z.B. bei einem längeren vorausgegangenen Aufenthalt in einem Heim der Heimort ist, sollte die Binnendifferenzierung der Heime weiter forciert werden, um Anschlußangebote für junge Volljährige oder Aufnahmeangebote bei akuter Krise der Persönlichkeitsentwicklung zwischen dem 18. und 21. Lebensjahr zu schaffen.

Die Notwendigkeit der Fortführung der Hilfeleistung wird auch bei der Nachbetreuung sichtbar. Da bisher entsprechende Bemühungen von Einrichtungen wegen der fehlenden Berücksichtigung in den Pflegesätzen nur bedingt umgesetzt werden konnten, ist auch hier ein Umdenken erforderlich. Ziel einer Fremdunterbringung muß die Förderung der Persönlichkeitsentwicklung des jungen Menschen im Rahmen der Hilfe zur Selbsthilfe sein. Dies bedeutet entweder eine Begleitung durch entsprechende ambulante Angebote und/oder stationäre Wohnformen oder die Rückführung in den familiären Herkunftsbereich.

Hier ist eine Weiterbildung des pädagogischen Personals zur Sensibilisierung für diese Hilfestellungen und deren wirksamen Umsetzung erforderlich. Notwendig erscheint es, daß die Nachbetreuung von den bisherigen Bezugspersonen durchgeführt wird. Nur eine intensive persönliche Basis, die sich aus einer längeren vorausgegangenen Betreuung ergeben hat, dürfte die erfolgreiche Beendigung der Maßnahme sichern. Insoweit dürfte es zweckmäßig sein, – anstatt einen Spezialdienst zur Nachbetreuung und Verselbständigung einzurichten – die generelle Befähigung des Gruppenerziehers für die Übernahme einer derartigen Aufgabe zu stärken. Dieser kann den letzten Schritt der Maßnahme aufgrund des intensiven persönlichen Bezugs zum Klienten am besten gestalten und damit auch absichern.

Planung des Hilfsangebots

In der Praxis der öffentlichen Jugendhilfe wird der Schlüssel für eine erfolgreiche Hilfe für junge Volljährige in der sorgfältigen Planung der Hilfemaßnahmen sowie der Umsetzung und stetigen Anpassung des Hilfeplanes zu finden sein. Die Vielfältigkeit der Hilfsangebote fordert im Rahmen der pädagogischen Konzeption der Hilfeleistung zunächst eine sorgfältige Abklärung der persönlichen Bedürfnislage des Hilfesuchenden unter Einbeziehung aller Aspekte durch die jeweilige Fachkraft. Aus diesem Iststand heraus ist mit dem Hilfeempfänger das Ziel der Hilfeleistung zu erarbeiten und die zum Erreichen dieses Ziels am besten geeignete Maßnahme zu bestimmen. Dies ist im Hilfeplan festzuhalten, der immer wieder zu überprüfen und gegebenenfalls an neue Situationen anzupassen ist. So muß manchmal auf Veränderungen mit einem Wechsel der Hilfeart reagiert werden. Je dynamischer und situationsbezogener dieser Prozeß auch insbesondere in Abstimmung mit der Einrichtung oder dem Maßnahmeträger erfolgt, desto besser läßt sich eine Persönlichkeitsentwicklung erreichen, die letztendlich zur Verselbständigung und Unabhängigkeit von Sozialleistungen führt. Für die Fachkräfte des Jugendamtes bedeutet dies, weit mehr als zuvor für einen Hilfeprozeß mit ständigen Anpassungen bereit zu sein und nicht, wie bisher oftmals der Fall, durch Beharren auf eine einmal begonnene Maßnahme den Erfolg ausschließlich in ihr zu suchen.

Dies kann im Zusammenspiel mit dem Klienten, den Einrichtungen und Maßnahmeträgern aber nur erreicht werden, wenn dem einzelnen Mitarbeiter durch eine geringere Fallzahlenbelastung Freiräume zu intensiver Betreuung dieser schwierigen Klientel ermöglicht werden.

Voraussetzungen für die Realisierung

Die Realisierung einer klientengerechten Hilfe für junge Volljährige ist sicherlich wie die Umsetzung des gesamten Kinder- und Jugendhilfegesetzes nicht in einem großen Schritt erreichbar. Dazu sind der zur Verfügung stehende gesetzliche Rahmen und die damit verbundenen Ansprüche der Klienten zu vielgestaltig. Der erste Schritt sollte zunächst sein, eine an den bestehenden Kapazitäten orientierte Individualhilfe mit unterschiedlicher Betreuungsdichte zu ermöglichen. Dieses Angebot sollte sich zunächst insbesondere auf die Fälle erstrecken, die durch die Zuständigkeitsänderungen aus dem Bereich der Hilfe in besonderen Lebenslagen (BSHG) in die Jugendhilfe verlagert worden sind. Der qualitative und gegebenenfalls auch quantitative Ausbau der Hilfeleistungen kann erst dann als abgeschlossen betrachtet werden, wenn für die im Gesetz genannten Hilfeformen ambulanter und stationärer Art entsprechende Einzelfallhilfen für junge Volljährige auf regionaler Ebene geschaffen wurden, die auf deren besonderen Bedürfnisse eingehen sowie die Persönlichkeitsentwicklung und Verselbständigung fördern. Die Hilfeleistung, ab dem 18. Lebensjahr eingesetzt, kann nur dann zum Regelangebot werden, wenn in Zusammenarbeit mit entsprechenden Trägern geeignete Angebote geschaffen und vorgehalten werden.

Auch wenn die Hilfeleistung nicht mehr allein auf die berufliche Qualifizierung abstellt, so bedeuten Arbeit und preiswerter Wohnraum eine unabdingbare Voraussetzung für die Verselbständigung. Gerade die Brisanz der Wohnraumfrage wird sich auf viele Hilfeleistungen erheblich auswirken. Hier werden nicht unerhebliche finanzielle Aufwendungen im Rahmen der Hilfeleistung auf die öffentlichen Jugendhilfeträger zukommen.

Insgesamt bedeutet auch die Reform der Hilfen für Volljährige eine weitere Verlagerung finanzieller Belastungen auf die Landkreise und Städte. Hingegen werden die überörtlichen Sozialhilfeträger entlastet, da die Hilfen in besonderen Lebenslagen für junge Volljährige nahezu wegfallen. Diese Situation führt insbesondere für die Kommunen zu einer unverhältnismäßig hohen Belastung, da sie Standort vielfältiger Einrichtungen sind. Die personellen Belastungen sind dabei noch geringer einzustufen als die Aufwendungen für die laufende Hilfeleistung. Um eine gleichmäßigere und damit gerechtere Belastung der betroffenen Landkreise und Städte zu erreichen, sollte der Gesetzgeber entweder die Zuständigkeitsregelung prüfen oder für einen entsprechenden Finanzausgleich sorgen. Andernfalls besteht die Gefahr, daß mangels finanzieller Ausstattung der Kommunen das breite Hilfsangebot, das für eine effiziente Hilfeleistung wesentlich ist, nicht oder nicht im wünschenswerten Umfang geschaffen werden kann. Dann könnte statt einer situationsbezogenen, dynamischen Hilfeleistungspalette nur ein eng begrenzter Hilferahmen von Einzelleistungen erreicht werden.

Maria Schreiber

Inobhutnahme von Kindern und Jugendlichen

§ 42 KJHG

Nach § 42 KJHG handelt es sich bei der Inobhutnahme von Kindern und Jugendlichen um vorläufige und zeitlich eng begrenzte Unterbringungen entweder bei geeigneten Personen (z.b. Nachbarn, Pflegeeltern), in einer Einrichtung (Heim, Jugendschutzstelle usw.) oder in einer sonstigen betreuten Wohnform (z.b. Wohngruppen).

Inobhutnahmen können sowohl mit als auch gegen den Willen von Kindern und Jugendlichen erfolgen, denn das Jugendamt ist verpflichtet, Kinder und Jugendliche in Obhut zu nehmen, wenn diese darum bitten oder wenn eine Gefährdung des Kindeswohls (nach § 1666 BGB) vorliegt. Dabei ist allerdings den Kindern und Jugendlichen, sofern sie in der Lage dazu sind, »unverzüglich Gelegenheit zu geben, eine Person (ihres) Vertrauens zu benachrichtigen«. Während dieser eng begrenzten Zeitspanne von in der Regel einigen Stunden »übt das Jugendamt das Recht der Beaufsichtigung, Erziehung und Aufenthaltsbestimmung aus«, für das die Bestimmungen des § 1631 BGB Anwendung finden. Das Jugendamt hat ferner die Pflicht, für »das Wohl des Kindes oder des Jugendlichen zu sorgen«, zu beraten und Perspektiven einer Hilfe und Unterstützung aufzuzeigen.

Nach der Inobhutnahme muß unverzüglich der oder die Personensorge- oder Erziehungsberechtigte (siehe § 1626 BGB) unterrichtet werden. Widerspricht diese/r der Inobhutnahme und verlangt die Herausgabe des Kindes nach § 1632 BGB, muß das Kind oder der Jugendliche unverzüglich übergeben oder bei Vorliegen gewichtiger Gründe nach § 1666 BGB eine vormundschaftsrichterliche Entscheidung herbeigeführt werden. Sind die Personensorge- oder Erziehungsberechtigten nicht erreichbar, ist ebenfalls eine vormundschaftsrichterliche Entscheidung herbeizuführen (nach § 1693 BGB).

Freiheitsentziehende Maßnahmen sind bei der Inobhutnahme nicht zulässig (§ 1631 b BGB), es sei denn zum Schutze des Kindes/Jugendlichen oder zum Schutze Dritter. Die Freiheitsentziehung darf nicht länger dauern als bis zum Ende des der Maßnahme folgenden Tages.

Beispiele von Inobhutnahmen

Bei einer Inobhutnahme handelt es sich immer um eine Betreuung von zeitlich eng begrenzter Dauer (in der Regel von einigen Stunden), der dann andere Maßnahmen, z.B. Hilfe zur Erziehung, folgen können.

Bei Inobhutnahmen spielt der eigene Wille eines Kindes erst ab Erreichen eines gewissen Grades von Selbständigkeit eine Rolle. Säuglinge und Kleinkinder können sich – selbst wenn sie mißhandelt werden – nicht aus der Obhut der Eltern befreien. Zudem gelingt es Kindern erst mit zunehmendem Ablösungsprozeß, das nicht angebrachte Verhalten von Erwachsenen als solches zu erkennen und darauf zu reagieren. Dies setzt ein gewisses Maß an emotionaler Unabhängigkeit voraus.

Hier einige Beispiele, die eine Inobhutnahme von Kindern und Jugendlichen durch das Jugendamt zur Folge haben:

– Ein Säugling wird von der Polizei aufgrund von Hinweisen durch Passanten im Sommer aus einem Auto befreit, das mit geschlossenen Fenstern längere Zeit in der Sonne stand.

– Zwei Kleinkinder halten sich nachts allein auf dem Balkon einer Wohnung auf und trotz häufigen Klingelns öffnet niemand. Die Polizei öffnet die Wohnung und übergibt die Kinder einer Mitarbeiterin des Allgemeinen Sozialdienstes.

– Ein Kind wird mehrere Stunden nach der Schließung des Kindergartens nicht abgeholt und die Personensorgeberechtigten sind nicht erreichbar.

– Ein zehnjähriges Kind wird nachts allein auf der Straße angetroffen. Die Eltern sind nicht erreichbar.

– Ein Jugendlicher verläßt nach einem Streit die elterliche Wohnung, in die er nach eigenen Angaben auf Dauer nicht mehr zurückkehren will.

– Nachdem die Bewohnerin eines Frauenhauses unverzüglich zu ihrem Partner in die gemeinsame Wohnung zurückkehren will, verläßt die vierzehnjährige Tochter das Frauenhaus und bittet das Jugendamt um die Aufnahme in ein Heim oder eine Wohngruppe.

– Ein siebzehnjähriger Jugendlicher wird nachts von der Polizei im Bahnhofsviertel einer Großstadt aufgegriffen, mehrere hundert Kilometer von seinem Wohnort entfernt.

– Die Lehrerin einer siebzehnjährigen Schülerin erfährt durch Zufall vom sexuellen Mißbrauch derselben durch den Lebensgefährten der Mutter und wendet sich zusammen mit der Jugendlichen an das Jugendamt.

Während der Dauer der Inobhutnahme muß das Jugendamt den weiteren Verbleib des Kindes oder Jugendlichen klären. Falls eine Rückkehr in die Obhut der Personensorgeberechtigten nicht in Frage kommt, müssen andere Perspektiven für das Kind entwickelt werden. Oft folgt auf eine Inobhutnahme nach § 42 KJHG Hilfe zur Erziehung nach § 27 KJHG.

Unterbringung und Betreuung

Von den Jugendämtern müssen Notaufnahmemöglichkeiten für die beschriebenen Fälle vorgehalten werden. Auch der wachsende Bedarf muß dabei berücksichtigt werden. In der Regel sind Säuglinge und Kleinkinder leichter in eine Kurzpflegestelle zu vermitteln als Jugendliche. Manche Jugendlichen wünschen zudem keine Aufnahme in eine Familie. So gilt es, ein altersspezifisches Angebot vorzuhalten.

Hemmend bei der Aufnahme von Kindern und Jugendlichen in Pflegestellen ist die ungewisse Dauer, die sich von einigen Stunden bis zu mehreren Monaten erstrecken kann, was potentielle Bewerber abschreckt. Eine wesentlich bessere Bezahlung der Pflegepersonen, die aufgrund dieser Tätigkeit rentenpflichtversichert sein sollten, würde mit Sicherheit das Angebot erhöhen.

Nach pädagogischen und entwicklungspsychologischen Erkenntnissen ist eine Versorgung von Säuglingen und Kleinkindern sowie jüngerer Schulkinder durch eine Pflegefamilie wünschenswert, die auf die ungewisse Dauer der Betreuung vorbereitet ist. Gerade jüngere Kinder benötigen einen sicheren und überschaubaren Rahmen mit nur wenigen Bezugspersonen. Dies gilt ebenso für Jugendliche, wenn sie ein hohes Maß an Zuwendung und Sicherheit benötigen, z.B. bei Verdacht auf oder Bekanntwerden von sexuellem Mißbrauch.

Tatsache ist, daß es mit zunehmendem Alter des Kindes schwerer wird, eine geeignete Pflegefamilie zu finden. Aus diesem Grund halten viele Kommunen Jugendschutzstellen vor, in die Jugendliche vorübergehend aufgenommen werden können. Oft sind diese Jugendschutzstellen einem Heim angegliedert, das entweder von der Kommune selbst oder von einem freien Träger betrieben wird.

Für jeden Fall einer Inobhutnahme gilt es individuell abzuklären, welche Art der Versorgung angebracht ist. Unter Umständen ist sogar eine Aufnahme in eine Außenwohngruppe eines Heimes möglich. Wichtig für das Jugendamt ist, ein Netz von Betreuungsstellen aufzubauen, das mit allen in Frage kommenden freien Trägern abgestimmt ist. Fehlen Kapazitäten bei der Versorgung, ist es Aufgabe des Jugendamtes, diese Lücken zu schließen. Auch sollte gewährleistet werden, daß eine der Inobhutnahme folgende Fremdversorgung des Kindes oder des Jugendlichen (nach § 27 KJHG) in der Regel keinen Bezugspersonen- und Ortswechsel beinhaltet.

Um einen solchen Wechsel zu vermeiden, erprobt die Verwaltung des Jugendamtes der Stadt Nürnberg zur Zeit das Modellprojekt »Kurzzeit-/Bereitschaftspflege« für bis zu drei Jahre alte Säuglinge und Kleinkinder. Diese finden bei erforderlichen Inobhutnahmen – und sich oft daran anschließenden Hilfen zur Erziehung – ohne Vorbereitungsphase Aufnahme in Bereitschaftspflegestellen, bis der weitere Verbleib sicher geklärt ist (z.B. Rückkehr zu den Eltern, Inpflegegabe, Adoptionsfreigabe).

Bereitschaftspflegestellen sind Pflegepersonen, in der Regel Frauen, mit fachspezifischer Ausbildung (Erzieher, Sozialpädagogen, Kinderpfleger oder vergleichbare pädagogische Qualifikationen), die immer wieder Kinder aufnehmen. Sie haben einen Vertrag mit dem Jugendamt Nürnberg abgeschlossen, in dem Bezahlung, Einsatz, Beratung, Aufgaben usw. geregelt sind.

Bei einem maximal zweiwöchigen Bereitschaftsdienst, während dessen die Bereitschaftspflegeperson mittels City-Ruf ständig erreichbar sein muß, erfolgt in der Regel bereits nach einigen Tagen die Aufnahme eines Kindes. Dieses wird solange betreut und gefördert, bis ein auf längere Dauer absehbarer Verbleib gesichert ist. Nach der Abgabe des Kindes erfolgt eine Pause; an diese schließt sich der nächste Bereitschaftdienst an. Wesentliche Bedingung für die Tätigkeit einer Bereitschaftspflegefrau – die laut Bundesversicherungsanstalt für Angestellte (BfA) als selbständig in der Kinderpflege Tätige gilt – ist eine Rentenpflichtversicherung.

Während des Modellprojektzeitraumes von drei Jahren (1990–1992) wird geprüft, ob ausreichend Bereitschaftspflegestellen gefunden werden und ob diese die Anforderungen über einen längeren Zeitraum bewältigen können, denn der immer wiederkehrende Wechsel der Kinder setzt sowohl Stabilität als auch professionelles sozialpädagogisches Verhalten voraus – einer von mehreren Gründen, um nur Fachkräfte unter Vertrag zu nehmen. Ferner ist die Vergütung einer Bereitschaftspflegefrau deutlich besser als die der Vollzeitpflegemütter.

Neben dem System der Bereitschaftspflege soll ein Netz von Kurzzeitpflegestellen aufgebaut werden, die Kinder dann aufnehmen, wenn eine Fremdversorgung vorbereitet werden soll oder wenn die Dauer relativ sicher vorhergesagt werden kann (z.B. Krankenhausaufenthalt einer alleinerziehenden Mutter). Hier soll keine fachspezifische Ausbildung vorausgesetzt werden. Eine gute Vorbereitung auf die Tätigkeit, unter Berücksichtigung der üblichen Kriterien, wäre hier ausreichend.

Wünschenswert für die Inobhutnahmen – unter Berücksichtigung eventuell erforderlicher Hilfe zur Erziehung nach § 27 KJHG im Anschluß – ist ein Netzwerk aus ständig aufnahmebereiten Pflegefamilien für alle Altersgruppen, kombiniert mit Jugendschutzstellen oder sonstigen betreuten Wohnformen mit hohem pädagogischen Niveau. Hier ist Voraussetzung, daß in Zukunft Pflegefamilien eine wesentlich höhere Vergütung erhalten und ihr Beitrag zur Erziehung höher angesetzt wird.

Wichtig für die Inobhutnahme ist, daß hier bereits die Weichen für den Hilfeplan (siehe § 36 KJHG) gestellt werden, d.h., daß möglichst alle beteiligten sozialen Dienste zusammenwirken und mit den Eltern die erforderlichen Perspektiven für das Kind entwickeln.

Lücken im KJHG

Eine Rentenpflichtversicherung für alle Pflegepersonen wäre im Hinblick auf eine verbesserte soziale Absicherung wünschenswert und somit für die Zukunft anzustreben – dies auch unter dem Gesichtspunkt, daß eine große Zahl von Inpflegenahmen nicht auf Dauer, sondern vorübergehend als familienergänzende Maßnahme erfolgen. Hier hat das KJHG bedauerlicherweise weiterhin eine Lücke belassen.

Helmut Matthey

Mitwirkung in Verfahren vor den Vormundschafts- und den Familiengerichten

§ 50 KJHG

Die Zusammenarbeit zwischen Familien- bzw. Vormundschaftsgerichten und dem Jugendamt findet in § 50 KJHG seinen Niederschlag. So soll das Jugendamt die Gerichte bei allen Maßnahmen unterstützen, »die die Sorge für die Person von Kindern und Jugendlichen betreffen« (§ 50 Abs. 1 Satz 1 KJHG). Es wirkt in Verfahren mit, die in den §§ 49 und 49 a des Gesetzes über die Angelegenheiten der freiwilligen Gerichtsbarkeit aufgelistet sind (§ 50 Abs. 1 Satz 2 KJHG). So muß z.b. das Familiengericht das Jugendamt vor einer Entscheidung nach Vorschriften des Bürgerlichen Gesetzbuches (BGB) anhören, welche den Umgang mit dem Kind, die elterliche Sorge bei Getrenntleben oder nach Scheidung der Eltern und das Ruhen der elterlichen Sorge betreffen (§ 49 a FGG). Es würde diese Ausführungen bei weitem sprengen, wenn dies im einzelnen ausgeführt werden müßte – insbesondere deshalb, weil diese Vorschriften nur in Korrespondenz mit den jeweiligen Paragraphen des BGB verständlich werden.

In § 50 Abs. 2 KJHG wird bestimmt, daß das Jugendamt die Vormundschafts- und Familiengerichte in vorgenannten Verfahren über angebotene und erbrachte Leistungen unterrichtet, erzieherische und soziale Gesichtspunkte hinsichtlich der Entwicklung der Kinder oder Jugendlichen einbringt und weitere Hilfsangebote aufzeigt. Das Jugendamt hat das Gericht von sich aus anzurufen, wenn es dessen Tätigwerden »zur Abwendung einer Gefährdung des Wohls des Kindes oder des Jugendlichen« für erforderlich hält (§ 50 Abs. 3 KJHG). Auch dann muß es über angebotene, erbrachte oder mögliche Leistungen berichten.

Das Jugendamt soll ferner bei der Beratung und Belehrung im Verfahren zur Annahme als Kind (§ 51 KJHG) sowie bei Verfahren nach dem Jugendgerichtsgesetz (§ 52 KJHG) mit Gerichten kooperieren. Auch im 4. Abschnitt des KJHG geht es um die Zusammenarbeit zwischen dem Vormundschaftsgericht und dem Jugendamt, insbesondere im Bereich der Pflegschaften und Vormundschaften für Kinder und Jugendliche. Im einzelnen regelt der § 53 die Beratung und Unterstützung von Pflegern und Vormündern, der § 54 die Erlaubnis zur Übernahme von Vereinsvormundschaften, der § 55 die Amtspflegschaft und Amtsvormundschaft sowie der § 56 die Führung der Amtspflegschaft und der Amtsvormundschaft. Schließlich ist in § 57 die Mitteilungspflicht des Standesbeamten bezüglich der Anzeige über die Geburt eines nichtehelichen Kindes und die Weitergabe dieser Information an das Vormundschaftsgericht geregelt und in § 58 ist der in der Praxis kaum Bedeutung habende Sachverhalt einer Beistandschaft und Gegenvormundschaft des Jugendamtes geregelt.

Für die Zusammenarbeit der Gerichte und des Jugendamtes sind die §§ 1666 und 1666 a BGB von besonderer Bedeutung. Der § 1666, der insbesondere früher in der Jugendamtspraxis eine große Rolle spielte, regelt das Tätigwerden des Vormundschaftsgerichts bei Gefährdung des Kindeswohls: »Wird das körperliche, geistige oder seelische Wohl des Kindes durch mißbräuchliche Ausübung der elterlichen Sorge, durch Vernachlässigung des Kindes, durch unverschuldetes Versagen der Eltern oder durch das Verhalten eines Dritten gefährdet, so hat das Vormundschaftsgericht, wenn die Eltern nicht gewillt oder nicht in der Lage sind, die Gefahr abzuwenden, die zur Abwendung der Gefahr erforderlichen Maßnahmen zu treffen. Das Gericht kann auch Maßnahmen mit Wirkung gegen einen Dritten treffen« (§ 1666 Abs. 1 BGB). Während dieser Paragraph schon lange Bestandteil des BGB ist, wurde der § 1666 a BGB im Jahr 1980 neu in das Gesetz aufgenommen. Er bestimmt, daß Maßnahmen, die zur Trennung eines Kindes von der Herkunftsfamilie führen, nur zulässig sind, wenn der Gefährdung des Kindeswohls nicht auf andere Weise begegnet werden kann. Auch darf die gesamte Personensorge nur entzogen werden, wenn andere Maßnahmen erfolglos geblieben sind oder voraussichtlich zur Abwendung der Gefahr nicht ausreichen.

Der § 1666 a BGB hat in der Jugendhilfe eine besondere Bedeutung, da er zum einen die Grundlage für den Auf- und Ausbau von familienunterstützenden Maßnahmen in dem vergangenen Jahrzehnt war und zum anderen die Notwendigkeit vorschreibt, die am wenigsten einschneidende Maßnahme zu praktizieren. Im Jugendamt der Stadt Kassel hat dies in einem Zeitraum von 10 Jahren vom Ende der 70er Jahre bis zum Ende der 80er Jahre zu einer Abnahme der Anträge auf Sorgerechtsentzug beim Vormundschaftsgericht um ca. 90% geführt. Parallel dazu ist der Bereich der bestellten Amtsvormundschaften aufgrund von Sorgerechtsentzügen so erheblich zurückgegangen, daß zum gegenwärtigen Zeitpunkt lediglich durch die Übernahme von Vormundschaften für unbegleitete minderjährige Flüchtlingskinder gerechtfertigt ist, noch ein eigenes Sachgebiet in diesem Bereich zu führen.

Die Beantragung der Einschränkung elterlicher Rechte ist somit heute in der Arbeit des Jugendamtes die große Ausnahme. Es ist vielmehr Aufgabe der Jugendämter, Eltern zu befähigen, ihren Kindern selbst optimale Entwicklungschancen zu bieten. Dabei kann jedoch nicht die mittelschichtsorientierte Sicht der Sozialarbeiter der Wertmaßstab sein – ohne hier der vieldiskutierten »milieugerechten Erziehung« das Wort reden zu wollen. Kinder und Jugendliche haben ein Anrecht auf ihre Eltern oder zumindest einen Elternteil. Wo die Erziehung von Kindern und Jugendlichen in ihren Familien – aus welchen Gründen auch immer – gefährdet ist, hat das Jugendamt als »Dienstleistungsträger« Hilfen anzubieten, die eine Verbesserung in den Familienstrukturen möglich machen. Wesentliche Hilfsmöglichkeiten sind im 3. und 4. Abschnitt des 2. Kapitels des KJHG festgehalten (§§ 22ff. KJHG).

Selbst in den Fällen, in denen eine Einschränkung der elterlichen Rechte erforderlich ist, muß dies keine Dauerlösung sein. Sowohl das Vormundschaftsgericht als auch das Jugendamt selbst haben in regelmäßigen Abständen (z.B. Einjahresfristen) zu überprüfen, ob der Fortbestand der Einschränkung weiterhin erforderlich ist. Da jedoch Veränderungen in den Herkunftsfamilien nicht automatisch einsetzen, ist es eine wesentliche Aufgabe der Jugendämter, begleitend zum Entzug von elterlichen Rechten intensive Elternarbeit zu betreiben, um eine Rückführung des jeweiligen Kindes in die Herkunftsfamilie zu ermöglichen.

In den Fällen, in denen alle Bemühungen des Jugendamtes gescheitert sind, mit den Eltern und Kindern bzw. Jugendlichen gemeinsam Hilfestellungen zu erarbeiten und es auch den Eltern nicht einsichtig gemacht werden kann, daß sie per Antrag Hilfen für ihre Kinder und Jugendlichen außerhalb der eigenen Familie in die Wege leiten sollten, muß das Jugendamt zur Abwendung der Gefahr für die Kinder und Jugendlichen das Vormundschaftsgericht einschalten. Dies geschieht dann in der Regel im Antragsverfahren auf Entzug von elterlichen Rechten. Sehr oft reicht schon die Beantragung des Entzugs des Aufenthaltsbestimmungsrechts, so daß beispielsweise die gesetzliche Vertretung bei den Eltern verbleibt. Als Vorstufe zu solchen Anträgen gibt es die Information des Vormundschaftsgerichtes durch das Jugendamt bezüglich des Sachverhaltes in der betroffenen Familie.

Im Rahmen des Verfahrens findet in der Regel eine Anhörung der Betroffenen und des Jugendamtes beim Vormundschaftsgericht statt, die das Ziel hat, qua Autorität der Richter Eltern zu veranlassen, konkrete Hilfe für ihre Kinder oder Jugendlichen zu organisieren. Manchmal bleibt aber in Einzelfällen die Notwendigkeit – wenn auch verschwindend selten – zur Erarbeitung einer konkreten Antragstellung auf Entzug von elterlichen Rechten. Dies ist in der Regel keine Einzelentscheidung der zuständigen Sozialarbeiter, sondern eine

Teamentscheidung der Regionalen Konferenz, die durch Abteilungs- und Amtsleitung zu bestätigen ist. Ein Ausnahmefall ist in diesem Zusammenhang die Beantragung von einstweiligen Anordnungen ohne Anhörung der Eltern. Dies geschieht in der Regel nur, wenn Gefahr im Verzug ist, was in der Praxis nur bei extremer Kindesmißhandlung, bei sexuellem Mißbrauch und bei Unterversorgung von Kleinkindern erfolgt. Die Regel ist vielmehr die schriftliche Berichterstattung und die Teilnahme an dem Termin vor dem Vormundschaftsgericht.

Die besondere Bedeutung der Zusammenarbeit zwischen dem Familiengericht und dem Jugendamt im Rahmen von Sorgerechtsregelungen und Scheidungsverfahren ist im Kapitel »Beratung in Fragen der Partnerschaft, Trennung und Scheidung« dieses Buches näher beschrieben, so daß hier nicht weiter darauf eingegangen wird.

Rolf P. Bach

Annahme als Kind

§ 51 KJHG

Das Kinder- und Jugendhilfegesetz (KJHG) hat – wie bisher schon das Jugendwohlfahrtsgesetz (JWG) – nur geringe Auswirkungen auf die Praxis der
Adoptionsvermittlung. Seine Adoptionsrelevanz erschöpft sich in einigen Zuständigkeits- und Verfahrensvorschriften (§§ 2 Abs. 2 Nrn. 6, 7; 7 Abs. 4
KJHG); es betont sozialpädagogische Selbstverständlichkeiten wie die altersgemäße Beteiligung betroffener Kinder und Jugendlicher an allen Entscheidungen (§ 8 KJHG) oder die Prüfung einer eventuellen Adoptionsmöglichkeit
im Rahmen der längerfristigen Hilfeplanung für ein Kind (§ 36 KJHG);
schließlich enthält es einige wenige adoptionsrechtliche Spezialnormen, die
jedoch keine nennenswerten Änderungen der bis 1990 geltenden Rechtslage
beinhalten.

Nach § 47 Abs. 2 KJHG (in Verbindung mit § 12 Adoptionsvermittlungsgesetz) obliegt es weiterhin der landesjugendamtlichen Aufsicht, gemeinsam
mit der zuständigen Zentralen Adoptionsstelle, dem einweisenden Jugendamt
sowie der Einrichtung, in der ein Kind untergebracht ist, durch die jährliche
Überprüfung aller stationär untergebrachten Kinder dafür Sorge zu tragen, daß
auch nach einer solchen Unterbringung die Möglichkeit einer Adoption – aber
auch einer Inpflegegabe – nicht außer acht gelassen wird. Im Vergleich zum
früher geltenden § 78 a JWG ist der dabei anzulegende Kriterienkatalog aber
an entscheidender Stelle, nämlich bei der Frage, welche familiären Kontakte
das Kind noch unterhält, vorgeblich aus datenschutzrechtlichen Gründen so
ausgedünnt worden, daß dieses Instrument noch geringere Wirkungen als in
der Vergangenheit haben wird.

Die schon seit langem existierenden Beratungs- und Belehrungspflichten
des Jugendamtes gegenüber einwilligungsberechtigten Elternteilen, aber auch
nicht einwilligungsberechtigten Vätern eines nichtehelichen Kindes sowie im
Rahmen des vormundschaftsgerichtlichen Verfahrens zur Ersetzung der Einwilligung sind in § 51 KJHG noch einmal zusammengefaßt. Die Neuregelungen über die Statistik der Jugendhilfe betreffen auch die Adoptionsstatistik, die
um einige – in der Tat wissenswerte – Angaben ergänzt wird (§ 99 Abs. 2
KJHG).

200

Gleichzeitig mit dem KJHG ist auch das Gesetz über die Angelegenheiten der freiwilligen Gerichtsbarkeit (FGG) ergänzt worden. In § 49 FGG sind nunmehr die Zuständigkeiten für die Abgabe der gutachterlichen Stellungnahme im vormundschaftsgerichtlichen Adoptionsverfahren durch die Adoptionsvermittlungsstelle, unter bestimmten Umständen durch das örtlich zuständige Jugendamt und die Zentrale Adoptionsstelle, geregelt. Selbstverständlich gelten die allgemeinen Datenschutzvorschriften des KJHG (§§ 61–69) auch für den Bereich der Adoptionsvermittlung.

Weit bedeutsamer für die Adoption als das KJHG sind die 1977 grundlegend neu gefaßten materiellen Adoptionsvorschriften des Bürgerlichen Gesetzbuches (§§ 1741–1766 BGB) und die überwiegend formellen, spezialgesetzlichen Regelungen des Adoptionsvermittlungsgesetzes (AdVermG), das zuletzt im Jahre 1989 umfangreiche Änderungen erfahren hat, mit denen Mißbräuche im Adoptionswesen und seinem weiteren Umfeld, wie die Ersatzmuttervermittlung und der florierende Handel mit Adoptivkindern aus ausländischen Staaten, vorzugsweise aus der sogenannten Dritten Welt, unterbunden werden sollen und mit drastischen Strafandrohungen versehen sind. In diesen Gesetzen findet sich das eigentliche rechtliche Instrumentarium für die Praxis der Adoptionsvermittlung.

Sofern ausländische Staatsangehörige an einer Adoption beteiligt sind, können auch Vorschriften des Internationalen Privatrechts der Bundesrepublik, die im Einführungsgesetz zum Bürgerlichen Gesetzbuch (EGBGB) normiert sind (Art. 14, 22, 23), des »Europäischen Übereinkommens über die Adoption von Kindern« sowie die im November 1989 von der Vollversammlung der Vereinten Nationen verabschiedete »Konvention über die Rechte des Kindes«, deren Ratifizierung allerdings in der Bundesrepublik noch aussteht, eine Rolle spielen. Schon diese kursorische Aufzählung macht deutlich, daß die Adoptionsvermittlung weit mehr als andere Arbeitsfelder der Jugendhilfe umfassende rechtliche Rahmenbedingungen vorfindet und beachten muß.

Veränderungen im Tätigkeitsfeld

Die Inhalte der Arbeit der Vermittlungsstellen bei Jugendämtern und Freien Trägern haben sich im letzten Jahrzehnt deutlich verändert. Rund 60% aller Adoptionsverfahren betreffen heute Stiefeltern- und, in geringerem Umfang, Verwandtenadoptionen. Die »klassische« Aufgabe der Vermittlung eines Kindes in eine völlig neue, fremde Familie verliert zunehmend an Bedeutung.

Mehr als 20% aller adoptierten Kinder besitzen derzeit eine ausländische Staatsangehörigkeit. Manche von ihnen, vor allem jugoslawische, türkische und polnische Kinder, leben bereits in der Bundesrepublik; die Mehrzahl kommt aus Entwicklungs- und Schwellenländern in Süd- und Südostasien, Lateinamerika oder gelegentlich auch Afrika.

Jedem in der Bundesrepublik zur Adoption freigegebenen Kind stehen im statistischen Durchschnitt mehr als acht Adoptionsinteressenten gegenüber. Seit Jahren schon müssen mehr als 20.000 Adoptionsbewerber, die von den Jugendämtern überprüft und grundsätzlich für geeignet befunden wurden, unberücksichtigt bleiben. Unter diesen Umständen birgt die Vermittlung eines halbwegs gesunden Kindes im nichtschulpflichtigen Alter keine Probleme.

Ganz anders sieht es hingegen bei der Vermittlung geistig und/oder körperlich behinderter sowie älterer Kinder und Jugendlicher aus, die meist aufgrund langjähriger stationärer Unterbringung oder wegen häufig wechselnder Aufenthaltsorte erhebliche Verhaltensauffälligkeiten zeigen. Aber auch die gemeinsame Vermittlung von Geschwisterkindern und die Suche nach Ersatz-Ersatzfamilien für Kinder und Jugendliche aus gescheiterten Adoptivfamilien sind relativ schwierig.

Nicht immer und überall ist die Verlagerung der fachlichen Schwerpunkte schon hinreichend erkannt, geschweige denn in adäquater Weise umgesetzt worden. Dafür aber bieten auch die Regelungen des KJHG kaum Ansatzpunkte. Die Erwähnung und Bestärkung einiger Aufgaben der Adoptionsvermittlung kann jedoch dazu beitragen, daß manche durch alltägliche Routine verschüttete oder als lästig verdrängte Grundanforderungen an eine fachkundige und verantwortungsbewußte Adoptionsvermittlung in sozialpädagogischer wie in rechtlicher Hinsicht wieder den ihr gebührenden Stellenwert erhält.

Planung und Mitwirkung

Das gilt beispielsweise für die Mitwirkungsrechte aller Beteiligten an Entscheidungen der Jugendhilfe ebenso wie ihre Einbeziehung in eine langfristig zu erstellende Hilfeplanung (§ 36 KJHG). Daß der Gesetzgeber verlangt, vor einer langfristigen Unterbringung außerhalb der eigenen Familie die Frage der Adoptionsmöglichkeit zu prüfen, klingt banal, ist aber keineswegs überflüssig. Zu oft wurde bisher vor derartig endgültigen Entscheidungen zurückgewichen und mit halbherzigen Unterbringungen in Pflegefamilien oder stationären Einrichtungen versucht, der oftmals notwendigen, nicht selten heftigen Auseinandersetzung mit der Herkunftsfamilie ebenso wie der eigenen Unentschlossenheit zu entgehen.

Eine solche Taktik hat aber für viele Kinder einen »Drehtüreffekt« mit sich gebracht, der sie innerhalb weniger Jahre von der Herkunftsfamilie über eine Verwandtenpflegestelle zu verschiedenen fremden Pflegeeltern, oftmals kurzzeitig noch einmal in die Herkunftsfamilie und schließlich in eine stationäre Einrichtung als voraussichtliche Endstation verschlagen hat. An derart unseligen Karrieren konnte die Kontroll- und Aufsichtsregelung des § 78 a JWG ebensowenig fundamental etwas ändern, wie dies in Zukunft die noch reduzierten Möglichkeiten des § 47 Abs. 2 KJHG können werden.

Die vom Gesetzgeber geforderte Teamentscheidung bei der Aufstellung eines Hilfeplans und die Besinnung auf die eigene Fachkompetenz sollten im Interesse des hilfebedürftigen Kindes künftig dazu beitragen, daß klare Entscheidungen für seine Zukunft getroffen werden und Fremdplazierungen durch das Jugendamt nicht mehr dem Geschehen auf einem Verschiebebahnhof gleichkommen.

Die grundlegende Umdefinierung jugendamtlicher Tätigkeit von der Kontrolle hin zu Beratung und Hilfe findet ihren Ausdruck auch in der Wiederholung und Erläuterung der Beratungs- und Belehrungspflichten im Adoptionsverfahren (§ 51 KJHG). Wurde bisher die Beratung in Ersetzungsverfahren nach § 1748 BGB regelmäßig, wenn auch nicht immer rechtzeitig, durchgeführt, weil anders die gesetzlichen Voraussetzungen nicht zu erfüllen waren, so lag bei der gleichfalls gesetzlich zwingend notwendigen Beratung und Belehrung des Vaters eines nichtehelichen Kindes in der Vergangenheit vieles im Argen. Dessen ohnehin minimalen Rechte wurden oftmals schlicht ignoriert, da die Gefahr einer Aufhebung der Adoption wegen mangelnder Belehrung des Vaters nicht besteht. Das Adoptionsrecht der Bundesrepublik tradiert in diesem Bereich – anders als viele europäische und außereuropäische Rechtsordnungen – soziale Zustände, die ein halbes Jahrhundert zurückliegen. Die sozialpädagogische Praxis sollte sozialhistorisch bewußter sein, zumindest aber das geltende Recht anwenden.

Bei der Lektüre dieser Vorschrift des neuen Gesetzes mag sich mancher Adoptionsvermittler seit langer Zeit erstmals wieder an die Möglichkeit erinnert sehen, auch gegen den Willen leiblicher Eltern eine Adoption durchführen zu können. Rund 5% aller Adoptionen basieren derzeit auf vorgeschalteten Verfahren zur Ersetzung der Einwilligung.

Bedenkt man, daß damit weniger als 0,5% aller Kinder und Jugendlichen in der Bundesrepublik, die außerhalb ihrer Familie in Heimen oder Pflegefamilien leben, zu einer dauerhaften neuen Familie verholfen wird, sind Zweifel an der Kompetenz und Entschlußkraft sozialpädagogischen Spezialistentums nicht von der Hand zu weisen. Jedoch gebietet die immer drohende Gefahr, durch Ersetzungsverfahren Mechanismen auszulösen, die schnell zu staatlichen Zwangsadoptionen mißraten können, sicherlich einen vorsichtigen Umgang mit diesem juristischen Instrument. Sie verbietet aber nicht konsequentes Nachdenken.

Vermittlung behinderter und älterer Kinder

Das gilt auch im Hinblick auf die Notwendigkeit verstärkter Anstrengungen für die große Gruppe sogenannter schwer vermittelbarer Kinder und Jugendlicher. Hier liegt eine zentrale Aufgabe der Adoptionsvermittlungsstellen in der Zukunft. Heute gelingt es keineswegs, alle behinderten, chronisch kranken, verhaltensauffälligen und älteren Kinder in Pflege- und Adoptivfamilien unterzubringen, obwohl die rechtlichen Voraussetzungen gegeben wären.

Das liegt nicht nur daran, daß mittlerweile mehr als 80% aller Adoptionsbewerber unfreiwillig kinderlose Ehepaare sind, die aus nachvollziehbaren Gründen anstelle des versagt gebliebenen eigenen Nachwuchses möglichst einen gesunden Säugling, allenfalls noch ein Kleinkind bis zum dritten oder vierten Lebensjahr adoptieren wollen. Die bundesweit zu konstatierende Misere bei der Unterbringung dieser Kinder, denen ansonsten ein dauerhafter, manchmal lebenslanger Heimaufenthalt bevorsteht, hat auch mit Vorbehalten und Vorurteilen sozialpädagogischer Fachkräfte zu tun, die »so etwas« ihrer Mittelschichtsklientel nicht zumuten wollen, die selbst starke innere Abwehrhaltungen gegenüber Krankheit, Behinderung und Hospitalismus haben, und die die durchweg positiven Erfahrungen Zentraler Adoptionsstellen, die Hunderte solcher Kinder bereits erfolgreich vermittelt haben, nicht zur Kenntnis nehmen.

Die in den letzten Jahren entdeckte Stieffamilienforschung sollte zumindest mittelfristig dazu beitragen, daß die noch weithin verbreitete Nonchalance bei der Behandlung von Stiefelternadoptionen einer engagierten und intensiven Überprüfung aller sozialpädagogisch und psychologisch relevanten Umstände, wie sie bei Fremdadoptionen üblich ist, Platz macht.

Beratung und Betreuung

Schließlich eröffnet der seit einem Jahrzehnt zu verzeichnende Rückgang der Adoptionszahlen, vor allem der Fremdadoptionen, den Adoptionsvermittlungsstellen Freiräume für die Wahrnehmung neuer Aufgaben im Vorfeld der Adoptionsvermittlung ebenso wie in der Nachbetreuung von Adoptivfamilien. Eine intensive Gruppenarbeit mit wartenden Adoptionsbewerbern, vor allem auch zur Aufarbeitung des Problems der Kinderlosigkeit, ist zwar keine originäre Aufgabe der Jugendhilfe, könnte jedoch viel Zündstoff aus dem oftmals angespannten Verhältnis zwischen Adoptionsbewerbern und Jugendamt nehmen, das sich vor allem aus jahrelangen Wartezeiten speist.

Verschiedene Ursachen haben dazu geführt, daß die Adoptionsvermittlungsstellen zunehmend mit Wünschen Adoptierter, aber auch leiblicher Eltern und anderer Verwandter, nach Informationen über den weiteren Lebensweg des »verlorengegangenen« Familienmitglieds oder nach Mithilfe bei einer möglichen Kontaktaufnahme konfrontiert werden. Auch wenn das Adoptionsrecht von der Vision ausgeht, einem adoptierten Menschen eine vollständig neue Identität verschaffen zu können, so weiß doch die anthropologische und sozialwissenschaftliche Forschung seit einiger Zeit, daß dies ein Trugschluß ist. Die sozialpädagogische Praxis sollte ihr Staunen darüber ablegen, daß immer mehr Adoptierte und leibliche Eltern nach Jahren, oftmals erst nach Jahrzehnten, von ihr entsprechende Informationen und konkrete Hilfe einfordern. Sie sollte vielmehr im allseitigen Interesse – auch dem der Adoptiveltern – dazu beitragen, die lebensgeschichtlichen Wurzeln freizulegen.

Die Adoptionsvermittlung in der Bundesrepublik kann ebenso auf brauchbare rechtliche Rahmenbedingungen wie auf weitreichende wissenschaftliche Erkenntnisse und abgesicherte administrative Positionen zurückgreifen. Das Kinder- und Jugendhilfegesetz stellt einen weiteren, wenn auch kleinen Baustein zur Verfügung. Es kommt nunmehr vor allem darauf an, daß die sozialpädagogischen Fachkräfte mit Mut und Motivation an die praktische Ausschöpfung der vorhandenen Möglichkeiten gehen.

Hermann-Josef Greb

Mitwirkung in Verfahren nach dem Jugendgerichtsgesetz

§ 52 KJHG

Das KJHG ordnet die Mitwirkung der Jugendämter in Strafverfahren gegen Jugendliche und junge Erwachsene zunächst den »anderen Aufgaben« der Jugendhilfe (§ 2 Abs. 3 Nr. 8 KJHG) zu und beschreibt dann in § 52 diese Mitwirkung näher. Im Unterschied zum früheren JWG wird die Verknüpfung von Jugendhilfe und Jugendkriminalrechtspflege deutlicher hervorgehoben, indem sie in diesem gesonderten Paragraphen behandelt wird. Das Bindeglied bildet die Jugendgerichtshilfe, die bisher lediglich als eine der Aufgaben der Jugendhilfe erwähnt, aber nicht näher beschrieben worden war (§ 4 Nr. 4 JWG).

Zur Ausgestaltung der Jugendgerichtshilfe verweist das KJHG zunächst auf die Vorschriften des Jugendgerichtsgesetzes (JGG). Parallel dazu wird die Regelung getroffen (§ 52 Abs. 1 Satz 2), daß das Jugendamt im Einzelfall frühzeitig zu prüfen hat, ob Leistungen der Jugendhilfe in Betracht kommen.

Hier wird nicht nur die erwähnte Verbindung der beiden Rechtsbereiche besonders deutlich, sondern auch eine Tendenz zu sozialpädagogischen Hilfen anstelle von sanktionierenden Maßnahmen. Bezeichnenderweise ist fast zeitgleich mit dem KJHG eine Novellierung des JGG in Kraft getreten, die deutlich von demselben Gedanken getragen wurde. Die Hervorhebung der sozialpädagogischen Hilfeleistung ist ohne Frage positiv zu bewerten.

Das Jugendamt hat jetzt bei jedem delinquenten Jugendlichen und jungen Volljährigen zu prüfen, ob Jugendhilfeleistungen für ihn in Betracht kommen. Es muß den Staatsanwalt bzw. den Jugendrichter über das Ergebnis der Prüfung und gegebenenfalls die vorgesehenen oder bereits eingeleiteten Hilfen unterrichten (§ 52 Abs. 1 Satz 2 und Abs. 2 Satz 2 KJHG). Wenn im folgenden von Jugendlichen die Rede ist, so schließt dies in der Regel die jungen Volljährigen nach dem KJHG und die Heranwachsenden, auf die nach dem JGG Jugendstrafrecht zur Anwendung kommt, mit ein.

Konsequenzen aus der Forschung

Insgesamt bedenkenswert sind die Ergebnisse kriminologischer Forschung, die in den letzten Jahren immer stärkere Beachtung gefunden haben. Danach ist der weitaus größte Teil jugendlicher Delinquenz »ubiquitär und passager« (überall verbreitet und vorübergehend). Straffälligkeit im Jugendalter wird als Phänomen im Zusammenhang mit dem entwicklungsbedingten Ausloten des Verhaltensspielraumes gesehen, wobei es fast zwangsläufig zu Grenzberührungen und auch -überschreitungen und damit zu Normverletzungen kommt. Auch ohne sanktionierende Maßnahmen verschwindet dieses Verhalten in der weitaus größten Zahl der Fälle mit zunehmender Ausbildung der Persönlichkeit.

Aus diesen Forschungsergebnissen leitet sich die Forderung ab, Jugendgerichtshilfe sollte sich auf den Personenkreis konzentrieren und beschränken, der das eigentliche Problemfeld darstellt, nämlich auf die massiv straffällig gewordenen und erziehungsschwierigen Jugendlichen. Allerdings ist bei einem bis dahin nicht oder nur wenig vorbelasteten Jugendlichen nach dem derzeitigen wissenschaftlichen Stand keine zuverlässige Prognose möglich, ob er zu dem einen oder dem anderen Personenkreis zu zählen ist. Dies macht die Entscheidung, ob und wie im Einzelfall zu handeln ist, außerordentlich schwierig.

Die Jugendgerichtshilfe sollte sich jedenfalls weniger an der ihr Tätigwerden auslösenden Straftat eines Jugendlichen orientieren, sondern vielmehr zunächst an der Frage, ob für ihn Hilfen zur Verwirklichung seines Rechtes auf Erziehung zu einer eigenverantwortlichen und gemeinschaftsfähigen Persönlichkeit (§ 1 KJHG) in Betracht kommen.

Kontinuierliche Betreuung

Die Betreuung des einzelnen Jugendlichen einschließlich der gesamten Jugendgerichtshilfe und der Wahrnehmung der eventuellen Gerichtstermine sollte von demselben Mitarbeiter durchgeführt werden, um so die Kontinuität sicherzustellen. Wichtig ist, daß tatsächlich eine echte Betreuung erfolgt. Sozialarbeiter/Sozialpädagogen verstehen darunter eine helfende Beziehung zu dem Klienten, wobei dieser als Subjekt und nicht als Objekt des Tätigwerdens gesehen wird. Bei dieser Sichtweise liegt die Forderung nach einer einheitlichen durchgängigen Betreuung durch eine einzige Person auf der Hand.

Aus der konsequenten Umsetzung der kontinuierlichen Betreuung auf der einen und der eventuellen Gewährung von Jugendhilfeleistungen auf der anderen Seite wird sich voraussichtlich in einer Reihe von Fällen ergeben, daß die Durchführung eines förmlichen Strafverfahrens entbehrlich erscheint. Hier eröffnet sich ein weites Feld für die Vermeidung förmlicher Strafverfahren. So kann geprüft werden, ob eventuell schon anderweitig, beispielsweise durch die Eltern, erzieherische Maßnahmen getroffen wurden, die ein Verfahren vor dem Jugendrichter überflüssig machen.

Derartige Maßnahmen, einschließlich der gesamten Hilfen zur Erziehung nach dem KJHG, können – durch die Jugendgerichtshilfe frühzeitig angeregt und eingeleitet – dann ebenfalls zu dem Ergebnis führen, daß ein zusätzliches gerichtliches Verfahren entbehrlich ist. Insbesondere ist hier der sogenannte Täter-Opfer-Ausgleich von Bedeutung. In diesem Falle kann das Bemühen des Jugendlichen, einen Ausgleich mit dem Verletzten zu erreichen, bereits ausreichen, um zu einer Einstellung des Verfahrens durch den Staatsanwalt zu kommen. Diese Möglichkeiten der sogenannten Diversion sind erweitert worden und sollten von der Jugendgerichtshilfe aufgezeigt und angeregt werden.

Im Einvernehmen mit dem Jugendamt kann im Jugendstrafverfahren der Jugendliche auch verpflichtet werden, bestimmte Leistungen der Jugendhilfe, nämlich die Erziehungsbeistandschaft oder die Unterbringung in einem Heim bzw. im betreuten Wohnen, anzunehmen. Daß es problematisch ist, wenn eine Person dazu verurteilt wird, Hilfe anzunehmen, ist evident. Für die hier in Frage kommenden Erziehungshilfen gelten die Grundsätze weitgehender Annahme- und Mitwirkungsbereitschaft auf seiten der Adressaten.

Sind diese Voraussetzungen gegeben, wird sich die Anordnung dieser Maßnahmen durch den Jugendrichter in vielen Fällen erübrigen, da ihre Notwendigkeit schon frühzeitig erkannt wurde und die Hilfen bereits eingeleitet werden konnten. Fehlt es jedoch an dieser Bereitschaft und wird dennoch die Anordnung für notwendig gehalten, wird es Aufgabe der Jugendgerichtshilfe sein, das geforderte Einvernehmen zwischen Jugendhilfe und Jugendgerichtsbarkeit in diesen Fällen herzustellen.

Der Jugendgerichtshilfe wird die Ausführung der Betreuungshilfe übertragen, wenn der Richter nicht eine andere Person damit betraut. Mit der Betreuungshilfe hat eine Maßnahme Eingang in die Gesetze gefunden, die bereits weithin in der Praxis als sogenannte Betreuungsweisung eingeführt war. Sie bedeutet eine zeitlich begrenzte, relativ intensive Betreuung des Jugendlichen. Im größten Teil der Fälle wird der Jugendgerichtshilfe die Betreuungshilfe übertragen werden, was unter dem Gesichtspunkt der oben erwähnten Kontinuität der Betreuung sicher sinnvoll ist. Es handelt sich dabei um eine sehr zeitintensive Arbeit, was bei der personellen Ausstattung der Jugendgerichtshilfe zu beachten ist.

Ferner wird die Jugendgerichtshilfe bei der Entscheidung über die Anordnung von Haft mit dem Ziel einbezogen, daß in diesen akuten Situationen Angebote der Jugendhilfe zur Vermeidung der Inhaftierung zur Verfügung gestellt werden. Gefordert ist die kurzfristige Stellungnahme und das schnelle konkrete Hilfeangebot. Das bedeutet, daß die Jugendgerichtshilfe, wenn der Erlaß eines Haftbefehles ansteht, innerhalb kürzester Zeit in der Lage sein muß, Stellung zu nehmen und gegebenenfalls Alternativen zur Haft anzubieten. Dabei ist sicherlich insbesondere an die Unterbringung des betreffenden Jugendlichen in einem Heim zu denken.

Voraussetzung für ein qualifiziertes Tätigwerden der Jugendgerichtshilfe in dieser Situation ist natürlich das Vorhandensein entsprechender Alternativen zur Haft. Daran anknüpfend ist auf die Verpflichtung der Träger der Jugendhilfe hinzuweisen, die dafür Sorge zu tragen haben, daß alle Einrichtungen und Dienste zur Verfügung stehen, die erforderlich sind, um eine umfassende Hilfe gewähren zu können.

Organisation und Ausstattung der Jugendgerichtshilfe

Ingesamt sind die Möglichkeiten des Jugendamtes, im Jugendkriminalverfahren mitzuwirken, größer geworden. Gleichzeitig ist damit aber auch seine Verpflichtung, diese Möglichkeiten wahrzunehmen, gewachsen. Die Jugendgerichtshilfe ist sicherlich der Bereich des Jugendamtes, der sich als Organ für die Umsetzung in konkretes Handeln anbietet.

Nach wie vor wird der Jugendgerichtshilfe die (sozial-)pädagogische Kompetenz im Jugendstrafverfahren zugeschrieben, eher sogar noch stärker als vorher. Sie muß durch die ihr zugestandenen Instrumente der Berichterstattung und der Stellungnahme Einfluß nehmen auf das Strafverfahren im Sinne sozialpädagogischer Sichtweisen. Genauso wichtig, wenn nicht gar wichtiger, sollte es ihr allerdings sein, die erforderlichen Hilfen für die betroffenen Jugendlichen zu erbringen, also entsprechend ihrer gesetzlichen Verankerung im KJHG Jugendhilfe zu leisten. Zu fragen ist nun, wie eine Jugendgerichtshilfe aussieht, die diesen an sie gestellten Anforderungen gerecht werden kann.

In der Praxis hat sich eine nach Bezirken geordnete Zuständigkeit bewährt und auch überwiegend durchgesetzt. Gerade im ländlichen, überschaubaren Raum ist dadurch die Möglichkeit gegeben, daß Jugendgerichtshilfe und Jugendrichter mit den Gegebenheiten im Gemeinwesen vertraut sind und diese bei ihrer Arbeit bzw. ihren Einschätzungen und Maßnahmen berücksichtigen können.

Ob die Jugendgerichtshilfe im Allgemeinen Sozialen Dienst des Jugendamtes aufgehen oder ob sie spezialisiert als Sonderdienst eingerichtet werden sollte, ist eine alte Streitfrage. Es soll hier nicht das ganze Für und Wider erörtert, sondern auf eine Organisationsform aufmerksam gemacht werden, die allem Anschein nach für den umfassenden Aufgabenbereich günstige Voraussetzungen bietet. Es ist dies eine erweiterte Jugendgerichtshilfe als Besonderer Sozialer Dienst des Jugendamtes, in dem qualifizierte sozialpädagogische Fachkräfte mit Spezialwissen tätig sind. Als Modellprojekt in Braunschweig erprobt und wissenschaftlich begleitet (Viet 1989), hat sich diese Organisationsform grundsätzlich bewährt, wobei natürlich je nach dem örtlichen Bedarf und der Beteiligung freier Träger Veränderungen vorzunehmen sind.

Insgesamt wird die Umsetzung der gesetzlichen Neuregelungen sicherlich eine deutlich verbesserte sozialpädagogische Arbeit mit delinquenten Jugendlichen bedeuten. Allerdings ist damit genauso sicher ein höheres finanzielles (weil verstärktes personelles) Engagement verbunden, insbesondere bei denjenigen Jugendämtern, die sich bisher noch nicht der Tendenz zu ambulanten Maßnahmen und Hilfen geöffnet hatten.

Horst Deinert

Beratung und Unterstützung von Pflegern und Vormündern

§ 53 KJHG

Nicht nur leibliche Eltern sollen durch das Jugendamt bei der Ausübung der elterlichen Sorge unterstützt werden (§§ 17 und 18 KJHG), sondern auch diejenigen Personen, die aufgrund gerichtlicher Anordnung als Pfleger oder Vormünder »ersatzweise« für ein Kind oder einen Jugendlichen ganz oder partiell verantwortlich sind, bedürfen oftmals fachlicher Beratung und Hilfestellung. § 53 Abs. 2 KJHG bestimmt daher (in auffallender Übereinstimmung mit § 18 Abs. 1 KJHG), daß Vormünder und Pfleger einen Rechtsanspruch gegen das Jugendamt auf planmäßige Beratung und Unterstützung haben. Diese Bestimmung ersetzt insbesondere § 47 d des JWG. Die Beratung soll »planmäßig« und dem »jeweiligen erzieherischen Bedarf« des Mündels (bzw. Pfleglings) entsprechen.

Die Übernahme einer Vormundschaft oder Pflegschaft ist ein Ehrenamt; sie ist staatsbürgerliche Pflicht, kann nur aus wichtigem Grund abgelehnt werden und wird nicht vergütet (lediglich Aufwendungen werden ersetzt). Die Vormundschafts- bzw. Pflegschaftsarbeit ist oft mit zahlreichen Ärgernissen und nicht zuletzt bürokratischen Belastungen verbunden. Kein Wunder also, daß sich immer weniger Privatpersonen bereit finden, ein Amt als Vormund oder Pfleger, gleich ob für einen Minderjährigen oder einen entmündigten Volljährigen, zu übernehmen. So ist in der Realität immer weniger der klassische »Einzelvormund« zu finden, der sich noch persönlich um ein Mündel kümmert, es gar selbst erzieht. Statt dessen finden sich häufig »Berufsvormünder«, meist Rechtsanwälte, die ihr Salär durch die vom Bundesverfassungsgericht zugestandene Vergütung aufbessern, außerdem Wohlfahrtsverbände, die Vormundschaften als Vereine übernehmen, und in immer mehr Fällen das Jugendamt selbst als letzte und fachkundige Instanz.

Aber noch gibt es Privatpersonen, die Vormundschaften und Pflegschaften übernehmen, sei es aus verwandtschaftlichem Pflichtgefühl oder sozialem Gewissen. Es ist auch der ausdrückliche Wille des Gesetzgebers, die Tendenz »hin zum Staat« auch im Vormundschaftswesen zurückzudrängen. Man siehe z.B. § 56 Abs. 4 KJHG oder für Erwachsene (ab 1992) § 1897 BGB.

Eine Voraussetzung (von mehreren) dafür, daß Vormundschaften und Pflegschaften auch künftig von Privatpersonen geführt werden können, ist eine effektive und bürgernahe Hilfestellung durch das Jugendamt. Diese kann bestehen in:

- Unterstützung durch erzieherische Hilfen: Das Jugendamt hat den Vormund (oder Pfleger) auf dessen Wunsch hin, aber auch von sich aus (wenn es erzieherische Defizite beim Mündel feststellt), z.b. durch Vermittlung an Erziehungsberatungsstellen, Vermittlung von sozialpädagogischen Familienhilfen, Bereitstellen von Sonderkindergartenplätzen usw. zu helfen.
- Rechtsberatung bei zivilrechtlichen Ansprüchen: Hierbei kann es z.b. um Ansprüche des Mündels gegen Unterhaltspflichtige gehen. Die Beratung des Jugendamtes kann dann in der Ermittlung der Unterhaltshöhe liegen, weiter in der Erläuterung der vom Vormund einzuleitenden Schritte bis zur Abfassung von Klageschriften. Ist der Vormund zur Durchführung der Aufgabe nicht in der Lage, so kann ihm auch nahegelegt werden, daß eine andere fachkundige Person oder das Jugendamt selbst diese Aufgabe als Ergänzungspfleger übernimmt. § 1909 BGB bezieht Vormünder in diese Verfahrensweise mit ein. Eine solche Vorgehensweise wäre oft eine partielle Entlastung des Vormundes und erspart dem Jugendamt die Mühe, wegen einer nur teilweise fehlenden Sachkompetenz einen anderen Vormund suchen zu müssen. Andere Ansprüche sind z.b. Schmerzensgelder oder Erbansprüche, wobei ähnliches wie beim Unterhalt gilt.
- Sozialleistungsansprüchen: Auch hier geht es um Rechtsberatung, welche Sozialleistungsansprüche dem Mündel zustehen und wo sie zu beantragen sind, gegebenenfalls auch Hilfestellung beim Ausfüllen von schwierigen Behördenformularen sowie Beratung bezüglich einzulegender Rechtsmittel gegen ablehnende Bescheide. In Frage kommen z.b. Anträge auf Kindergeld, BAföG, Renten, Berufsausbildungsbeihilfe, Wohngeld, Wohnberechtigungsscheine usw. In diesen Fällen erfüllt das Jugendamt hierdurch auch seine Beratungspflicht gemäß den §§ 13 und 14 SGB I.
- Pflichten gegenüber dem Vormundschaftsgericht: Der Vormund hat gegenüber dem Vormundschaftsgericht regelmäßig Bericht zu erstatten, ein Vermögensverzeichnis zu erstellen sowie die Verwaltung der Einnahmen und Ausgaben nachzuweisen. An diesen Anforderungen scheitern viele Vormünder, die ja häufig nicht mehr Verwaltungskenntnisse haben als der Durchschnittsbürger. Auch die unter Umständen zeitraubende Hilfe bei der Erstellung der Jahresabrechnung gehört zu den Unterstützungspflichten des Jugendamtes (siehe hierzu auch § 1802 Abs. 2 BGB).

Anforderungen und Qualifikationen

Wie sähe eine optimale Erfüllung der Beratungspflicht durch das Jugendamt aus? Obwohl diese Aufgabe keine neue ist, gibt es bisher bei den Jugendämtern meist keine speziellen Ansprechpartner. Die Beratung und Unterstützung der Vormünder finden meistens durch den jeweiligen Sozialarbeiter des Allgemeinen Sozialdienstes statt, der zuvor für die Familienbetreuung zuständig war, sofern eine solche Aufgabe beim Jugendamt überhaupt ausgeführt wird. Günstig wäre auf jeden Fall ein spezieller Ansprechpartner, wobei eine enge Zusammenarbeit mit den jeweiligen »Basis-Sozialarbeitern« sowie in Spezialfragen (wie Unterhalt) mit versierten Amtsvormündern anzustreben ist.

Neue Vormünder und Pfleger sollten bereits bei ihrer Bestellung durch den Rechtspfleger des Vormundschaftsgerichts auf die Hilfestellung des Jugendamtes hingewiesen werden, zweckmäßigerweise mit direkter Namensnennung des zuständigen Jugendamtsmitarbeiters mit Telefonnummer und Beratungssprechzeiten. Das Jugendamt sollte dem Vormundschaftsgericht entsprechende Informationsblätter zur Verfügung stellen. Feste Beratungssprechzeiten, auf welche die Vormünder und Pfleger sich einstellen können, wären von Vorteil, wobei den speziellen Bedürfnissen berufstätiger Vormünder – z.B. durch einen Dienstleistungsabend – entgegengekommen werden sollte. Der Beratungsmitarbeiter sollte als Qualifikation Berufserfahrung in der Sozialarbeit sowie gründliche Rechtskenntnisse haben.

Das Jugendamt sollte darüber hinaus, eventuell mit Unterstützung der Volkshochschulen, regelmäßig Fortbildungen für Vormünder und Pfleger durchführen. Hierzu bieten sich allgemeinere Themen an, wie z.B. die Aufsichtspflicht oder wichtige Gesetzesänderungen. Da dem Jugendamt die Namen der Vormünder durch das Vormundschaftsgericht bekannt sind, sollte es diese zu solchen Veranstaltungen ausdrücklich einladen.

Eine enge Zusammenarbeit mit den Wohlfahrtsverbänden ist anzustreben, zumal dort bereits vielerorts eine systematische Vormundsberatung nach dem Modell der »organisierten Einzelvormundschaft« stattfindet. Zwar kann sich das Jugendamt mit einer eventuell auch materiellen Unterstützung von Vormundschaftsvereinen seiner gesetzlichen Verpflichtung zur Beratung nicht völlig entledigen, jedoch bietet gerade in ländlichen Gebieten die Zusammenarbeit mit den meist kirchlichen Wohlfahrtsverbänden die Möglichkeit einer flächendeckenden Versorgung und darüber hinaus auch der Aktivierung eines nur durch kirchliche Gemeindearbeit erreichbaren Personenkreises, der gegebenenfalls zur Übernahme von Vormundschaften bereit ist.

Schlußbemerkung

Es soll noch darauf hingewiesen werden, daß das Jugendamt die Stelle ist, die Vormünder und Pfleger nicht nur berät, sondern diese auch zu beaufsichtigen hat. Nimmt der Vormund oder Pfleger die Hilfestellung nicht an oder ist trotz der Beratung das Wohl des Mündels nicht sicherzustellen, so muß weiterhin das Jugendamt dem Vormundschaftsgericht hiervon Kenntnis geben. Zwar soll dieser Teil der Aufgabe nicht im Vordergrund stehen, er darf allerdings auch nicht vergessen werden, denn letztlich soll die Unterstützung des Pflegers oder Vormundes kein Selbstzweck sein, sondern der besseren Betreuung des Kindes dienen.

Jens Peter Jensen

Rolle und Bedeutung der freien Träger in der Jugendhilfe

In den Paragraphen 3 und 4 des KJHG werden die Aufgaben und das Verhältnis von freier und öffentlicher Jugendhilfe dargelegt. Trotz aller möglichen Kritik an der Umsetzung des Prinzips des »Vorrangs der freien Träger« vor den öffentlichen Trägern im KJHG bleibt festzuhalten, daß das Prinzip der Subsidiarität nach wie vor das Verhältnis zwischen dem Staat (den öffentlichen Trägern) und den freien Trägern der Jugendhilfe prägt. Danach haben die öffentlichen Träger die Selbständigkeit der freien Träger zu achten und sollen von eigenen Angeboten absehen, wenn die freie Jugendhilfe rechtzeitig in der Lage ist, entsprechende Maßnahmen anzubieten. Der Staat hat hierbei nur unterstützend und fördernd einzugreifen.

Die antizentralistische Position, die dem Subsidiaritätsprinzip zugrunde liegt, findet sich bereits in der liberalen Staatstheorie des frühen 19. Jahrhunderts wieder. Auch die katholische Soziallehre (Sozialenzyklika »Quadragesimo anno« von 1931) und die Selbsthilfebewegung nehmen darauf Bezug. Selbst wenn z.B. in der Jugendarbeit nach wie vor etwa 80% der Aktivitäten von Jugendverbänden angeboten werden, ist es vom Bundesgesetzgeber durchaus konsequent, im § 4 Abs. 3 KJHG zu betonen, daß mit der freien Jugendhilfe auch die verschiedenen Formen der Selbsthilfe gestärkt werden sollen.

Das KJHG stellt zwar von der Systematik und von der Sprache her eine deutliche Neuerung zum alten Jugendwohlfahrtsgesetz dar (Orians 1990), aber die Förderungsverpflichtung gegenüber der Jugendarbeit und die Rechtsstellung der freien Träger der Jugendhilfe ist im neuen KJHG keineswegs verbessert. Glücklicherweise ist es in letzter Minute auf Vorschlag der Jugendverbände noch gelungen, am Ende des zweiten Kapitels des KJHG, in dem es um Leistungen der Jugendhilfe geht, den § 15 als Landesvorbehalt einzubringen. In ihm wird festgelegt, daß das Nähere über Inhalt und Umfang der in diesem Abschnitt geregelten Aufgaben und Leistungen durch das Landesrecht geregelt wird. Damit ist es den Ländern nicht überlassen, ob sie Einzelheiten zur Förderung der freien Träger der Jugendhilfe durch ein Landesgesetz regeln, sondern nur, wie sie das tun. Während durch die Einbringung des Landesvorbehalts an dieser Stelle Schlimmeres verhindert werden konnte, ist es den Jugendverbänden nicht gelungen, das Verhältnis zwischen freier und öffentlicher Jugendhilfe auf der alten Grundlage festzuschreiben. Auch wenn die Gesetzesbegründung von einer Stärkung des Funktionsschutzes der freien Träger spricht (vgl. Preis 1991), war der Grundsatz der Subsidiarität im Jugendwohlfahrtsgesetz in Art. 5 § 3 Satz 2 als Mußvorschrift formuliert, während er in § 4 Abs. 2 KJHG zur bloßen Sollvorschrift abgesunken ist.

Eine klare Festlegung auf das Prinzip der Subsidiarität hätte an dieser Stelle den Status der Jugendverbände und anderer freier Träger der Jugendhilfe erheblich gestärkt und verdeutlicht, daß die im § 4 Abs. 1 KJHG angeführte partnerschaftliche Zusammenarbeit zwischen der öffentlichen und freien Jugendhilfe wirklich von einer gleichberechtigten Partnerschaft getragen sein soll. In den vorzulegenden Landesausführungsgesetzes muß diese Partnerschaft deshalb unbedingt ohne den Anklang einer Vorrangstellung der öffentlichen Jugendhilfe unmißverständlich festgeschrieben werden. Gerade dadurch kann ein hohes Maß an Partizipation der Jugendlichen und der freien Träger der Jugendhilfe an der Jugendhilfeplanung auf Landesebene, aber auch auf kommunaler Ebene, sichergestellt werden.

Partnerschaftliche Zusammenarbeit und frühzeitige Beteiligung bleiben Leerformeln, wenn es nicht gelingt, in den Jugendhilfeausschüssen auf kommunaler Ebene und auf Landesebene z.B. den Anteil der durch Jugendverbände zu besetzenden Sitze auf einem Anteil von mindestens einem Fünftel der Sitze zu halten. Der Begriff der angemessenen Beteiligung, wie er in § 71 Abs. 1 KJHG enthalten ist, kann nicht dazu führen, daß im neuen Gesetz unter Bedingung stetig zunehmender Forderungen nach mehr Partizipation die Beteiligungsmöglichkeiten der Jugendverbände eingeschränkt werden.

Bevor also Doppelstrukturen – beispielsweise in Form von Jugendbeiräten – eingeführt werden, sollte mit allen Mitteln versucht werden, in den Landesausführungsgesetzen die Beteiligungsrechte der Jugendlichen und der freien Träger der Jugendhilfe nachhaltig zu stärken. Insbesondere die Jugendverbände sind von ihrer Struktur her auf eine Arbeit ausgelegt, die von Dauer ist. Sie sind durch ihre Praxis legitimiert, ein politisches Mandat für die Jugendlichen zu übernehmen. Das soll Initiativen vor Ort und Selbsthilfegruppen auf keinen Fall ausschließen. Es zeigt sich jedoch, daß in aller Regel die in Selbsthilfegruppen (und Wohlfahrtsverbänden) Mitarbeitenden nicht mehr im Jugendalter sind, so daß letztlich die Interessenvertretung der Jugendlichen am besten durch Jugendverbände gewährleistet wird.

Das untermauert auch die Aufgabenstellung, die sich die Jugendverbände gegeben haben. Jugendverbände sind durch Offenheit gekennzeichnet, in ihrer

Gesamtheit durch eine Vielfalt von Methoden, Arbeitsformen und Inhalten geprägt, von unterschiedlichen politischen und weltanschaulichen Vorstellungen und Grundsätzen durchsetzt (also pluralistisch ausgerichtet) sowie an den Interessen und Bedürfnissen der Jugendlichen und am Prinzip der Mitgestaltung bzw. Selbstbestimmung in den Verbänden orientiert. Die Mitarbeit in Jugendverbänden geschieht in aller Regel in der Freizeit und basiert auf der Freiwilligkeit der Teilnahme seitens der Jugendlichen und der ehrenamtlichen Mitarbeiter.

Eine angemessene Förderung sicherstellen

Die Mitarbeit der Jugendverbände und der freien Wohlfahrtsverbände in den kommunalen Jugendämtern und bei der Jugendhilfeplanung auf Landesebene mag von vielen als unliebsamer Fremdkörper empfunden werden, von anderen wird sie jedoch als Prototyp moderner Verwaltungsformen und demokratischer Kooperation angesehen. Wer das im Gesetz festschreibt, wird kaum umhin kommen können, die Arbeit der Wohlfahrts- und Jugendverbände intensiv zu fördern.

Beispielsweise für den Landesjugendring heißt das: Zunächst einmal muß die Arbeit der Jugendverbände in ihrer Gesamtheit hinreichend abgesichert werden. Neben der heute vorhandenen institutionellen Förderung müssen für die Verbände Mittel für die notwendigen organisatorischen Aufgaben zur Verfügung gestellt werden. Außerdem sind für die Ausbildung ehrenamtlicher Mitarbeiter und für die Bereitstellung des dafür notwendigen Fachpersonals Mittel in angemessener Höhe vorzusehen. Nur wenn die Länder und dann die Kreise und die Gemeinden ihrer Förderungsverpflichtung gegenüber den freien Trägern der Jugendarbeit nachkommen, wird es gelingen, das einzigartige System der außerschulischen Jugendarbeit – wie es in Form der Vielfalt unterschiedlicher Jugendverbände in der Bundesrepublik Deutschland besteht – auch weiterhin zu erhalten und fortzuentwickeln.

Jugendverbände dürfen nicht nur mit sogenannter Aktivitätenförderung in Form von Anreizfinanzierungen für gerade in der Politik aktuelle Arbeitsschwerpunkte ausgestattet werden. Genauso wenig dürfen die hoffentlich mit den neuen Landesausführungsgesetzen zu erwartenden Landesjugendpläne zu Landesjugendhilfepläne werden. Zu fördern sind zunächst die Aufgaben, die Jugendverbände schon immer wahrnehmen. Dazu gehören z.B. die Aus- und Fortbildung ehrenamtlicher Mitarbeiter, die Ausstattung von Geschäftsstellen auf Landesebene, die Bereitstellung von Mitteln für politische, soziale, ökologische und kulturelle Bildung sowie für Jugendfreizeitmaßnahmen und internationale Jugendarbeit.

Ein Recht auf Förderung haben die Wohlfahrts- und Jugendverbände im neuen KJHG nicht durchsetzen können, und die Landesausführungsgesetze werden aufgrund der prekären Finanzsituation der Länder voraussichtlich auch nicht zu einem Rechtsanspruch auf Förderung für die Verbände führen. Bisherige Förderpraxis war jedoch in der Regel – und an dieser Stelle täuschen sich eine Reihe von Kreisen und Gemeinden –, daß Förderungsanträge nach geltendem Recht nach pflichtgemäßem Ermessen zu entscheiden waren (§ 39 SGB I). Nach § 2 Abs. 2 SGB I muß sogar bei der Ausübung von Ermessen sichergestellt werden, daß die sozialen Rechte, zu denen auch das Recht auf Jugendhilfe gehört, »möglichst weitgehend verwirklicht werden«.

Um also den Anspruch der Jugendverbände und anderer freier Träger der Jugendhilfe auf Förderung dem Grunde nach wirklich umzusetzen, bedarf es (1) einer hinreichend verbindlichen Fassung der zur Verfügung zu stellenden Leistungen und (2) der Festschreibung der unbedingten Option für die freien Träger, als erforderlich angemessene Einrichtungen betreiben und Maßnahmen ohne Konkurrenz eines finanzkräftigen öffentlichen Trägers durchführen zu können. Darauf wird insbesondere auch zu achten sein, wenn es z.B. um neue Kooperationen geht wie die zwischen Jugendverbänden und Schule. Jugendarbeit und die Arbeit der Jugendverbände und anderer freier Träger der Jugendhilfe haben sich mit den gesellschaftlichen Veränderungen auseinanderzusetzen und entsprechend weiterzuentwickeln. Das heißt aber nicht, daß sie damit notwendigerweise zum billigen Subunternehmer für Jugendsozialarbeit werden müssen.

Jugendhilfepläne und Landesjugendhilfepläne müssen deshalb zu allererst das Ziel verfolgen, eine eigenständige, pluralistisch ausgerichtete Jugendhilfe, die durch eine Vielfalt von unterschiedlichen Trägern geprägt ist, zu unterstützen und zu fördern. Jede andere Ausrichtung von staatlicher Förderung würde mittel- und langfristig die Prinzipien der Ehrenamtlichkeit und Freiwilligkeit sowie die der Autonomie der Träger untergraben und damit die Grundstruktur der außerschulischen Jugendarbeit und der Jugendhilfe allgemein aushöhlen und zerstören. Wenn schon nicht die wirklich notwendigen Förderungsmittel gesetzlich abgesichert zur Verfügung gestellt werden können, muß also in den Landesausführungsgesetzen zumindest die Funktionsbestimmung der Jugendverbände und anderer freier Träger der Jugendhilfe in aller Deutlichkeit zum Ausdruck gebracht werden.

Martin R. Textor

Koordination und Integration

Prinzipien moderner Jugendhilfe

»Im Bereich jedes Jugendamtes steht heute ein differenziertes Angebot an Jugendhilfeleistungen durch freie und öffentliche Träger der Jugendhilfe zur Verfügung«, heißt es im »Jugendprogramm der Bayerischen Staatsregierung« (Bayerisches Staatsministerium für Unterricht und Kultus/Bayerisches Staatsministerium für Arbeit und Sozialordnung 1986, S. 66). Die vorausgegangenen Kapitel verdeutlichen die Vielzahl der Maßnahmen, die im KJHG ihre gesetzliche Grundlage fanden. Neben diesen Hilfsangeboten, die vor allem bei Jugendämtern und anderen kommunalen Einrichtungen sowie bei den freien Wohlfahrtsverbänden zu finden sind, erhalten Kinder, Jugendliche, Heranwachsende und ihre Familien auch Beratung, Betreuung und andere Formen der Unterstützung in Sozialämtern und Wohnungsämtern, im medizinischen Sektor (insbesondere durch »Hausärzte«, Kinderärzte, Kinder- und Jugendpsychiater, aber auch an Gesundheitsämtern) und in Praxen freipraktizierender Psychologen, im Schulsystem (z.B. durch Beratungslehrer oder Schulpsychologen) und im Jugendstrafvollzug. Daneben haben in den letzten Jahren Selbsthilfegruppen eine immer größere Bedeutung erlangt.

Hilfesuchende Minderjährige, junge Heranwachsende und ihre Eltern stehen also einem für den Laien kaum überschaubaren System psychosozialer, schulischer und medizinischer Dienste gegenüber. Viele erleben es als schwierig, eine dieser Einrichtungen für ein erstes Beratungsgespräch auszuwählen. Auch ist die Wahrscheinlichkeit nicht sehr groß, daß sie mit einem Sozialarbeiter, Psychologen, Arzt oder Beratungslehrer zusammentreffen, der ein Fachmann für ihre ganz spezifischen Problemlagen ist. Verschiedene Folgen sind denkbar: (1) Sie werden an andere Fachleute bzw. Einrichtungen verwiesen und durchlaufen oft mehrere Stationen, bis sie bei der richtigen Stelle angekommen sind. Auf diesem Weg – der nicht nur für sie zeitraubend ist – können sie einen Teil ihrer Motivation verlieren oder sogar die Suche nach Hilfe abbrechen. (2) Sie werden nicht angemessen behandelt, d.h. die eingesetzten Maßnahmen sind zu stark, zu schwach oder entsprechen zu wenig den vorliegenden Problemen. So kann die Intervention scheitern, kommt es erst recht spät zu einer Überweisung an andere Einrichtungen. Auch hier verlieren die Klienten an Motivation. Zudem können »Jugendhilfekarrieren« entstehen: Die Betroffenen durchlaufen mehrere Stationen und werden immer wieder unangemessen behandelt. (3) Es wird nur ein Teilproblem bearbeitet. Die Klienten werden mit anderen Fachleuten in Kontakt gebracht, die weitere Aspekte der Gesamtproblematik angehen. Diese Vorgehensweise ist nicht nur ineffektiv und zeitraubend (viele Überschneidungen bei Gesprächen und Interventionen, lange Wegezeiten), sondern kann bei unzureichender Abstimmung der Maßnahmen auch kontraproduktiv sein. Die Gefahr einer mangelnden Kooperation und Koordination ist besonders groß, wenn die Klienten von sich aus weitere Einrichtungen aufsuchen. Sie nehmen verschiedenste Hilfen in Anspruch, ohne daß eine Institution von der anderen weiß und eine Koordination bzw. Abstimmung erfolgen kann.

Das derzeitige System sozialer Dienste ist aber auch für Fachleute schwer überschaubar – insbesondere wenn sie aus verschiedenen Bereichen kommen: So sind z.B. Lehrern und Ärzten viele Maßnahmen der Jugendhilfe unbekannt, sind Sozialarbeiter oft nur unzureichend über medizinische oder psychotherapeutische Interventionen informiert. Dementsprechend verweisen sie Hilfsbedürftige häufig nicht an die am ehesten geeignete Einrichtung. Die mangelnden Kenntnisse, in vielen Fällen aber auch geschlossene oder nur wenig durchlässige Kommunikationskanäle, verhindern zudem die Zusammenarbeit mit anderen sozialen Diensten, mit Kindergärten, Schulen und Krankenhäusern, mit frei praktizierenden Ärzten und Psychologen. Ein Mangel an Kooperation kann aber auch aus Abgrenzungsbestrebungen, Vorurteilen, Konkurrenz oder unterschiedlichen Werten, Zielvorstellungen, Erklärungs- und Behandlungsmodellen resultieren. Grunow (1989) verweist noch auf folgendes Problem: »Angesichts dieser Vielfalt und Unübersichtlichkeit der Anbieter sozialer Dienstleistungen ist es für kommunale Ämter kaum mehr möglich, den Planungsauftrag zu erfüllen und die Verpflichtung zur Sicherstellung des notwendigen und wünschenswerten Angebotes an Dienstleistungen zu erreichen« (S. 642).

Eine Antwort auf die Vielzahl sozialer Dienste und Träger sind Wegweiser und Broschüren, die Laien und Fachleuten die Orientierung erleichtern sollen – ein Verzeichnis, das nur die psychologischen, psychiatrischen und sozialen Angebote im Stadt- und Landkreis München umfaßt, enthält 480 Seiten und verdeutlicht allein durch die Seitenzahl die Unübersichtlichkeit dieses Bereichs (Bezirk Oberbayern 1988).

Weitere Antworten auf diese Vielfalt werden in den folgenden vier Abschnitten dargestellt.

Ein sozialer Dienst als Ansprechpartner

In Dänemark sind die »Sozialausschüsse« der Gemeinden die ersten Ansprechpartner für hilfsbedürftige Minderjährige und Erwachsene (Textor 1989b). Hier wird jedem Dänen nach seiner Geburt ein Sozialarbeiter zugeteilt, der schon für die anderen Familienmitglieder zuständig ist. Er berät die Klienten bei nahezu allen Problemen (»Generalist«), wobei er auf den Rat von bei der Kommune oder der Region angestellten Psychologen, Ärzten und Juristen zurückgreifen kann. Dann leitet er die notwendigen sozialen, psychologischen oder medizinischen Interventionen in die Wege. Auch wird er über alle die Familienmitglieder betreffenden Maßnahmen anderer sozialer Dienste informiert. Zu seinen Hauptaufgaben gehört die Koordination dieser Hilfen. So führt er in regelmäßigen Abständen Besprechungen durch, an denen möglichst alle Fachleute teilnehmen sollen, welche die Familienmitglieder in der letzten Zeit betreut haben oder derzeit behandeln. Häufig werden auch die Betroffenen selbst oder andere Personen wie Lehrer eingeladen. Auf diese Weise wird die Zusammenarbeit aller Beteiligten gefördert, werden die verschiedenen Maßnahmen aufeinander abgestimmt, wird der Behandlungsplan überprüft und fortgeschrieben. Der Sozialarbeiter des Sozialausschusses behält immer den Überblick. Der Datenschutz spielt keine nennenswerte Rolle; selbst Krankenhausakten können angefordert werden.

Auch in den USA sind Bestrebungen festzustellen, einen Sozialarbeiter (»case manager«, »case advocate«) oder eine Einrichtung mit der Koordination der verschiedenen Maßnahmen zu beauftragen, die der Beratung und Unterstützung eines Kindes und seiner Familie dienen (Tuma 1989). Eine andere Möglichkeit ist die Schaffung von Koordinierungsgremien, denen Vertreter von verschiedenen Behörden und sozialen Diensten (z.B. von Beratungsstellen, Kliniken, Heimen, Selbsthilfegruppen) angehören. Bei einem Modellversuch, der zwei Bezirke des Bundesstaates Rhode Island umfaßt, wird beispielsweise ein derartiges Gremium verständigt, wenn von Kliniken, Kinderärzten u.a. Verhaltensauffälligkeiten, Entwicklungsverzögerungen bzw. Behinderungen bei (Klein-)Kindern oder Familienprobleme festgestellt wurden. Sind nur Maßnahmen einer Einrichtung notwendig, so wird der Fall direkt an diese überwiesen. Wenn jedoch Interventionen seitens verschiedener Träger angezeigt sind oder wenn unklar ist, auf welche Weise dem Kind oder seiner Familie geholfen werden kann, so wird der Fall auf einer Sitzung des Koordinierungsgremiums besprochen und gemeinsam ein Behandlungsplan entwickelt. Falls mehrere soziale Dienste an dessen Verwirklichung beteiligt sind, übernimmt einer von ihnen die Koordination der Maßnahmen. Dem Datenschutz wird dadurch Genüge getan, daß entweder der Fall in anonymisierter

Form besprochen wird oder die Eltern auf die Geheimhaltung der Daten verzichten. Ein ähnlicher Weg wird z.b. auch im Richmond County des Bundesstaates Georgia beschritten, um behinderten, verhaltensauffälligen oder entwicklungsverzögerten Kindern zu helfen. Hier wird im Koordinierungsgremium ein individueller Förderplan erarbeitet, der in erster Linie Interventionen innerhalb der Familie (Hausbesuche) oder in der jeweiligen vorschulischen bzw. schulischen Einrichtung vorsieht. Auf diese Weise kommt es zu einer wünschenswerten Kooperation von Jugendhilfe und Schule – teilweise werden sogar Sozialarbeiter und Sonderschullehrer gemeinsam als ein Team eingesetzt (Becker-Textor und Textor 1990).

Vernetzung sozialer Dienste

Eine weitere Antwort auf die Unübersichtlichkeit der Maßnahmen und die Kooperationsprobleme ist die Vernetzung von verschiedenen sozialen Diensten untereinander und mit anderen Einrichtungen (z.b. Schule, Ausbildungsstätte, Kinder- und Jugendpsychiatrie), die häufig mit Dezentralisierung und lokaler Organisation verknüpft ist: »... Verbundsysteme meinen ein abgestimmtes Miteinander – eine Vernetzung – verschiedener Formen von Erziehungshilfe – wie binnendifferenzierte Heimerziehung, Erziehungsberatung, Jugendberatung, Sozialpädagogische Familienhilfe, Erziehungsbeistandschaft, Pflegekindervermittlungsdienste, Tageseinrichtungen für Kinder/Jugendliche und Horte – also ambulante, teilstationäre und stationäre Erziehungshilfen. Dabei sollen diese Formen zur Jugendarbeit hin offen sein und kooperativ mit diesen angeboten werden« (Verband katholischer Einrichtungen der Heim- und Heilpädagogik 1988, S. 10). Eine Vernetzung ist beispielsweise mit folgenden Vorteilen verknüpft: »Die im Verbundsystem tätigen Fachkräfte haben die Möglichkeit einer wechselseitigen Ergänzung und Entlastung; es werden die spezifischen Stärken der jeweiligen Erziehungshilfeformen leichter erkannt und deren Grenzen überwunden« (a.a.O., S. 10). Fachkräfte aus verschiedenen Berufsgruppen können ihre unterschiedlichen Kompetenzen und Erfahrungen einbringen, im konkreten Einzelfall schnell einen individuellen Hilfeplan entwickeln, Maßnahmen aufeinander abstimmen und alle im Verbundsystem vorhandenen Ressourcen auf flexible Weise nutzen. Es ist offensichtlich, daß die kollegiale Zusammenarbeit von großer Bedeutung ist. Dies setzt gegenseitiges Vertrauen, fortwährenden fachlichen Austausch und verläßliche Strukturen der Kooperation voraus.

Laut dem Verband katholischer Einrichtungen der Heim- und Heilpädagogik (1988) lassen sich drei Grundformen von Verbundsystemen unterscheiden:

(1) Beim »Erziehungshilfezentrum« (Überregionalen Beratungszentrum) werden an einem Ort durch einen Träger verschiedene stationäre und/oder teilstationäre und/oder ambulante Erziehungshilfen gebündelt. Das örtlichen Bedingungen angepaßte Zentrum bietet umfassende Hilfe, die den Bedürfnissen des Einzelfalles entspricht. (2) Als »Verbund von Erziehungshilfen« wird der Zusammenschluß mehrerer Träger von Erziehungshilfen auf örtlicher oder regionaler Ebene bezeichnet. Die Einrichtungen arbeiten eng zusammen und bieten ein aufeinander abgestimmtes Angebot an Hilfsmaßnahmen. (3) Beim »Jugendhilfeverbund« kooperieren verschiedene öffentliche und freie Träger von Erziehungshilfen, Jugendarbeit, Jugendsozialarbeit und Jugendschutz auf örtlicher, regionaler oder überörtlicher Ebene.

Jedoch kann eine Vernetzung auch auf weniger formale Weise als in einem Verbundsystem erfolgen: Als Prinzip moderner Jugendhilfe und Sozialarbeit meint sie die enge Zusammenarbeit verschiedener sozialer Dienste (und schulischer, medizinischer u.a. Einrichtungen), die Kenntnis der Angebote, Arbeitsformen und Behandlungsmodelle der anderen Institutionen, persönliche Kontakte mindestens zu einzelnen Mitarbeitern und offene Kommunikationskanäle voraussetzt. Anzumerken ist, daß auch in den USA eine Vernetzung psychosozialer Dienste durch Programme auf Bundes- und Landesebene angestrebt wird (Tuma 1989).

Koordinations- und Kooperationsformen

Eine Koordinationsfunktion jenseits des Einzelfalls übernimmt auf der Ebene der Kommune bzw. des Landkreises der Jugendhilfeausschuß (§§ 70, 71 KJHG), der Mitglieder der Vertretungskörperschaft bzw. von ihr gewählte Personen und Repräsentanten der Träger der freien Jugendhilfe umfaßt. Er ist für alle die Jugend betreffenden Fragen und für die gesamte Jugendhilfe zuständig. In ihm »fließen verschiedene Interessen zusammen: Interesse am Erkenntnis- und Informationsaustausch; Interessen hinsichtlich materieller Mittelverteilung und der Zuständigkeit von Einrichtungen; Planungsinteressen. Von besonderer Bedeutung ist die Wahrnehmung einer umfassenden jugend- und gesellschaftspolitischen Interessenvertretung der Jugend« (Münder 1987, S. 33). In unserem Zusammenhang ist besonders wichtig, daß im Jugendhilfeausschuß öffentliche und freie Träger der Jugendhilfe zusammenarbeiten, ihre Interessen, Ziele und Tätigkeiten miteinander abstimmen, gemeinsame Aktivitäten vorbereiten und miteinander die Jugendhilfeplanung übernehmen. Auf Landesebene kooperieren Vertreter der öffentlichen und freien Jugendhilfe im Landesjugendhilfeausschuß (§§ 70, 71 KJHG). Eine planerische und koordinierende Funktion können auch die zuständigen Landesministerien übernehmen. Die partnerschaftliche Zusammenarbeit von öffentlicher und freier Jugendhilfe wird schließlich auch auf Bundesebene gefordert und gefördert (§ 4 KJHG; Achter Jugendbericht, S. VIII). Auf örtlicher, regionaler, Landes- und Bundesebene bieten zudem Arbeitsgemeinschaften der öffentlichen und freien Wohlfahrtspflege die Möglichkeit der Kooperation und Abstimmung geplanter Maßnahmen (§ 78 KJHG).

Neuorganisation sozialer Dienste

Eine radikale Antwort auf die gegenwärtige Situation ist die Auflösung der traditionellen Ämter und deren Ersetzung durch zielgruppenorientierte Dienste – wie im Stadtstaat Bremen geschehen. Dort wurde Mitte der 70er Jahre bei einer Ist-Analyse der Sozialverwaltung folgendes kritisiert:

– »Die Organisation der sozialen Dienste in kommunalen Ämtern richtet sich vorrangig an formaler Gesetzessystematik aus. Dies erschwert Einsichten in Problemzusammenhänge und behindert die Realisierung ganzheitlicher und bedarfsgerechter sozialer Dienstleistungen.

– Die Angebote der Organisationseinheiten werden zu stark aus dem Blickwinkel der jeweils relativ isolierten Arbeitsfelder und Einrichtungen heraus entwickelt. Dabei werden die Bedingungen des sozialen Umfeldes, in dem Probleme entstehen oder sich darstellen, nicht ausreichend berücksichtigt.

– Information, Koordination und Kooperation zwischen den unterschiedlichen Organisationseinheiten sind mangelhaft und zum Teil gar nicht vorhanden, dies gilt zielgruppenbezogen und regional. Angebotsketten sind selten.

– Aufgaben für ein und dieselbe Zielgruppe werden zum Teil von unterschiedlichen Organisationseinheiten parallel wahrgenommen, ohne das Absprachen erfolgen. Diese Tatsache erschwert den Betroffenen die Übersicht, sie widerspricht auch verwaltungsökonomischen Grundsätzen.

– Fördernde Angebote und Beratungsangebote erreichen die benachteiligten Bevölkerungsgruppen nur unzureichend.

– Die organisatorische Trennung einzelfallbezogener Aktivitäten (z.B. der Erziehungshilfe) von einzelfallübergreifenden Hilfen und Angeboten (z.B. der Familienhilfe oder der Jugendförderung) fördert psychologisierende und individualisierende Bearbeitungsweisen und erschwert vorbeugende Maßnahmen.

– Die geschilderte parzellierte Gliederung der sozialen Dienste trägt in manchen Arbeitsfeldern zur Diskriminierung und Abstempelung der Betroffenen bei« (Freie Hansestadt Bremen 1986, S. 3).

Aus dieser Kritik wurde gefolgert, daß die Sozialverwaltung umorganisiert werden muß. Die neue Organisation sollte sich an den Lebensphasen und Problemlagen der Bevölkerung orientieren, einem integrativen Handlungsprinzip folgen und Bürgernähe gewährleisten. So wurden anstatt der alten Ämter in den einzelnen Stadtteilen zielgruppenbezogene Einrichtungen geschaffen und auf Bezirksebene organisiert, nämlich die Bezirkssozialdienste »Kinder und deren Familien«, »Jugendliche und deren Familien«, »Erwachsene ohne minderjährige Kinder« sowie »ältere Menschen«. Daneben entstanden vier problemspezifisch orientierte Bezirkssozialdienste: »Wirtschaftliche Sozial- und Jugendhilfe«, »Amtsvormundschaft/Amtspflegschaft Minderjährige«, »Beratungsstelle für Kinder, Jugendliche und Familien« sowie »Sozialpsychiatrischer Dienst«.

Auf diese Weise konnte erreicht werden, daß in jedem Stadtteil für jede Altersgruppe ein Amt als zuständiger Ansprechpartner zur Verfügung steht. Zudem wurde intern der Grundsatz »Nur ein Sozialarbeiter soll für eine Familie zuständig sein« eingeführt und durchgesetzt, wobei natürlich andere Fachkräfte in Absprache mit ihm tätig werden können. Durch die Konzentration auf eine Zielgruppe konnten die Fachkräfte zudem eine höhere Fachlichkeit bei der Aufgabenwahrnehmung erreichen, konnten Sonderzuständigkeiten mit der Gefahr einer Stigmatisierung der Klienten und Doppelarbeit abgebaut werden. Auch wurden Angebotsüberschneidungen und -lücken erkannt, da nun das zielgruppenspezifische Gesamtangebot deutlich wurde.

Bestrebungen, verschiedene Einrichtungen zusammenzufassen, lassen sich auch bei Beratungsstellen beobachten: »Bundesweit ist eine Tendenz zu integrierten Beratungsstellen (1987 zirka 35%) festzustellen, die weniger mit Kindern und Jugendlichen arbeiten. ...Während bei kommunalen Trägern und der katholischen Kirche etwa nur ein Viertel der Beratungsstellen nach einem integrierten Konzept arbeiten, sind es bei der evangelischen Kirche nahezu Dreiviertel« (Hutter 1989, S. 120). Sie bieten unter einem Dach Erziehungs-, Jugend-, Familien-, Ehe-, Sexual- und Schwangerenberatung. So müssen Hilfesuchende nur selten an andere Stellen weiterverwiesen werden.

Zur Zusammenarbeit von Jugendhilfe und Schule

Die meisten Bestrebungen in Richtung auf eine Vernetzung sozialer Dienste beschränken sich auf den Bereich der Jugendhilfe. Besonders schwierig – aber sehr notwendig – ist jedoch das Überschreiten der Grenzen zu anderen Systemen, also die Zusammenarbeit der Jugendhilfe mit dem Bildungswesen, dem medizinischen Sektor, dem Jugendstrafvollzug und der Wirtschaft (z.B. im

Rahmen der Jugendsozialarbeit und bei der Plazierung behinderter Erwachsener in die Arbeitswelt). »Da es bei auffälligen Kindern besonders wahrscheinlich ist, daß sie in der Schule versagen, mit dem Justizsystem in Berührung kommen und eine Vielzahl medizinischer Symptome aufweisen, sind diese Systeme oft die ersten, die Kinder mit Problemen identifizieren« (Tuma 1989, S. 194, 195). So wird z.b. aus den USA berichtet, daß sich etwa 11 bis 12% aller Konsultationen von Pädiatern und Hausärzten auf Kinder mit psychischen Auffälligkeiten beziehen oder daß zwischen einem Drittel und der Hälfte aller hospitalisierten Kinder mit ihrer Krankheit zusammenhängende Verhaltensauffälligkeiten aufweisen. Etwa 50% der Kinder mit psychologischen und Entwicklungsstörungen würden von Ärzten behandelt, die unzureichende Kenntnisse über Hilfsangebote außerhalb des medizinischen Systems hätten (a.a.O.).

Ähnliches gilt für das Verhältnis von Jugendhilfe und Bildungswesen, auf das wir uns nun beschränken wollen: Lehrer und Erzieher identifizieren wohl viele verhaltensauffällige Kinder und versuchen, ihnen mit ihren (beschränkten) Mitteln zu helfen. Sie wissen aber nur wenig über psychosoziale und medizinische Dienste und können somit häufig geeignetere, intensivere oder umfassendere Hilfsmaßnahmen nicht vermitteln. Es fehlt an eingespielten Wegen der Kontaktaufnahme und Kooperation. Zudem stehen Schule und Jugendhilfe einander in der Regel fremd bis ablehnend gegenüber: »Die Schule sieht noch immer in der Jugendhilfe weniger den Partner als das geringgeschätzte ›Amt‹, dem Problemschüler überstellt werden mit der Erwartung, durch Disziplinierung und Anpassung einen reibungslosen Schulbetrieb zu gewährleisten. Umgekehrt betrachtet Jugendhilfe Schule weniger als Hilfe bei der Persönlichkeitsentwicklung sondern vorrangig als Lernfabrik oder Paukanstalt, in der Schüler nach Maßstäben der Gesellschaft ›zugerichtet‹ werden ...« (Mühlum 1988, S. 14). Beide Systeme sind jedoch – nach der Familie – die wichtigsten Sozialisationsinstanzen und sollten deshalb in gemeinsamer Verantwortung für das Kindeswohl zusammenarbeiten. Da mehr als drei Viertel der Kinder Kindergärten und alle Kinder Schulen besuchen, könnten hier frühzeitig individuelle und familiale Probleme identifiziert und Hilfsmaßnahmen in die Wege geleitet werden – könnte das Bildungswesen auch zum Vermittler psychosozialer und medizinischer Dienstleistungen werden.

Die Zusammenarbeit zwischen Lehrern, Sozialarbeitern, Psychologen und anderen Fachkräften kann aber noch andere Formen annehmen: Identifiziert die Schule ein Kind als hilfsbedürftig, erfährt der Kindergarten von Familienproblemen, behandelt ein Erziehungsberater ein verhaltensauffälliges Kind, hört ein Familiengerichtshelfer von den Schulschwierigkeiten eines von der Trennung seiner Eltern betroffenen Kindes (usw.), so können die Fachkräfte miteinander ein fallbezogenes Telefonat führen, einen Gesprächstermin vereinbaren oder zu einer Fallbesprechung in ihrer Institution einladen. Sie können Informationen über das Kind und seine Familienverhältnisse austauschen, den Einsatz bestimmter Bobachtungsverfahren vereinbaren, mögliche Ursachen der Probleme diskutieren und gemeinsam einen Handlungsplan entwikkeln. Fachkräfte der Jugendhilfe können auch als Beobachter in den Kindergarten oder die Schule eingeladen werden sowie Erzieherinnen und Lehrern bei der Verbesserung ihres erzieherischen Verhaltens helfen (Haberkorn, Hagemann und Seehausen 1988; Textor 1989a). Eine weitere Möglichkeit sind gemeinsame Sitzungen von Eltern, Lehrern und Fachkräften der Jugendhilfe, bei denen unterschiedliche Perspektiven und Erfahrungen mit dem Kind deutlich werden, Mißverständnisse und Vorurteile abgebaut, Problemursachen geklärt und Interventionen abgestimmt werden können.

Diese Formen der Zusammenarbeit setzen voraus, daß schon in der Ausbildung von Lehrern und Sozialarbeitern relevante Informationen über Jugendhilfemaßnahmen bzw. das Schulsystem vermittelt werden. Zudem sollten Kontakte zwischen beiden Seiten bereits vor Auftreten eines konkreten Falles aufgenommen werden, so daß eine Vertrauensbasis entstehen kann und Kommunikationskanäle geöffnet werden. Eine Zusammenarbeit im Einzelfall wird oft mit Hinweis auf den Datenschutz erschwert oder gar verhindert. Hier ist zu fragen, inwieweit das Wohl des Kindes oder Jugendlichen zurückgestellt oder sogar gegen dasselbe verstoßen wird.

Eine institutionalisierte Form der Zusammenarbeit von Schule und Jugendhilfe ist die Schulsozialarbeit. Sie leistet Prävention, Beratung, Intervention, Koordination und Netzwerkarbeit, wirkt auf Schüler, Lehrer und Eltern ein. Sie hilft bei der Überwindung sozialer Benachteiligungen und individueller Probleme, vermittelt zwischen verschiedenen Erfahrungsbereichen und kann Freizeitangebote, Schülertreffs, Übungsgruppen, klassenbezogene Aktivitäten, Verhaltenstraining, Hausbesuche, Elternarbeit, Familienberatung u.ä. umfassen. Hier werden die Chancen und Möglichkeiten der Kooperation von Schule und Jugendhilfe deutlich, zugleich aber auch die Gefahren: Beispielsweise kann Schulsozialarbeit zum »Krisenmanager« und »Konservator« eines Schulsystems werden, »dessen Struktur sie selbst für reformbedürftig hält. Die Schule aber projeziert nicht nur ihre Legitimationsprobleme auf die Sozialarbeit, sondern entlastet sich selbst von der Verpflichtung, Probleme als Folge ihres eigenen Systems zu begreifen und womöglich selbst lösen zu müssen – und zwar um so wirkungsvoller, je nachdrücklicher Schulsozialarbeit als Nothelfer auftritt und schulische wie gesellschaftliche Defizite aufarbeitet« (Mühlum 1988, S. 29).

Die Entwicklung eines ganzheitlichen Ansatzes

»Fachlichkeit in der Jugendhilfe erfordert umfangreiches Orientierungswissen und nicht allein spezialisiertes Wissen für spezialisierte Arbeit« (Achter Jugendbericht, S. 202). Nur wer das Arbeitsfeld von Sozialarbeitern, Psychologen, Heilpädagogen, Ärzten und anderen Fachkräften überblickt, wer Kenntnisse der relevanten Gesetze, Verwaltungs- und Förderrichtlinien besitzt, wer sich in den Organisationsstrukturen psychosozialer und medizinischer Dienste auskennt, kann formelle und informelle Hilfsangebote für seine Klienten auftun, mit den Einrichtungen der Jugendhilfe und den Institutionen anderer Systeme zusammenarbeiten und verschiedene Maßnahmen koordinieren. Dieses setzt m.E. voraus, daß er von einem ganzheitlichen, umfassenden Arbeitsansatz ausgehen muß, bei dem die ganze komplexe Realität berücksichtigt und Interventionen erst nach einer Analyse der Gesamtsituation geplant werden. Die Fachkraft muß den Menschen als Körper-Seele-Geist-Wesen begreifen, das in einer vielschichtigen Umwelt lebt, von dieser geprägt wird, sie aber auch beeinflußt. Sucht sie nach den Ursachen von psychischen Problemen und Verhaltensauffälligkeiten, muß sie immer somatische, psychische, geistige, soziale und soziokulturelle Strukturen und Prozesse berücksichtigen – also von deren Multikausalität ausgehen.

In der Praxis herrschen jedoch begrenztere Erklärungsmodelle für psychische Probleme und Verhaltensauffälligkeiten von Minderjährigen und jungen Heranwachsenden vor, die an anderer Stelle (Textor 1988b, S. 130–131) in Anlehnung an Weckowicz (1984) folgendermaßen zusammengefaßt wurden:

»(1) Beim Krankheitsmodell, das vor allem unter Psychiatern und anderen Ärzten verbreitet ist, werden in erster Linie biochemische, physiologische und neurologische Prozesse für die Entstehung psychischer Störungen (und Verhaltensabweichungen wie z.B. Hyperaktivität) verantwortlich gemacht – die Ursachen werden also im Körperlichen gesucht. Insbesondere werden Erbfehler, Verletzungen und Erkrankungen herausgestellt, die mit Hilfe von Medikamenten, durch Diätpläne oder durch Operationen behandelt werden. Meist wird von einer Diskontinuität zwischen psychischer Gesundheit und emotionalen Problemen ausgegangen, wobei letztere in der Regel zu einem bestimmten Zeitpunkt irgendwann im Verlauf des Lebens erstmalig auftraten.

(2) Beim konstitutionellen Modell liegt der Schwerpunkt auf der Gesamtheit der für die Persönlichkeitsentwicklung bedeutsamen Erbfaktoren. Ursachen von psychischen und Verhaltensstörungen werden also in erster Linie im genetischen Bereich gesehen, wobei Körperbautypologien (z.B. von Conrad, Kretschmer oder Sheldon) mit ihrer Zuordnung von Konstitutionen und be-

stimmten Verhaltensmustern bzw. Temperamenteigentümlichkeiten als besonders aussagekräftig gelten. Meist wird davon ausgegangen, daß die genetische Prädisposition irgendwann im Verlauf der Persönlichkeitsentwicklung zur Ausbildung von psychischen Problemen und Verhaltensstörungen führe, wobei der Übergang vom gesunden zum pathologischen Zustand kontinuierlich sei.

(3) Laut dem Streßmodell, daß z.B. von Meehl und Zubin vertreten wird, kommt es zum Ausbruch psychischer Störungen und psychosomatischer Krankheiten aufgrund der Interaktion von genetischen Prädispositionen und allgemeinem bzw. spezifischem Streß. In diesem Zusammenhang spielen nichtnormative Lebensereignisse wie Tod eines Elternteils, Geburt eines behinderten Geschwisterteils, Unfälle, Scheidung der Eltern usw. eine große Rolle, die man schon hinsichtlich ihrer Stärke als Stressoren klassifiziert hat (Holmes, Rahe, Ruch).

(4) Vertreter des psychodynamischen Modells, die sich zumeist der Psychoanalyse oder anderen Schulen der Tiefenpsychologie zurechnen, gehen davon aus, daß der Mensch durch unbewußte dynamische Kräfte gelenkt wird, die miteinander und mit den Anforderungen der sozialen Umwelt kollidieren. Dementsprechend sehen sie die Ursachen von emotionalen und Verhaltensstörungen in unbewußten intrapsychischen Konflikten, die vielfach mit verdrängten frühkindlichen Erlebnissen in Verbindung stehen.

(5) Vertreter des Entwicklungsmodells konzeptualisieren die menschliche Entwicklung als eine Abfolge von Phasen zunehmender Komplexität, Differenzierung, Integration und Reife – wobei sich viele auf die Theorien von Erickson und Piaget berufen. Nach dieser Lehrmeinung kommt es zu psychischen bzw. Verhaltensstörungen, wenn ein Kind oder Jugendlicher auf einer Entwicklungsstufe stehenbleibt, also nicht wie die Gleichaltrigen in die nächsthöhere Phase ›aufsteigt‹. Natürlich entstehen auch Erlebnis- und Verhaltensauffälligkeiten, wenn eine Person auf eine niedrigere Stufe der psychosexuellen, kognitiven und emotionalen Entwicklung regrediert – wobei die Störungen zumeist um so stärker ausgeprägt sind, je weiter die jeweilige Entwicklungsstufe zurückliegt.

(6) Repräsentanten des lerntheoretischen Modells, das auf den Theorien von Thorndike, Hull, Pawlow, Skinner, Tolman u.a. beruht, sind der Meinung, daß nahezu alle Verhaltensweisen erlernt werden. Dementsprechend entstehen auch Verhaltensauffälligkeiten aufgrund von Lernprozessen und können jederzeit entwickelt – aber auch jederzeit wieder ›verlernt‹ – werden.

(7) Beim kognitiven Modell, das auf den Theorien von Kelly, Ellis, Beck, Seligman u.a. fußt, werden als Ursachen für psychische Probleme und Verhaltensauffälligkeiten Störungen im Prozeß der Wahrnehmung, des Denkens,

Vorstellens, Erinnerns, Bewertens, der Planung eigener Reaktionen (Auswahl von Verhaltens- und Problemlösungsstrategien) und der Verarbeitung von Feedback genannt. Insbesondere wird die Verfälschung des Welt- und Menschenbildes durch irrationale Einstellungen, Vorurteile usw. betont.

(8) Vertreter des Humanistischen Modells (Rogers, Maslow, Allport u.a.) sind der Meinung, daß der Mensch ein rationales und sich selbst verwirklichendes Wesen ist. Psychische Probleme entstehen bei einer Diskrepanz zwischen Selbst und Erfahrung, Selbstwahrnehmung und Selbstbild. Andere Ursachen liegen in der Entfremdung von sich selbst, der mangelnden Selbstentfaltung, den schwachen Selbstwertgefühlen und der geringen Wertbezogenheit des persönlichen Lebens.

(9) Beim phänomenologisch-existentialistischen Modell, das auf den Theorien von Jaspers, Frankl, Minkowski u.a. beruht, wird die Einzigartigkeit der Person (und ihrer Probleme), des Daseins, der subjektiven Erfahrung betont. Psychische Störungen entstehen aufgrund falscher Entscheidungen und Werte, aufgrund von anomalen Bewußtseinsinhalten, mangelndem Lebenssinn und fehlender ›totaler‹ Kommunikation.

(10) Repräsentanten des ›Labeling‹-Modells (Goffman, Rüther, Tannenbaum u.a.) beschäftigen sich weniger mit den Ursachen psychischer Störungen als mit den Reaktionen und Sanktionen der Gesellschaft. Ihrer Meinung nach wird abweichendes Verhalten durch seine Etikettierung und durch die Reaktionen von Kontrollorganen wie psychosozialen Diensten, Polizei oder Justiz zum Problem.

(11) Das mikrosoziale Modell wird vor allem in der Familienberatung, aber auch z.B. von Klein, Berne und Laing vertreten. Hier werden pathogene Strukturen und Prozesse in kleineren sozialen Systemen (wie Familie, Peergroup und Schule) für die Entstehung psychischer Probleme verantwortlich gemacht. So werden z.B. gestörte interpersonale Beziehungen und Interaktionsmuster, zwischenmenschliche Konflikte und fehlerhaft ausgeübte Rollen untersucht.

(12) Beim makrosozialen Modell, das sich auf die Theorien von Marx, Fromm, Durkheim, Burgess, Parsons u.a. zurückführen läßt, stehen hingegen noch größere soziale Einheiten wie Wirtschaftssystem, Schicht oder Kultur im Mittelpunkt der Betrachtung. So werden psychische Probleme z.B. auf den schnellen gesellschaftlichen Wandel in seiner Verbindung mit Wertekonflikt, Entfremdung und Anomie, auf Verstädterung, Ghettobildung, die kapitalistische Gesellschaftsordnung oder den Zusammenstoß verschiedener Kulturen zurückgeführt«.

Es ist offensichtlich, daß es sich bei den genannten 12 Erklärungsmodellen um

Sammelbegriffe für eine Vielzahl untergeordneter Ansätze handelt. Jedes von ihnen betont nur einige der vielen möglichen Ursachen von psychischen Problemen und Verhaltensauffälligkeiten bei Kindern und Heranwachsenden. Alle Erklärungsmodelle sind also einseitig, unvollständig und stark vereinfachend. Sie berücksichtigen nicht die Ganzheitlichkeit des Menschen, die Vielschichtigkeit des sozialen Kontextes und die Multikausalität der meisten Phänomene. Da sie die Grundlage für die Handlungsmodelle bilden, gilt für diese dieselbe Kritik: Die vielen verschiedenen pädagogischen, sozialarbeiterischen, psychotherapeutischen, sonderpädagogischen, gruppentherapeutischen, medizinischen, heilpädagogischen, familientherapeutischen und psychiatrischen Ansätze konzentrieren sich auf die Behandlung einzelner Ursachenkomplexe. Allein im psychotherapeutischen Bereich listete Herink (1980) vor mehr als einem Jahrzehnt bereits über 250 bekannte Therapieansätze auf.

Wirken die Systeme psychosozialer und medizinischer Dienste schon auf Laien und Fachleute unübersichtlich, so werden sie bei Berücksichtigung der vielen Erklärungs- und Handlungsmodelle gänzlich unüberschaubar: Besucht beispielsweise ein Elternteil mit seinem Kind eine Erziehungsberatungsstelle, so kann er dort auf einen Psychoanalytiker, Spiel-, Verhaltens-, klientenzentrierten oder Familientherapeuten treffen, variiert dementsprechend die Behandlung. In vielen anderen Bereichen der Jugendhilfe sind diese – durch therapeutische Zusatzausbildungen verstärkte –Unterschiede weniger stark. Anzumerken ist noch, daß die Erklärungs- und Handlungsmodelle oft auch bestimmen, welche Jugendhilfemaßnahme ein Kind bzw. seine Familie erfährt: Heimeinweisung, Plazierung in eine Pflegefamilie, sozialpädagogische Familienhilfe, Erziehungsbeistandschaft usw. Deutlich wird, daß der »äußeren« Vielfalt an Einrichtungen und Maßnahmen die »innere« Vielfalt der Erklärungs- und Handlungsmodelle entspricht.

Die skizzierte Situation wirkt sehr unbefriedigend: »Es stellt sich deshalb die Frage, ob angesichts der Vielfalt von Ansätzen und des offensichtlich vorherrschenden Methodensynkretismus eine sozialarbeiterische/sozialpädagogische Arbeitsfeld- und Zielanalyse sowie Methodenreflexion hier nicht die erforderliche Klammer herzustellen hätte« (Hohmeier und Mair 1989, S. 8). Die Entwicklung ganzheitlicher, »integrativer Theorien« ist m.E. eine der wichtigsten Aufgaben, die vor uns liegen (vgl. Textor 1985, 1988a, b). In diesem Zusammenhang müßte eine solche Theorie relevante Wissensbestände, Konzepte, Maßnahmen und Techniken aus möglichst vielen Erklärungs- und Handlungsmodellen umfassen. Kinder, Jugendliche und Heranwachsende müßten einerseits als einzigartige Individuen in ihrer ganzen Komplexität und andererseits als Teil der Familie, der Gleichaltrigengruppe und anderer sozialer Systeme betrachtet werden. Ihre Schwierigkeiten und Probleme sollten im Kontext ihrer Biographie, von individuellen Erfahrungen, Deutungsmustern und Bewältigungsversuchen, der Lebenslage, der sozialen, schulischen und beruflichen Verhältnisse, der gesellschaftlichen und wirtschaftlichen Rahmenbedingungen gesehen werden. Erst nach einer mehrdimensionalen Problemdefinition unter Einbeziehung aller relevanten Informationen kann ein Handlungsplan entwickelt werden:»Im Unterschied zu den klassischen Methoden werden Interventionsebenen, -systeme und -verfahren nicht vorher festgelegt, sondern problembezogen ausgewählt« (Achter Jugendbericht, S. 171). Dabei sollte möglichst von der Gesamtheit aller sozialpädagogischen, psychologischen, medizinischen u.a. Maßnahmen ausgegangen werden.

Wird die integrative Theorie an den Zielen einer allseitigen Förderung von Minderjährigen und Heranwachsenden sowie einer generellen Verbesserung ihrer familialen, schulischen und gesellschaftlichen Lebensbedingungen ausgerichtet, so kann die bei den bisherigen Erklärungs- und Handlungsmodellen vorherrschende Orientierung am Pathologischen überwunden werden. Dann lassen sich ebenfalls präventive und sozialisatorische Maßnahmen – z.B. im Rahmen der Jugendarbeit oder Schulsozialarbeit – von ihr aus begründen. Dies bedeutet aber auch, daß die integrative Theorie relevante Konzepte, Wissensbestände und Techniken aus (sozial)pädagogischen Ansätzen umfassen muß. Hier sollte ebenfalls die Einseitigkeit bisheriger Modelle zu überwinden versucht werden. Eine derartige integrative Theorie kann als Grundlage für die Auswahl der im KJHG genannten und in diesem Sammelband dargestellten Angebote der Jugendhilfe dienen. Sie ermöglicht den Einsatz aller geeigneten Methoden, also von Informationsvermittlung (Erschließung von materiellen, sozialen und anderen Ressourcen, »Empowerment«), Erziehung, Anleitung zur Selbsthilfe, Förderung lebenspraktischer Fertigkeiten, Unterstützung, Beratung, Therapie, Integration, Netzwerkarbeit, soziale Gruppenarbeit, Gemeinwesenarbeit, Interessenvertretung usw.

Prinzipien moderner Jugendhilfe

Der Einsatz der im KJHG genannten Maßnahmen und die Entwicklung von ganzheitlichen, umfassenden, integrativen Theorien der Jugendhilfe sollte vor allem an folgenden Prinzipien ausgerichtet werden:

(1) Das Wohl des Kindes, Jugendlichen und Heranwachsenden sollte immer Orientierungsmaßstab sein. Nach § 1 KJHG müssen hierbei drei Ebenen unterschieden werden: Auf der individuellen Ebene soll der junge Mensch in allen Entwicklungsbereichen gefördert, zu einer selbstverantwortlichen und rei-

fen Persönlichkeit herangebildet und vor Benachteiligungen geschützt werden. Auf der familialen Ebene sollen z.B. durch die Beratung der Erziehungsberechtigten oder durch intensivere Maßnahmen wie die sozialpädagogische Familienhilfe positive Entwicklungsbedingungen gewährleistet werden. Und auf der gesellschaftlichen Ebene sollen eine kinder- und familienfreundliche Umwelt erhalten bzw. geschaffen und Minderjährige vor Gefahren geschützt werden. Hier wird die Jugendhilfe zur Interessenvertretung für alle Heranwachsenden und ihre Familien: »Sie muß die Bedürfnisse junger Menschen in die gesellschaftlichen Entwicklungsprozesse und politischen Entscheidungen einbringen und auf die Berücksichtigung und Umsetzung dieser Interessen hinwirken« (Arbeitsgemeinschaft für Jugendhilfe 1988, S. 9). Als »offensive Jugendhilfe« sollte sie sich laut dem Achten Jugendbericht z.B. in die Familien-, Städtebau-, Wohnungs- und Arbeitspolitik, das Bildungs- und Sozialwesen, den Justizbereich und die Psychiatrie »einmischen«, um problematische Strukturen und Prozesse in Nachbarschaft, Wirtschaft, Kultur und Gesellschaft abzubauen und positive Lebensbedingungen für Minderjährige und Familien zu schaffen.

(2) Jugendhilfe ist – neben Familie, Schule, Gleichaltrigengruppe und Arbeitswelt – ein eigenständiges Sozialisations- und Erziehungsfeld, das prinzipiell der ganzen jungen Generation offensteht. »Zur Lebensqualität gehören über die materielle Existenzsicherung hinaus Fähigkeiten zu Solidarität, Kooperation und Toleranz, die durch vielfältige Formen des sozialen Lernens vermittelt werden. Weder die bestehende Kleinfamilie, noch die Schule oder das berufliche Ausbildungssystem sind für diese Lernaufgabe befriedigend qualifiziert, so daß in der Entwicklung von Selbstvertrauen und Sozialverhalten die eigenständige Funktion der Sozialpädagogik liegt« (Hottelet 1988, S. 435). Vor allem im Sozialpädagogischen liegt also die erzieherische Wirkung der Jugendhilfe, der allerdings im KJHG kein eigenständiger Erziehungsauftrag neben Familie und Schule zugeschrieben wurde. Ferner sollten im Rahmen einer ganzheitlichen Erziehung Persönlichkeitsentfaltung, Individuation, Selbstverwirklichung, Eigenständigkeit, Leistungsorientierung und kreative Fähigkeiten gefördert werden. Die Heranwachsenden müssen zur kritischen Auseinandersetzung mit Wirtschaft, Staat und Gesellschaft geführt und befähigt werden, an deren Gestaltung mitzuwirken. In der heutigen Zeit muß die Jugendhilfe auch bei dem Umgang mit neuen Medien (einschließlich Computern) und bei der Suche nach identitätsfördernden Lebensentwürfen helfen.

(3) Das Konzept der Einheit von Jugendhilfe »ist begründet im besonderen Status von Kindheit und Jugend, im dezidiert nicht stigmatisierenden, normalisierenden Zusammenhang von Jugendpflege und Jugendfürsorge, im pädagogischen Handlungskonzept und in besonderen Ausbildungsgängen« (Ach-

ter Jugendbericht, S. 16). Jugendarbeit, Maßnahmen der Kinderbetreuung, Bildungsangebote u.ä., die sich an alle Minderjährigen und Heranwachsenden richten und für welche die vorgenannten Zielsetzungen besonders prägend sind, dürfen nicht von Hilfsmaßnahmen für entwicklungsverzögerte, verhaltensauffällige oder psychisch gestörte Kinder und Jugendliche abgetrennt werden, denen viel Platz in diesem Sammelband gewidmet wurden. Beim Kampf um knapper werdende Finanzmittel »besteht die Gefahr, daß Jugendhilfe zunehmend auf defizitausgleichende Arbeit und Ausfallbürge für gesellschaftliche Fehlentwicklungen reduziert und die allgemeine Förderung von Kindern und Jugendlichen durch Angebote der Kinder- und Jugendarbeit an Gewicht verliert« (Arbeitsgemeinschaft für Jugendhilfe 1988, S. 1). So muß die gleichrangige Bedeutung beider Bereiche der Jugendhilfe herausgestellt werden.

(4) Bei allen ihren Angeboten muß die Jugendhilfe beachten, daß laut Grundgesetz (Art. 6 Abs. 2 GG, vgl. § 1 Abs. 2 KJHG) die Pflege und Erziehung der Kinder das natürliche Recht der Eltern und deren Pflicht sind. Ihre Rechte, die von ihnen bestimmte Grundrichtung der Erziehung und ihre Vorstellungen hinsichtlich der religiösen Erziehung sind zu beachten (§ 9 Abs. 1 KJHG). Die im KJHG genannten Hilfen zur Erziehung stehen Kindern und Jugendlichen also nicht als eigene Rechtsansprüche zu, sondern werden über die Personensorgeberechtigten vermittelt. Das Gesetz »verändert das seit Bestehen der Jugendhilfe existente Spannungsverhältnis zwischen dem Recht der Eltern auf Erziehung ihrer Kinder und der Eigenständigkeit des Erziehungsauftrags der Jugendhilfe zugunsten des Elternrechts und reduziert damit die Subjektstellung von Kindern und Jugendlichen im Jugendhilferecht« (Rupa 1990, S. 9). Die Eltern haben das Recht zu entscheiden, ob und welche Hilfen zur Erziehung sie in Anspruch nehmen bzw. ihren Kindern zukommen lassen wollen. Nur auf der Grundlage des § 1666 BGB kann der Staat gegen den Willen der Eltern eingreifen, um Gefahren für das körperliche, geistige oder seelische Wohl des jeweiligen Kindes oder Jugendlichen abzuwenden. Somit lassen sich Angebote der Jugendhilfe auch als »Hilfen für Familien« (Textor 1990) verstehen; in erster Linie soll die Erziehungsinstanz »Eltern« unterstützt werden. Die Jugendhilfe wird zum »Partner der Eltern«; Kinder und Jugendliche profitieren von ihren Angeboten zum Teil eher mittelbar. Allerdings haben Minderjährige auch das Recht, »sich in allen Angelegenheiten der Erziehung und Entwicklung an das Jugendamt zu wenden« und sich in Notsituationen ohne Wissen und Einverständnis der Eltern beraten zu lassen (§ 8 Abs. 2 und 3 KJHG). Zudem können sie das Jugendamt um Inobhutnahme bitten (§ 42 Abs. 2 KJHG). Hierdurch und durch die unter (6) erwähnten Mitwirkungsrechte wird die mangelnde Verbesserung der faktischen Rechtsstellung von Kindern und Jugendlichen zum Teil wieder ausgeglichen.

(5) Minderjährige und Heranwachsende sollten als einzigartige Individuen betrachtet werden. Die Jugendhilfe muß sich an ihren Interessen und Bedürfnissen orientieren (Subjektorientierung). Es wird von ihr verlangt, »die wachsende Fähigkeit und das wachsende Bedürfnis des Kindes oder des Jugendlichen zu selbständigem, verantwortungsbewußtem Handeln sowie die jeweiligen besonderen sozialen und kulturellen Bedürfnisse und Eigenarten junger Menschen und ihrer Familien zu berücksichtigen« (§ 9 Abs. 2 KJHG). Dies bedeutet beispielsweise auch, daß sich Fachkräfte aufgrund der zunehmenden Zahl ausländischer Minderjähriger und Heranwachsender Kenntnisse über deren soziale und materielle Situation, deren Sitten, Bräuche, Religionen, Regeln, Geschlechtsrollenleitbilder, Einstellungen usw. aneignen müssen.

(6) Aus den beiden vorgenannten Punkten folgt, daß Kinder, Jugendliche und ihre Familien an den sie betreffenden Maßnahmen der Jugendhilfe mitwirken dürfen; der Zusammenarbeit mit den Klienten kommt ein hoher Stellenwert zu (Partizipation; Demokratisierung statt Bevormundung). So haben Leistungsberechtigte beispielsweise »das Recht, zwischen Einrichtungen und Diensten verschiedener Träger zu wählen und Wünsche hinsichtlich der Gestaltung der Hilfe zu äußern« (§ 5 Satz 1 KJHG). Auch sollen Kinder und Jugendliche an allen sie betreffenden Entscheidungen der öffentlichen Jugendhilfe entsprechend ihres Entwicklungsstandes beteiligt werden (§ 8 Abs. 1 KJHG) und an der Aufstellung eines Hilfeplans mitwirken (§ 36 Abs. 2 KJHG). Durch die Mitwirkungsrechte »wird den Kindern und Jugendlichen im Rahmen der Jugendhilfe ein Status zugesprochen, der sie quasi in die Rolle von Partnern der Erwachsenen bringt« (Späth 1990, S. 25). Zugleich erlaubt dies eine an den Interessen der Minderjährigen orientierte Jugendhilfepraxis.

(7) Die Jugendhilfe sollte die Interessen und Bedürfnisse von Mädchen besonders berücksichtigen. So unterscheiden sich die Lebenslagen von männlichen und weiblichen Minderjährigen in vielerlei Hinsicht. Vor allem sollen die Gleichberechtigung beider Geschlechter gefördert und Benachteiligungen von Mädchen abgebaut werden (§ 9 Abs. 3 KJHG). So ist z.B. darauf hinzuarbeiten, daß Jungen stärker die Rechte und Interessen von Mädchen anerkennen, daß geschlechtsspezifische Zuschreibungen, Normierungen und Begrenzungen in Einrichtungen der Jugendhilfe (insbesondere in Kindertagesstätten) abgebaut werden, mehr offene Beratungsangebote für Mädchen entwickelt und sie stärker in die Jugendarbeit einbezogen werden. Sozialpädagogen und Erzieher müssen für die verschiedenen Formen von Gewalt und Bedrohung sensibel sein, denen Mädchen ausgesetzt sein können. Besonders wichtig sind laut dem Sechsten Jugendbericht (1984) auch auf Mädchen beschränkte Angebote: »Mädchen brauchen Lebensräume, in denen sie Eigenständigkeit und Durchsetzungsvermögen entwickeln können. Sie brauchen Treffpunkte und Aktivi-

tätsfelder in einer Umgebung und Atmosphäre, in der sie auch ohne Freund als vollwertig gelten« (S. 55).

(8) Eine besondere Bedeutung kommt der Prävention zu. Dies bedeutet zum einen die Schaffung entwicklungsfördernder Lebensbedingungen. Zum anderen sind Wege zu suchen, wie Entwicklungsverzögerungen, Verhaltensauffälligkeiten, psychische Probleme und Behinderungen frühestmöglich erkannt werden können, so daß »schwächere« Interventionen ausreichen. Im Rahmen eines Modellversuchs, der sich über zwei Landkreise des amerikanischen Bundesstaates Rhode Island erstreckt, wird beispielsweise in den Krankenhäusern schon zum Zeitpunkt der Geburt eines Kindes eine Analyse der Lebenssituation der jeweiligen Familie vorgenommen. »Mit Hilfe von vorgegebenen Fragen und Skalen wird ermittelt, ob die Entwicklung des Säuglings durch endogene oder exogene (familiale) Faktoren gefährdet ist. Wird ein bestimmter Risikoindex erreicht, so wird die jeweilige Familie ein halbes Jahr später in ihrer Wohnung aufgesucht. Dann wird überprüft, wie sich das Kind entwickelt hat und ob negative Einflüsse von seiner Umwelt ausgehen. Auch hier werden wieder vorgegebene Fragen und Skalen eingesetzt. Ferner haben sich alle in diesen beiden Landkreisen frei praktizierenden oder an Krankenhäusern beschäftigten Kinderärzte verpflichtet, zusätzlich die allgemeine Entwicklung und die Familiensituation von Kleinkindern mit Hilfe bestimmter Skalen zu untersuchen, wenn diese ihnen aufgrund einer Erkrankung oder aus einem anderen Grunde vorgestellt werden. Auf solche Weise soll erreicht werden, daß Behinderungen, Entwicklungsverzögerungen und Verhaltensauffälligkeiten von Kleinst- und Kleinkindern, aber auch Kindesmißhandlung, sexueller Mißbrauch, Vernachlässigung sowie Familienprobleme und -belastungen, frühzeitig erkannt« (Becker-Textor und Textor 1990, S. 16) und notwendige Hilfen angeboten werden können.

(9) Maßnahmen der Jugendhilfe sollten verhindern, daß verhaltensauffällige, psychisch gestörte, arbeitslose oder kriminelle Minderjährige und Heranwachsende ausgegrenzt und ausgesondert werden. Sie sollen zur Vermeidung von Stigmatisierungseffekten und Jugendhilfekarrieren beitragen. Eine besondere Bedeutung kommt der Integration von ausländischen und behinderten Kindern und Jugendlichen zu.

(10) Jugendhilfe muß sich am Alltag und an der Lebenswelt von Minderjährigen und Erwachsenen orientieren. Sie sollte ihre Vorstellungs-, Deutungs- und Bewältigungsmuster, die sozialen, räumlichen und zeitlichen Bezüge berücksichtigen. »Alltagsorientierung zielt auf die Zugänglichkeit von Hilfen, die Berücksichtigung der gegebenen sozialen Systeme und den Respekt vor der Ganzheitlichkeit des schwer überschaubaren In- und Nebeneinanders unterschiedlicher Lebenserfahrungen und -strategien« (Achter Jugendbericht, S.

17). Sie wird vor allem in der Gemeinwesenarbeit, der Straßensozialarbeit, der sozialpädagogischen Familienhilfe und der mobilen Jugendarbeit deutlich. Lebensweltorientierung bedeutet also auch, daß Maßnahmen der Jugendhilfe in örtlicher Nähe zur Alltagswelt junger Menschen angeboten werden müssen: Dezentralisierung und Regionalisierung, die Verortung der Angebote in gewachsenen lokalen Strukturen, die Entwicklung regionaler Verbundsysteme sind nötig. So können auch leichter Zugangsbarrieren abgebaut werden. In diesem Zusammenhang muß auch auf die Notwendigkeit hingewiesen werden, die Jugendhilfe-Infrastruktur in ländlichen Gebieten auszuweiten.

(11) Die vielen Ziele der Jugendhilfe können nur durch ein differenziertes Leistungsangebot erreicht werden. Die große Zahl der im KJHG genannten und in Systemen außerhalb des Jugendhilfebereichs vorzufindenden Hilfsangebote läßt sich als Kontinuum darstellen. Dabei sind offene, ambulante, teilstationäre und stationäre Maßnahmen prinzipiell als gleichrangig anzusehen. Dieses gegliederte System von Angeboten ermöglicht eine bedarfsgerechte, flexible und auf den Einzelfall zugeschnittene Erziehungs- und Sozialisationshilfe. Dies setzt aber voraus, daß die Fachkräfte das Gesamtsystem überblicken und alle geeigneten Maßnahmen vermitteln können. Auch müssen die teilweise noch recht großen Unterschiede zwischen den einzelnen Jugendämtern im Leistungsangebot, in der Leistungskraft und in der Qualität der Arbeit (Kreft 1991) abgebaut werden, so daß Klienten in verschiedenen Institutionen gleichartig behandelt werden. Zudem ist das differenzierte Hilfsangebot durch Öffentlichkeitsarbeit besser bekannt zu machen. Vor allem Kinder und Jugendliche, die sich ja in allen Angelegenheiten der Erziehung und Entwicklung von sich aus an das Jugendamt wenden können (§ 8 Abs. 2 KJHG), benötigen Informationen über ihre Rechte sowie über die Einrichtungen, Aufgaben und Leistungen der Jugendhilfe, da sie sonst von dieser Möglichkeit nicht genug Gebrauch machen werden.

(12) Der Jugendhilfebereich ist durch die Vielzahl von öffentlichen und freien Trägern, von Selbsthilfegruppen und Initiativen gekennzeichnet, die unterschiedlichen Wertorientierungen und Zielsetzungen folgen (§ 3 KJHG). Diese Pluralität entspricht der freiheitlich demokratischen Grundordnung und sichert das Wahlrecht der Hilfesuchenden. Sie verhindert Verkrustungen und fördert Kreativität und Innovation. Deshalb ist sie im Sinne des Subsidiaritätsprinzips zu fördern (§ 4 Abs. 3 KJHG). Den bereits erwähnten Gefahren ist durch Förderung der partnerschaftlichen Zusammenarbeit der Träger und ihrer Einrichtungen, durch Vernetzung und die Schaffung von Verbundsystemen zu begegnen.

(13) »Ehrenamtliches Engagement ist nach wie vor ein wichtiges Element der Jugendhilfe. Die Strukturen ehrenamtlicher Arbeit verändern sich jedoch:

Ehrenamtliche verstehen sich als Experten, die eigenverantwortlich Aufgaben übernehmen« (Achter Jugendbericht, S. 23). Im Jugendhilfebereich ist mehr als bisher danach zu fragen, welche Aufgaben im Rahmen der im KJHG genannten Maßnahmen von Ehrenamtlichen übernommen werden können. Auch ist die Anwerbung dieser Mitarbeiter zu intensivieren – was freien Trägern, Initiativen und Selbsthilfegruppen leichter fallen dürfte als kommunalen Einrichtungen. Die auf diese Weise zu erreichende größere Kostengünstigkeit von Maßnahmen freier Träger kann deren Vorrang beim Erbringen von Leistungen (§ 4 Abs. 2 KJHG) begründen.

(14) Im Bereich der Jugendhilfe wurde in den letzten Jahrzehnten ein hohes Maß an Verfachlichung und Professionalität erreicht. Es dürfte jedoch immer noch nicht für die Vielfalt der Aufgaben ausreichend sein – insbesondere wenn man z.B. bedenkt, daß 1988 noch mehr als die Hälfte der Jugendamtsleiter ausschließlich eine Verwaltungsausbildung besaßen (Kreft 1991). So wären z.B. die Erweiterung des Orientierungswissens sowie die Entwicklung und Verbreitung integrativer Theorien zu forcieren. Die Fachkräfte sollten Basiskompetenzen mit speziellen beruflichen und persönlichen Kompetenzen kombinieren und zur multiprofessionellen Zusammenarbeit bereit sein. Auch ist generell die wissenschaftliche Grundlegung der Jugendhilfe voranzutreiben. Da es an Universitäten kaum Lehrstühle für Sozialpädagogik gibt und Professoren an Fachhochschulen durch ihre sehr hohen Lehrverpflichtungen ausgelastet sind, mangelt es an Forschungsergebnissen über die verschiedenen Bereiche und Maßnahmen der Jugendhilfe. Auch fehlt es an wissenschaftlich begründeten Theorieansätzen und Handlungsmodellen.

Die Zukunft der Jugendhilfe – und damit auch des KJHG – hängt also m.E. entscheidend davon ab, wie der »äußeren« Vielfalt an Einrichtungen und Maßnahmen sowie der »inneren« Vielfalt an Erklärungs- und Handlungsmustern begegnet wird. Nur wenn Abgrenzungstendenzen, das Beharren auf Zuständigkeitsbereichen und das Streben nach Bestandswahrung überwunden, also Kooperation, Koordination und Vernetzung realisiert werden, kann das Wohl von Kindern, Jugendlichen und Heranwachsenden bestmöglich geschützt und gefördert werden. Nur wenn umfassende, den individuellen Menschen in seiner Komplexität und die Umwelt in ihrer Vielschichtigkeit umgreifende integrative Theorien entwickelt werden, sind eine allseitige sozialpädagogische Förderung von Minderjährigen und jungen Erwachsenen, die Erfassung aller Ursachen ihrer Probleme und die Auswahl der im Einzelfall geeigneten Erziehungshilfe, therapeutischen Maßnahme, ärztlichen Behandlungsmethode usw. möglich. Die erwähnten Prinzipien der Jugendhilfe sollten immer beachtet werden.

Literaturverzeichnis

Achter Jugendbericht. Drucksache 11/6576. Bonn: Deutscher Bundestag 1990

Adams, G.: Arbeitspapier des Evangelischen Kinderheimes Jeremias Gotthelf Würzburg. Manuskript. Würzburg: Selbstverlag 1986

Allerbeck, K., Hoag, W.J.: Jugend ohne Zukunft? Einstellungen, Umwelt, Lebensperspektiven. München, Zürich: Piper 1985

Arbeitsgemeinschaft für Erziehungshilfe/AFET: Richtlinien für die heilpädagogische Arbeit in Tageseinrichtungen der Jugendhilfe vom März 1982. Mitteilungsblatt des Bayerischen Landesjugendamtes 1982, Nr. 6, S. 33

Arbeitsgemeinschaft für Erziehungshilfe/AFET: Erziehungshilfe in der Auseinandersetzung mit der Lebenswirklichkeit junger Menschen – Probleme, Projekte, Ansätze. Neue Schriftenreihe Heft 39. Hannover: Selbstverlag 1986

Arbeitsgemeinschaft für Jugendhilfe: Jugendhilfe auf dem Prüfstand. Forum Jugendhilfe 1988, Nr. 1/2, S. 1–11

Arbeitsgruppe des heilpädagogischen Kinderheimes St. Vincent, Regensburg: Die Tagesgruppe im heilpädagogischen Heim (eine teilstationäre Form der Jugendhilfe). In: Landesverband Katholischer Einrichtungen der Heim- und Heilpädagogik in Bayern (Hrsg.): Pädagogischer Rundbrief 1986, S. 1–12

Bayerisches Staatsministerium für Unterricht und Kultus/Bayerisches Staatsministerium für Arbeit und Sozialordnung: Jugendprogramm der Bayerischen Staatsregierung. Fortschreibung 1986. München: Selbstverlag 1986

Becker-Textor, I., Textor, M.R.: Hilfsbedürftige Kinder – Früherkennung und Integration. Zwei Beispiele aus den USA. IFP-Nachrichtendienst 1990, 6 (17), S. 16–17

Begründung des Gesetzentwurfs zur Neuordnung des Kinder- und Jugendhilferechts (Kinder- und Jugendhilfegesetz – KJHG). Drucksache 11/5948, Bonn: Deutscher Bundestag

Bertram, H.: Solidarität, soziale Räume und die Organisation von Zeit als Aspekte einer zukunftsorientierten Familienpolitik. Vortrag auf dem Familienpolitischen Kongreß der CSU in Bayreuth am 21.07.1990

Bettinghausen, M., Bücking, E.: Heilpädagogische Intensivbetreuung. In: Landeswohlfahrtsverband Hessen (Hrsg.): Neue Wege in der Jugendhilfe. Ein Tagungsbericht. Kassel: Selbstverlag 1990, S. 91–100

Betz, H.: Stationäre und teilstationäre Erziehungshilfen außerhalb des Elternhauses. In: M. Textor (Hrsg.): Hilfen für Familien. Ein Handbuch für psychosoziale Berufe. Frankfurt/Main: Fischer Taschenbuch Verlag 1990, S. 467–480

Bezirk Oberbayern (Hrsg.): Einrichtungen im Stadt- und Landkreis München auf dem Gebiet der Psychiatrie, Psychotherapie, Psychohygiene, Neurologie, Psychosomatik, Heilpädagogik, Kinder- und Jugendpsychiatrie. München: Selbstverlag 1988, 6. Aufl.

Birtsch, V., Borsche, S. et al.: Jugendhilfe zwischen Familie, Arbeit, Medien. Forum Jugendhilfe 1989, Nr. 4, S. 19–25

Brand, M.: Erziehungsberatung im Spannungsfeld von Familie und Schule. Interventions-möglichkeiten für den Sozialarbeiter/Sozialpädagogen an der Erziehungsberatungsstelle unter besonderer Berücksichtigung des Problems »Hausaufgaben«. Heilbrunn/Obb.: Klinkhardt 1984

Bundesarbeitsgemeinschaft der Landesjugendämter und überörtlichen Erziehungsbehörden: Hilfen für arbeitslose Jugendliche im Bereich der Jugendhilfe. Tischvorlage, o.J.

Bundesarbeitsgemeinschaft Jugendaufbauwerk: Jugendarbeitslosigkeit: Dauerproblem ohne Lösung? Fachtagung. 4. Beiheft zur Zeitschrift »Jugend – Beruf – Gesellschaft«, 1982

Bundesminister für Bildung und Wissenschaft (Hrsg.): Sozialpädagogisch orientierte Berufs-ausbildung. Handreichungen für die Ausbildungspraxis zum Benachteiligtenprogramm des BMBW. Bonn: Selbstverlag 1985

Bundesministerium für Jugend, Familie und Gesundheit (Hrsg.): Modelle der Jugendarbeit bei der Bewältigung von Sozialisationsproblemen für junge Arbeitslose und Jugendliche, de-ren berufliche Integration erschwert ist. Bd. 96 der Schriftenreihe des Bundesministeriums für Jugend, Familie und Gesundheit. Stuttgart, Berlin, Köln, Mainz: Kohlhammer 1981

Bundesminister für Jugend, Familie, Frauen und Gesundheit: Entwurf eines Gesetzes zur Neuordnung des Kinder- und Jugendhilferechts. Begründung. Drucksache 503/89. Bonn: Selbstverlag 1989

Bundesminister für Jugend, Familie, Frauen und Gesundheit: Das neue Kinder- und Jugend-hilfegesetz. Bonn: Selbstverlag 1990

Bundesregierung: Entwurf eines Gesetzes zur Neuordnung des Kinder- und Jugendhilferechts (Kinder- und Jugendhilfegesetz – KJHG). Drucksache 503/89. Bonn: Deutscher Bundes-rat 1989

Desch, J., Schmidhofer, J., Seiser, J.: Rahmenkonzept »Sozialpädagogisch betreutes Woh-nen«. München: Verein für Sozialarbeit mit Jugendlichen und jungen Erwachsenen e.V. 1988

Detzner, M., Schmidt, M.H.: Epidemiologische Methoden. In: H. Remschmidt, M.H. Schmidt (Hrsg.): Kinder- und Jugendpsychiatrie in Klinik und Praxis. Band 1: Grundprobleme, Pathogenese, Diagnostik, Therapie. Stuttgart, New York: Thieme 1988, S. 320–337

Deutsche Forschungsgemeinschaft: Mädchen »fressen« Probleme in sich hinein. Pressemit-teilung Nr. 38 vom 12. November 1990

Deutscher Bundestag: Entwurf eines Gesetzes zu dem Übereinkommen vom 23. November 1989 über die Rechte des Kindes. Drucksache 12/42. Bonn: Deutscher Bundestag 1989

Deutsches Jugendinstitut: Aspekte der Entwicklung der Kinder im Modellprojekt »Tagesmüt-ter«. München: Verlag Deutsches Jugendinstitut 1976

Dietl, F.: Einordnung der Heimerziehung in das Jugendhilfesystem. In: P. Schmidle, H. Junge (Hrsg.): Kinder im Heim – Kinder ohne Zukunft. Freiburg: Lambertus 1980, S. 241–251

Ditteney, B.: Neue Wege zur Beseitigung von Jugendarbeitslosigkeit. Ein Kooperationsmo-dell mit der Arbeitsverwaltung. Der Landkreis 1987, 10, S. 489–490

Dritter Jugendbericht. Drucksache 6/3170. Bonn: Deutscher Bundestag 1972

Dürr, A.M.: Die Stellung der Familie innerhalb der Erziehungszieldiskussion. Die Familie und ihre Verflechtung mit den gesellschaftlichen Gegebenheiten. Eine Analyse der erziehungs-relevanten Einflüsse auf die Familie und ihre Organisation. Unveröffentlichte Disserta-tion. Zürich: Universität Zürich 1986

Elger, W., Jordan, E., Münder, J.: Erziehungshilfe im Wandel. Münster: Votum 1987

EMNID-Institut: Sind die Deutschen kinderfeindlich? EMNID-Informationen 1986, 38 (1/2), S. 22–24

Empfehlungen des Deutschen Städtetages, des Deutschen Landkreistages, des Deutschen Städte- und Gemeindebundes und der Bundesanstalt für Arbeit für die Zusammenarbeit zwischen den Trägern der öffentlichen Jugendhilfe, der Sozialhilfe und den Dienststellen der Bundesanstalt für Arbeit beim Übergang von jungen Menschen in Ausbildung und Beruf. LKrV Rdschr. 27/86 vom 26.11.1986

Fenkart, H.: Familienorientiertheit als Prinzip der Jugendhilfe und Heimerziehung. Pädagogischer Rundbrief 1987, 37 (3/4), S. 9–11

Freie Hansestadt Bremen: Zwischenbericht des Senators für Jugend und Soziales zum Probelauf der Neuorganisation der sozialen Dienste (NOSD). Bremen: Selbstverlag 1986

Funk, H.: Mädchenalltag – Freiraum nach geleisteter Pflicht. In: Deutsches Jugendinstitut (Hrsg.): Immer diese Jugend! Ein zeitgeschichtliches Mosaik. München: Kösel 1985, S. 38–46

Gernert, W.: Das Gesetz zur Neuordnung des Kinder- und Jugendhilferechts (KJHG). Unsere Jugend 1990, 42, S. 352–364

Giesecke, H.: Die Jugendarbeit. Weinheim, München: Juventa 1980

Giesecke, H.: Wozu noch Jugendarbeit? Deutsche Jugend 1984, 32, S. 443–449

Grunow, D.: Ambulante soziale Dienste für bestimmte hilfsbedürftige Familienmitglieder. In: R. Nave-Herz, M. Markefka (Hrsg.): Handbuch der Familien- und Jugendforschung. Band 1: Familienforschung. Neuwied, Frankfurt: Luchterhand 1989, S. 627–650

Grzech-Neidhardt, U.: Verschwindet die Kindheit? Oder was von den Theorien von Neil Postman zu halten ist. Westermanns Pädagogische Beiträge 1986, 38 (5), S. 22–26

Haase, R., Tesch, J.: Jugendarbeitslosigkeit und Jugendhilfe. Das »integrierte Angebot« als Rahmenkonzeption von sozialpädagogischen Maßnahmen gegen die Folgen der Jugendarbeitslosigkeit. Schriften des Bayerischen Landesjugendamtes, Nr. 2. München: Bayerisches Landesjugendamt 1988

Haberkorn, R., Hagemann, U., Seehausen, H. (Hrsg.): Kindergarten und soziale Dienste. Praxisberichte zu ausgewählten Aspekten der pädagogischen Arbeit in Kindertagesstätten sowie zur Zusammenarbeit mit der Erziehungsberatung. Freiburg: Lambertus 1988

Habermann, B., Tries, C.: Das neue Kinder- und Jugendhilfegesetz. Ein erster Überblick – Teil 2. Nachrichtendienst des Deutschen Vereins für öffentliche und private Fürsorge 1990, 70, S. 231–234

Habermann, B., Tries, C.: Das neue Kinder- und Jugendhilfegesetz. Ein erster Überblick – Sechster Teil. Nachrichtendienst des Deutschen Vereins für öffentliche und private Fürsorge 1991, 71, S. 144–148

Hartung, K.: Aufgaben der Sozialpädiatrie. In: R. Lempp, H. Schiefele (Hrsg.): Ärzte sehen die Schule. Untersuchungen und Befunde aus psychiatrischer und pädagogisch-psychologischer Sicht. Weinheim, Basel: Beltz 1987, S. 15–25

Herink, R. (Hrsg.): The psychotherapy handbook: The A to Z guide to more than 250 different therapies in use today. New York: New American Library 1980

Hohmeier, J., Mair, H.: Vorwort. In: J. Hohmeier, H. Mair (Hrsg.): Eltern- und Familienarbeit. Familien zwischen Selbsthilfe und professioneller Hilfe. Freiburg: Lambertus 1989

Hornstein, W.: Jugendhilfe vor neuen Aufgaben – Möglichkeiten und Perspektiven. Neue Praxis 1987, 17, S. 391–401

Hottelet, H.: Veränderungsbedarf in der Jugendhilfe. Neue Praxis 1987, 17, S. 225–237

Hottelet, H.: Sozialpädagogik im Abseits? Notwendige Rückbesinnung auf die zentrale Aufgabe der Jugendhilfe. Zentralblatt für Jugendrecht 1988, 75, S. 434–435

Hutter, A.: Erziehungs- und Lebensberatungsstellen in einem psychosozialen Versorgungsverbund. Archiv für Wissenschaft und Praxis der sozialen Arbeit 1989, 20, S. 119–130

Institut für Demoskopie Allensbach: Einstellungen zu Ehe und Familie im Wandel der Zeit. Eine Repräsentativuntersuchung im Auftrag des Ministeriums für Arbeit, Gesundheit, Familie und Sozialordnung Baden-Württemberg. Stuttgart: Ministerium für Arbeit, Gesundheit und Sozialordnung Baden-Württemberg 1985

Institut für Psychosoziale Praxisforschung (Hrsg.): Projekt berufsbezogene Jugendhilfe: »Arbeitslose Jugendliche in sozialpädagogischen Maßnahmen.« Zwischenbericht zur Zielgruppenanalyse. München: Selbstverlag 1988

Institut für soziale und kulturelle Arbeit/ISKA Nürnberg/Sozialpädagogisches Institut Berlin/spi: Inwieweit wird die Aufgabenwahrnehmung der Jugendämter in der Bundesrepublik Deutschland und Berlin (West) durch neue (alternative) Handlungsansätze beeinflußt? Eine Studie zum Perspektivenwandel der sozialen Arbeit. Teilendbericht zum Projektteil II: Bestandsaufnahme der aktuellen Aufgabenwahrnehmung der Jugendämter in der Bundesrepublik Deutschland und in Berlin (West). Nürnberg/Berlin: Selbstverlag 1989

Jaeckel, M.: Küche und Büro – Frauen zwischen Familien- und Erwerbsarbeit. In: Deutsches Jugendinstitut (Hrsg.): Wie geht's der Familie? Ein Handbuch zur Situation der Familie heute. München: Kösel 1988, S. 239–245

Jordan, E., Münder, J. (Hrsg.): 65 Jahre RJWG – ein Gesetz auf dem Weg in den Ruhestand. Münster: Votum 1987

Jordan, E., Sengling, D.: Jugendhilfe. Einführung in Geschichte und Handlungsfelder, Organisationsformen und gesellschaftliche Problemlagen. Weinheim, München: Juventa 1988

Jugend und Arbeit: Wohnen – Leben – Arbeiten – Eine Herausforderung an die Jugendhilfe. Jugendpolitischer Fachkongreß veranstaltet durch das BMJFFG unter Beratung durch das Bundesjugendkuratorium. Organisiert und dokumentiert von BBJ-Consult, Materialien 4, 1987

Jugendwerk der Deutschen Shell: Jugendliche und Erwachsene '85. Generationen im Vergleich. Band 1: Biographien – Orientierungsmuster – Perspektiven. Opladen: Leske + Budrich 1985

Junge, H., Lendermann, H.B.: Das Kinder- und Jugendhilfegesetz (KJHG). Einführende Erläuterungen. Freiburg: Lambertus 1990

Junge, H., Schmidle, P.: Zukunft der Heimerziehung. Freiburg: Lambertus 1985

Kaufmann, F.-X.: Zukunft der Familie. Stabilität, Stabilitätsrisiken und Wandel der familialen Lebensformen sowie ihre gesellschaftlichen und politischen Bedingungen. München: Beck 1990

Kiehl, W.H.: Die Rechtsstellung Minderjähriger und Sorgeberechtigter im neuen Kinder- und Jugendhilfegesetz. Zeitschrift für Rechtspolitik 1990, 23, S. 94–99

Kiehn, E.: Sozialpädagogisch betreutes Jugendwohnen. Freiburg: Lambertus 1990

Klatetzki, T., Winter, H.: Flexible Betreuung. Hamburg: Rauhes Haus 1989

Kreft, D.: Auswirkungen des Jugendamtes neuer Prägung auf die Gegenwart. In: I. Reichel-Koß, U. Beul (Hrsg.): Ella Kay und das Jugendamt neuer Prägung. Ein Amt, wo Kinder Recht bekommen. Weinheim, München: Juventa 1991, S. 213–232

Kreft, D., Lukas, H. et al.: Perspektivenwandel der Jugendhilfe. Bde. I und II. Nürnberg: Institut für soziale und kulturelle Arbeit 1990

Kreft, D., Proksch, R. (Hrsg.): Das neue Kinder- und Jugendhilfegesetz. Einführungen und Materialien. Nürnberg: Institut für soziale und kulturelle Arbeit 1990

Krug, M.: Verändertes Kinderleben, veränderte Familien – welche Antworten können Einrichtungen für Kinder in Zukunft darauf geben? Rundbrief für Evangelische Kindertagesstätten 1989, Nr. 2, S. 4–15

Landeshauptstadt München – Sozialreferat: Jahresbericht des Stadtjugendamtes für 1989. Manuskript. München: Selbstverlag 1990

Landeshauptstadt München – Sozialreferat, Abteilung Sozialplanung: Die Münchner Konzeption zur Förderung von Selbsthilfeinitiativen im Gesundheits- und Sozialbereich – Kurzbeschreibung und Förderrichtlinien. Manuskript. München: Selbstverlag 1990

Landesjugendamt Württemberg-Hohenzollern: Schulsozialarbeit als Bestandteil des Zusammenwirkens von Schule und Jugendhilfe. In: Landeswohlfahrtsverband Württemberg-Hohenzollern (Hrsg.): Materialien zur Schulsozialarbeit. I. Aufgaben, Konzepte und Rahmenbedingungen. Stuttgart: Selbstverlag 1988, S. 5–11

Lauer, H.: Einführung in das KJHG. Vortrag am Jugendamt Kassel, Dezember 1990

Leube, K.: Die kompetente Familie. Zur Geschichte der Familie und ihrer Helfer. In: J. Hohmeier, H. Mair (Hrsg.): Eltern- und Familienarbeit. Familien zwischen Selbsthilfe und professioneller Hilfe. Freiburg: Lambertus 1989, S. 14–27

Lukesch, H.: Video im Alltag der Jugend. Quantitative und qualitative Aspekte des Videokonsums, des Videospielens und der Nutzung anderer Medien bei Kindern, Jugendlichen und jungen Erwachsenen. Regensburg: Roderer 1989

Matthey, H.: Systemische Familienberatung im Rahmen der Familiengerichtshilfe in einem Jugendamt. Sozialmagazin 1990, Nr. 2, S. 20–23

Merchel, J.: »Leistung« und »Erfolg« in der Heimerziehung. Überlegungen anläßlich einer Untersuchung der Planungsgruppe PETRA. Archiv für Wissenschaft und Praxis der sozialen Arbeit 1990, 21, S. 287–299

Minuchin, S.: Familie und Familientherapie. Freiburg: Lambertus, 6. Aufl. 1984

Mörsberger, T.: Zur Rolle des Jugendamtes im Scheidungsverfahren. Vortrag am Jugendamt Kassel, November 1990

Mühlum, A.: Schulsozialarbeit in der Bundesrepublik: Konzepte und Probleme. In: Landeswohlfahrtsverband Württemberg-Hohenzollern (Hrsg.): Materialien zur Schulsozialarbeit I. Aufgaben, Konzepte und Rahmenbedingungen. Stuttgart: Selbstverlag 1988, S. 12–34

Münchmeier, R.: 40 Jahre Jugendhilfe. DJI-Bulletin 1989, Nr. 13, S. 7–12

Münder, J.: Der Jugendwohlfahrtsausschuß: Probleme, Rechte, Perspektiven. Neuwied, Frankfurt: Luchterhand 1987

Münder, J.: Das neue Kinder- und Jugendhilfegesetz. Neue Praxis 1990, 20, S. 341–354

Münder, J., Kreft, D. (Hrsg.): Subsidiarität heute. Münster: Votum 1990

Münder, J., Greese, D. et al.: Frankfurter Lehr- und Praxiskommentar zum Kinder- und Jugendhilfegesetz. Münster: Votum 1991

Oberloskamp, H.: Die rechtliche Stellung von Kindern und Jugendlichen nach dem Regierungsentwurf eines Gesetzes zur Neuordnung des Kinder- und Jugendhilferechts. Zentralblatt für Jugendrecht 1990, 77, S. 260–269

Orians, W.: Wie gut ist das neue Gesetz? Sozialmagazin 1990, 15 (12), S. 14–20

Petermann, F., Petermann, U.: Training mit Jugendlichen. Förderung von Arbeits- und Sozialverhalten. München, Weinheim: Psychologie Verlags Union 1987

Pöggeler, F.: Jugendhilfe in einer multinationalen Gesellschaft. Jugendwohl 1989, 70, S. 326–333

Preis, U.: Perspektivenwechsel – grundsätzliche Anmerkungen zum KJHG. In: Deutscher Bundesjugendring (Hrsg.): KJHG – Das neue Kinder- und Jugendhilfegesetz und Landesausführungsbestimmungen. Bonn: Selbstverlag, S. 14–25

Proksch, R.: Vermittlung in Scheidungskonflikten (Mediation). Berichte und Materialien aus der sozialen und kulturellen Arbeit, Band 2. Nürnberg: Institut für Soziale und Kulturelle Arbeit 1990

Reyer, J.: Familie und Kindheit. Der Bürger im Staat 1989, 39 (1), S. 24–28

Robert, G.: Junge Erwachsene. Widersprüche, Paradoxien und neue Strukturelemente ihrer Lebenssituation. Neue Praxis 1990, 20, S. 99–110

Roberts, K.: Youth in the 1980s: A new way of life. International Social Science Journal 1985, 37, S. 427–440

Rupa, G.: Den Gestaltungsspielraum des Kinder- und Jugendhilfegesetzes nutzen. In: W. Orians (Hrsg.): KJHG. Das neue Kinder- und Jugendhilfegesetz und Länderausführungsbestimmungen. Bonn: Deutscher Bundesjugendring 1990, S. 8–13

Schellhorn, W.: Jugendhilferecht. Neuwied, Frankfurt: Luchterhand 1990

Scharinger, K.: Anforderungen an die fachliche und materielle Ausgestaltung der Jugendarbeit. In: Arbeitsgemeinschaft für Jugendhilfe (Hrsg.): KJHG. Das neue Kinder- und Jugendhilfegesetz. Bonn: Selbstverlag 1990, S. 92–103

Schrapper, C.: Intensive sozialpädagogische Einzelbetreuung. In: W. Gernert (Hrsg.): Freie und öffentliche Jugendhilfe. Einführung in das Kinder- und Jugendhilfegesetz (KJHG). Hannover: Boorberg 1990, S. 106–111

Schurian, W.: Psychologie des Jugendalters. Eine Einführung. Opladen: Westdeutscher 1989

Sechster Jugendbericht. Drucksache 10/1007. Bonn: Deutscher Bundestag 1984

Seehausen, H.: Familien zwischen modernisierter Berufswelt und Kindergarten. Psychosoziale Probleme des technisch-sozialen Wandels und Perspektiven frühkindlicher Erziehung. Freiburg: Lambertus 1989

Siebter Jugendbericht. Drucksache 10/6730. Bonn: Deutscher Bundestag 1986

SINUS-Institut: Die verunsicherte Generation. Jugend und Wertewandel. Opladen: Leske und Budrich 1983

Späth, K.: Was bringt das KJHG für die Kinder und Jugendlichen? Sozialmagazin 1990, 15 (12), S. 21–25

Stadt Nürnberg: Nürnberger Jugendstudie. Nürnberg: Selbstverlag 1986

Stadt Nürnberg: Rahmenplan Jugendhilfe, Teilplan offene Jugendarbeit. Nürnberg: Selbstverlag 1990

Süssmuth, R.: Wahrnehmung des Erziehungsauftrages in der Familie. Erziehungsfähigkeit, Erziehungsbereitschaft, Erziehungsfolgen. In: K. Weigelt (Hrsg.): Familie und Familienpolitik. Zur Situation in der Bundesrepublik Deutschland. Forschungsbericht 44 der Konrad-Adenauer-Stiftung. Melle: Knoth 1985, S. 95–104

Süssmuth, R.: Für Kinder bleibt noch viel zu tun. Frau & Politik 1987, 33 (8), S. 2–5

Textor, M.R.: Integrative Familientherapie. Eine systematische Darstellung der Konzepte, Hypothesen und Techniken amerikanischer Therapeuten. Berlin, Heidelberg, New York, Tokyo: Springer 1985

Textor, M.R.: Eklektische und Integrative Psychotherapie. Fünf Bewegungen zur Überwindung der Vielzahl von Therapieansätzen. Psychologische Rundschau 1988a, 39, S. 201–211

Textor, M.R.: Erklärungsmodelle und Behandlungsansätze für Verhaltensstörungen und psychische Probleme. Die Notwendigkeit der Integration. Soziale Arbeit 1988b, 37, S. 129–134

Textor, M.R.: Scheidungsberatung, Vermittlung, Sorgerechtsberatung. Zentralblatt für Jugendrecht 1988c, 75, S. 360–363

Textor, M.R.: Schulische Lern- und Verhaltensstörungen. Die Einbeziehung der Familie in die Behandlung. Zeitschrift für Pädagogische Psychologie 1989a, 3, S. 229–237

Textor, M.R.: Familienorientierte Maßnahmen im dänischen Wohlfahrtswesen. Nachrichtendienst des Deutschen Vereins für öffentliche und private Fürsorge 1989b, 69, S. 198–201

Textor, M.R. (Hrsg.): Hilfen für Familien. Ein Handbuch für psychosoziale Berufe. Frankfurt: Fischer 1990a

Textor, M.R.: Kindheit in der Familie. Aus Politik und Zeitgeschichte 1990b, B 40–41/90, S. 14–20

Textor, M.R.: Die Familie: Soziologie, Psychologie. Eine Einführung für psychosoziale Berufe. Freiburg: Lambertus 1991a

Textor, M.R.: Familienpolitik: Probleme, Maßnahmen, Forderungen. München: Bayerische Landeszentrale für politische Bildungsarbeit/Bonn: Bundeszentrale für politische Bildung 1991b

Thiemann, F.: Kinder in modernen Städten. Kindheit ist kein Vergnügen mehr. Pädagogik heute 1987, Nr. 10, S. 42–48

Tuma, J.M.: Mental health services for children: The state of the art. American Psychologist 1989, 44, S. 188–199

Verband katholischer Einrichtungen der Heim- und Heilpädagogik: Verbundsysteme in der Jugendhilfe. In: Verband katholischer Einrichtungen der Heim- und Heilpädagogik (Hrsg.): Verbundsysteme in der Jugendhilfe. Freiburg: Lambertus 1988, S. 6–13

Viet, F.: Die »erweiterten Aufgaben« des Sozialdienstes Jugendgerichtshilfe – Unter welchen Arbeitsbedingungen sind sie leistbar? Zentralblatt für Jugendrecht 1989, 76, S. 322–323

Weckowicz, T.: Models of mental illness: Systems and theories of abnormal psychology. Springfield: Thomas 1984

Wiesner, R.: Der mühsame Weg zu einem neuen Jugendhilfegesetz. Zur Geschichte der Neuordnung des Jugendhilferechts. Recht der Jugend und des Bildungswesens 1990, 38, S. 112–125

Ziehe, T.: Die »Normalisierung« der Kindheit. Westermanns Pädagogische Beiträge 1986, 38 (5), S. 10–15

Autorenverzeichnis

Andriopoulos, Sotirios, Jugendamtsleiter, Kreisjugendamt Aschaffenburg

Bach, Rolf P., Leiter der Gemeinsamen Zentralen Adoptionsstelle der Länder Freie Hansestadt Bremen, Freie und Hansestadt Hamburg, Niedersachsen und Schleswig-Holstein, Hamburg

Behnies, Klaus, Sozialarbeiter, Landesjugendamt Hessen, Wiesbaden

Betz, Hubert, Angestellter, Regierung von Unterfranken, Würzburg

Bothe, Otto-Karl, Abteilungsleiter, Stadtjugendamt Braunschweig

Deinert, Horst, Amtsvormund, Stadtjugendamt Duisburg

Eisenbraun, Ludmilla, sozialpädagogische Mitarbeiterin im Stab der Leitung des Stadtjugendamtes München

Friske, Hans-Wilhelm, Referent für Jugend- und Familienhilfe, Sozialdienst Katholischer Männer, Düsseldorf

Fürst, Johann, Jugendamtsleiter, Stadtjugendamt Passau

Götz, Reinhard, Stellvertretender Jugendamtsleiter, Kreisjugendamt Rosenheim

Greb, Hermann-Josef, Referatsleiter, Kreisjugendamt Altenkirchen

Greese, Dieter, Jugendamtsleiter, Stadtjugendamt Essen

Heindl, Hans, Jugendamtsleiter, Kreisjugendamt Würzburg

Jans, Bernhard, Geschäftsführer, Katholischer Arbeitskreis für Familien-Erholung, Bundesgeschäftsführer des Familienbundes der Deutschen Katholiken, Bonn

Jensen, Jens Peter, Geschäftsführer, Landesjugendring Schleswig-Holstein e.V., Kiel

Lang, Peter, Leiter des Allgemeinen Sozialdienstes, Kreisjugendamt Reutlingen

Lerch-Wolfrum, Gabriela, Jugendamtsleiterin, Kreisjugendamt Freising

Maly, Dieter, wissenschaftlicher Mitarbeiter, Referat für Jugend, Familie und Soziales der Stadt Nürnberg

Matthey, Helmut, Leiter des Allgemeinen Sozialen Dienstes, Jugendamt und Sozialamt der Stadt Kassel

Merk, Norbert, Stellvertretender Jugendamtsleiter, Kreisjugendamt Weilheim-Schongau

Motsch, Peter, Dr. jur., Berufsmäßiger Stadtrat und Sozialreferent, Sozialreferat der Stadt Würzburg

Müller, Ellen, Sozialarbeiterin, Kreisjugendamt Darmstadt-Dieburg

Müßig, Albert, Jugendamtsleiter, Stadtjugendamt Regensburg

Nöcker, Wolfgang, Sozialarbeiter, Kreisjugendamt Darmstadt-Dieburg

Proksch, Roland, Dr. jur., Professor, Evangelische Stiftungsfachhochschule Nürnberg, Geschäftsführer des Instituts für Soziale und Kulturelle Arbeit (ISKA), Nürnberg

Saher, Ute, Sozialpädagogin, Stadtjugendamt Köln

Schmidhofer-Stieren, Johann, Geschäftsführer, Verein für Sozialarbeit mit Jugendlichen und jungen Erwachsenen e.V., München

Schreiber, Maria, Leitung Pflegekinderwesen, Stadtjugendamt Nürnberg
Schulz-Müllensiefen, Elke, Dr. phil., Leiterin der Beratungsstellen für Eltern, Kinder und Jugendliche der Stadt München, Stellvertretende Jugendamtsleiterin, Stadtjugendamt München
Schwitzer, Wolfgang, Bundessekretär des CVJM-Westbundes, Wuppertal
Seiser, Johannes, Leiter der Einrichtung »Sozialpädagogisch Betreutes Wohnen« des Vereins für Sozialarbeit mit Jugendlichen und jungen Erwachsenen e.V., München
Stender, Ralf-Detlev, Diplompädagoge, Jugendamt Frankfurt
Textor, Martin R., Dr. phil., wissenschaftlicher Angestellter, Staatsinstitut für Frühpädagogik und Familienforschung, München
Töbel-Häusing, Inge, Leiterin des Amtes Jugend, Familie und Sport der Kreisverwaltung Altenkirchen
Wolf, Brigitte, Jugendamtsleiterin, Stadtjugendamt Erlangen